普惠性学前教育政策县域实施效果研究

施桂红 / 著

中国大百科全书出版社

图书在版编目（CIP）数据

普惠性学前教育政策县域实施效果研究 / 施桂红著 .
北京：中国大百科全书出版社，2024. 12. -- ISBN 978-
7-5202-1783-5

Ⅰ. G619.20

中国国家版本馆 CIP 数据核字第 20245E45Z5 号

出 版 人　刘祚臣
策 划 人　臧文文
责任编辑　王红丽
责任校对　康丽利
封面设计　博越创想·夏翠燕
版式设计　博越创想
责任印制　李宝丰
出版发行　中国大百科全书出版社
地　　址　北京市西城区阜成门北大街 17 号
邮　　编　100037
电　　话　010-88390703
网　　址　http://www.ecph.com.cn
印　　刷　北京九天鸿程印刷有限责任公司
开　　本　710 毫米 × 1000 毫米　1/16
印　　张　20.5
字　　数　302 千字
版　　次　2024 年 12 月第 1 版
印　　次　2024 年 12 月第 1 次印刷
书　　号　ISBN 978-7-5202-1783-5
定　　价　89.00 元

目　录

第一章 绪 论

第一节 研究背景与意义

一、研究背景

（一）普惠性学前教育政策是国家实现幼有所育的重大决策部署

近年来，党和国家高度重视学前教育的改革发展，为保证更多的儿童接受高质量的学前教育，从中央到地方各级政府先后颁布了一系列政策法规，保证了学前教育事业朝着科学化、规范化的方向发展[①]。2010 年 7 月，国务院颁布的《国家中长期教育改革和发展规划纲要（2010—2020 年）》（以下简称《教育规划纲要》）勾勒了未来十年我国教育事业改革和发展的宏伟蓝图，并首次专章论述了学前教育发展问题，最早提出"坚持教育的公益性和普惠性，到 2020 年基本普及学前教育"。随后，2010 年 11 月，《国务院关于当前发展学前教育的若干意见》（以下简称"国十条"）出台，开创了学前教育改革发展的全新局面，明确了学前教育的公益性质，阐述了学前教育对儿童、家庭和国家的价值及其在国家教育体系中的战略地位，并提出"发展学前教育必须坚持公益性和普惠性""积极扶持面向大众、收费

[①] 洪秀敏、朱文婷、张明珠.我国学前教育政策研究的回眸与展望：价值取向、研究范式与核心主题 [J]. 学前教育研究，2020（04）：11-20.

较低的普惠性民办园发展"①。这意味着，将公益普惠的发展方向作为我国当前及未来学前教育事业发展的基本原则。

2017年，党的十九大报告提出"要努力办好学前教育，提高学前教育普惠发展水平，保障幼有所育"。2018年，第一个以中共中央、国务院名义印发的学前教育工作文件——《关于学前教育深化改革规范发展的若干意见》（以下简称《若干意见》）明确提出"到2020年全国学前三年毛入园率达85%，普惠性园覆盖率达80%。到2035年全面普及学前三年教育，建成覆盖城乡、布局合理的学前教育公共服务体系，为幼儿提供更加充裕、更加普惠、更加优质的学前教育"。同时，连续几年的《政府工作报告》也都对学前教育的普惠性发展提出要求，如2020年提到"发展普惠性学前教育，缩小城乡、区域差距，让教育资源惠及所有家庭和孩子"，2021年强调"进一步提高学前教育入园率，完善普惠性学前教育保障机制"，2022年提出"多渠道增加普惠性学前教育资源供给"。2019年，国务院办公厅印发的《关于开展城镇小区配套幼儿园治理工作的通知》规定"小区配套园应由教育行政部门办成公办园或委托办成普惠性民办园，不得办成营利性幼儿园"。2022年，党的二十大报告继续强调"办好人民满意的教育，强化学前教育的普惠性发展"。

通过以上国家系列政策文件可见，实施普惠性学前教育政策是国家对"办好学前教育、实现幼有所育"作出的重大决策部署和战略意志体现，建成覆盖城乡、布局合理的普惠性学前教育已成为我国学前教育发展的根本任务。

（二）县域政府是普惠性学前教育政策落地落实的责任主体

办好普惠性学前教育是党和国家的重大决策部署，是政府为民办实事的重大民生工程②。20世纪90年代后期，随着我国经济体制的改革，以前承担公办福利性质的幼儿园被关、转、改，取而代之的是民办园的大量兴起，

---

① 汪玲.普惠性民办幼儿园教育福利协同供给研究 [D]. 西华师范大学，2018，1.
② 刘颖.学前教育深化改革当坚持公益方向 [J]. 幼儿教育，2019（Z1）：95.

大部分学前教育转变成为一种需要家庭购买的服务。据《全国教育事业发展统计公报》显示，2009 年我国学前教育毛入园率为 50.9%，"入园难""入园贵"等问题逐渐引起全社会的广泛关注。

在"入园难""入园贵"问题日益严重的情况下，2010 年我国迎来了学前教育改革发展的"春天"。国家开始逐渐聚焦学前教育的普惠性发展，在《教育规划纲要》和"国十条"这两份文件中都指出，发展学前教育要坚持公益性和普惠性。自 2011 年起，教育部等部门积极推动县域先后实施了四期"学前教育三年行动计划"，旨在解决"入园贵""入园难"等问题。尤其 2018 年的《若干意见》明确指出，要落实"国务院领导、省市统筹、以县为主"的学前教育管理体制；以县为单位制定幼儿园布局规划，把普惠园建设纳入城乡公共服务设施统一规划。2020 年，教育部印发的《县域学前教育普及普惠督导评估办法》更是指出"为推动县级人民政府履行发展学前教育职责，提高学前教育普及普惠水平，督导评估的对象为县级人民政府"。2021 年，教育部等九部门印发的《"十四五"学前教育发展提升行动计划》要求："充分考虑出生人口变化和城镇化发展趋势，完善县（区）普惠性幼儿园布局规划；落实县级人民政府的监管责任，将推进学前教育普及普惠等情况纳入县域学前教育普及普惠督导评估认定内容；将行动计划落实情况纳入市县政府工作绩效考核，促进学前教育普及普惠安全优质发展。"

《2022 年全国教育事业发展统计公报》显示，学前教育毛入园率已达 89.7%，普惠性幼儿园占比 84.96%，普惠性幼儿园在园幼儿占比 89.55%。从宏观来看，普惠性学前教育政策的县域实施有效缓解了学前教育"入园难""入园贵"等供需矛盾，实现了《若干意见》提出的目标。同时，通过这些政策法规可知，适时调整"地方负责、分级管理"为"省市统筹、以县为主"的学前教育管理体制，表明了普及普惠优质安全学前教育的具体实施主体应该是县级政府。应强化县级政府主体责任，由其在县域内统筹学前教育发展，明确各部门对发展学前教育的职责，对县域学前教育进行规划和组织，推进县域普惠性学前教育政策落地落实，这是学前教育普及普惠安全优质发展的根本保证。

（三）县域城乡学前教育发展存在不平衡、不均等等问题

1989 年，国家教育委员会颁布的《幼儿园管理条例》中规定，幼儿园的管理实行"地方负责、分级管理和各有关部门分工负责"的原则。2003 年，教育部等部门发布的《关于幼儿教育改革与发展的指导意见的通知》明确提出"实行地方负责、分级管理和有关部门分工负责的幼儿教育管理体制"，并划分了省、市、县及乡（镇）人民政府发展学前教育的责任，如规定"县级政府负责本行政区幼儿教育的规划布局、公办园的建设和管理"，"乡（镇）政府承担发展农村幼儿教育的责任，负责举办乡（镇）中心幼儿园"①。至此，由于县、乡（镇）政府在财政实力、教育资源等方面的天然差距，县域内城乡学前教育的不均衡逐渐加大，也标志着县域内城乡二元学前教育管理体制的形成。

虽然自 2010 年国家实施普惠性学前教育以来，我国学前教育事业取得了飞跃式的发展，但由于我国以往的城乡二元学前教育管理体制，加上 20 世纪 90 年代中后期财税体制改革，城乡财力分化更加明显，致使乡镇政府无力支持农村学前教育发展，导致农村学前教育越发边缘化，发展明显滞后②。截至目前，这种长期以来形成的县域城乡二元学前教育管理体制并未被彻底打破，在县域内依然存在县城、乡、村学前教育三级分层的现象，县域学前教育的发展仍然处于失衡状态，呈现不平衡、不均等等特点。如：很多县级主管部门为了保证资金能够合理流动，更愿意把经费投入到县域的公办园，导致一些乡镇民办园的办园质量没有明显改善，出现村级民办幼儿园硬件"不硬"、幼儿教师素养参差不齐等情况③。

2021 年 10—11 月，研究者通过对江苏省 A 市某县学前教育发展情况进行预调研发现，截至 2021 年，该县公办园占比 45.8%（国家普及普惠县评

---

① 国务院办公厅转发教育部等部门（单位）关于幼儿教育改革与发展指导意见的通知 [J]. 教育部政报，2003（06）：280-284；
吕武. 县域城乡一体化学前教育公共服务体系构建的路径分析 [J]. 教育与经济，2016（05）：91-96.

② 吕武. 县域城乡一体化学前教育公共服务体系构建的路径分析 [J]. 教育与经济，2016（05）：91-96.

③ 张莹. 县域普惠性学前教育政策优化实施的保障机制研究 [J]. 现代交际，2019（07）：35-36.

估要求公办园在园幼儿占比达到 50%，该省要求达到 65%），1100 多名专任教师中无职称教师占比 67.5%，园聘人员占比 67.3%。2022 年 5—6 月，研究者又对 A 市城乡幼儿园的家长进行访谈，得知 A 市某县城市幼儿园数量充足，但公办园数量寥寥无几，正常家庭很难获得公平的公办园入园机会，相比之下，所在的乡镇公办园学位充足。可是随着城镇化的发展，乡镇园却出现生源流失严重和特殊儿童较多的情况。据统计该县某镇 0—3 岁幼儿人数只有 75 人，等到适龄入园时期，入园人数定会低于统计数，同时在园 100 多名幼儿中，父母离异、去世，留守、残疾等特殊儿童占比达 25%。

因此可见，目前县域普惠性学前教育发展过程中还存在一定的问题。我们需要对其政策实施效果进行深入研究，发现问题所在，并进行原因分析，进而提出可行优化路径，以保障和促进我国县域学前教育事业健康、可持续的发展。

（四）普惠性学前教育政策县域实施成效的评价亟待深入

我国幅员辽阔，区域社会经济发展不平衡，不同省市地区的教育发展水平也各不相同，基于这样的教育复杂现状，对教育政策实施效果进行评价就显得尤为重要。自《教育规划纲要》实施以来，我国各级政府相继出台了一系列普惠性学前教育改革发展政策，这些政策的实施效果如何？如何科学构建学前教育质量评价体系以促进学前教育质量提升？这些一直是政府、学前教育工作者和研究者关注与积极探讨的重大问题和热点问题[1]。2017 年《国家教育事业发展"十三五"规划》明确提出"探索建立学前教育监测评价体系"，2020 年《深化新时代教育评价改革总体方案》指出"到2035 年基本形成富有时代特征、彰显中国特色、体现世界水平的教育评价体系"。由此可见，构建科学的普惠性学前教育政策县域实施效果评价体系，全面、深入地评价县域普惠性学前教育政策的实施效果水平，有助于深化学前教育改革、推进学前教育现代化。

---

[1] 北京师范大学教育学部学前教育评价研究中心国内合作办公室.学前教育政策与评价学术研讨会顺利举办 [J].教育学报，2016，12（04）：129.

2020 年，全国县域学前教育普及普惠督导评估国家认定启动现场会在成都举行。会上指出，启动县域学前教育普及普惠督导评估国家认定工作，是新时代学前教育改革发展中的一件大事，对强化政府责任、扩大学前教育公共服务供给、明确未来学前教育发展方向，具有重要的引领和促进作用。然而，尽管国家和地方政府出台了相关政策文件，对政府的学前教育责任和幼儿园的办园行为等进行了督政和督学的评价，但是以县域为研究对象，对县域普惠性学前教育政策实施效果评价的研究却相对较少，从评价指标体系的建构到评价数据的分析等方面深入性都不够，多数研究者对普惠性学前教育政策实施效果评价指标体系建构较为简单，主要聚焦于普及普惠率、财政投入、师幼比等较宏观数据的指标维度，较少对政府服务满意情况、教师培训效果情况、家长认可情况等微观方面内容进行综合评价研究，导致难以对县域普惠性学前教育政策实施效果现状进行客观、全面、系统的深入评价。

因此，构建科学、系统且具有可操作性的普惠性学前教育政策县域实施效果评价体系，对县域开展深入的普惠性学前教育政策实施效果评价极其必要，既有助于国家、省（自治区）、市、县各级政府更加系统地了解普惠性学前教育政策县域实施的现状和存在的问题，也为促进县域学前教育普及普惠安全优质发展提供循证咨询。

二、研究意义

办好学前教育、实现幼有所育，是党和政府为老百姓办实事的重大民生工程，关系亿万儿童健康成长，关系社会和谐稳定，关系党和国家事业未来[①]。党的十八大以来，我国学前教育事业快速发展，"入园难""入园贵"等问题得到有效缓解。然而，由于我国幅员辽阔，长期形成的地域差异、城乡二元结构等现状使得学前教育仍是整个教育体系的短板，区域学前教

---

① 刘颖.学前教育深化改革当坚持公益方向 [J].幼儿教育，2019（Z1）：95.

育发展不均衡等问题依然存在。要在全国范围内实现学前教育的普及普惠优质均衡发展是一个长期的过程，更是一个系统工程。因此，要想切实推进我国学前教育普及普惠优质均衡发展，在教育改革时就不仅要注重重点和难点问题的突破，还要制定具体的行动策略。而率先在县域范围内实现学前教育普及普惠优质均衡发展，是一种符合实际和我国国情的首要选择。一个好的教育政策制定后须在实践中发挥其作用，县域是教育政策实施的主体，对县域教育政策实施效果的评价是教育政策生命过程的重要环节。因此，研究县域范围内普惠性学前教育政策实施效果，具有重要的理论价值和现实意义。

（一）理论意义

1. 对学前教育政策实施效果进行研究可丰富学前教育政策相关理论研究

实施普惠性学前教育政策是我国学前教育改革与发展的重大决策部署。近些年对学前教育保教质量、办园特色等方面的评价成果相对颇丰，但对学前教育政策实施效果尤其是普惠性学前教育政策县域实施效果进行全面评价的研究却相对较少，相关研究的广度和深度还有待提升。本研究在梳理国内外普惠性学前教育政策实施效果相关研究成果的基础上，通过普惠性学前教育政策县域实施效果核心概念的界定、价值取向的确立、指标体系建立等研究路径，对个案县普惠性学前教育政策实施效果进行深入研究，可丰富学前教育政策相关理论研究，具有一定的理论创新意义。

2. 对普惠性学前教育政策县域实施效果评价体系进行探讨可为相关政策评价理论研究提供参考

近年来，在党中央、国务院的高度重视下，我国学前教育规模快速扩大，普及普惠水平稳步提升[①]。但从总体上来看，学前教育依然存在财政支持不足、教师待遇较低、学前教育监管薄弱等问题。《若干意见》明确要求"以县为单位对普及学前教育情况进行评估"。县域作为普惠性学前教育发

---

① 教育部.建立对县级政府发展学前教育督导评估制度 促进学前教育普及普惠发展[N].消费日报，2020-03-10.

展的实施主体，县级政府在推动履行发展学前教育职责中起着关键性的作用。为更好实现幼有所育，开展县域学前教育普及普惠督导评估是落实党中央、国务院决策部署的具体举措，是推动学前教育普及普惠安全规范发展的现实需要①。本研究主要探讨了普惠性学前教育政策县域实施效果评价体系，这是科学评价普惠性学前教育政策县域实施效果的前提和保证。研究围绕普惠性学前教育政策县域实施中普及普惠、保教质量、政府保障等维度建立系列评价体系，为相关政策评价理论提供参考与借鉴。

（二）实践意义

1. 研究普惠性学前教育政策县域实施现状可为政府决策咨询提供参考

本研究通过建立的普惠性学前教育政策县域实施效果评价指标体系和相关评价工具，对个案县普惠性学前教育政策实施的现状、存在问题等方面进行研究与分析，可以全面掌握个案县实施普惠性学前教育政策后的发展成效、利益相关者的满意情况，并对其 5 年间（2017—2021）普惠性学前教育政策实施效果进行差异性分析，探究发展成效和存在问题背后的影响因素，进而为省（自治区）、市、县等各级政府在后续制定普惠性学前教育发展方向的顶层设计时提供重要的决策参考依据。

2. 开展普惠性学前教育政策县域实施效果评价可为学前教育普及普惠县评估提供经验借鉴

县域作为我国的基本行政单元，在学前教育普及普惠安全优质发展过程中发挥着重要作用。没有县域学前教育的普及普惠安全优质的发展，就不会有市域内、省域内的普及普惠安全发展，更不会有全国范围内的学前教育普惠优质均衡发展。实现县域学前教育的普及普惠优质均衡发展，既需要理论层面的引领，又需要实践层面的操作性政策支持。我国疆土辽阔，县域行政区数量多、分布广、类型复杂，县域学前教育普及普惠县的评估验收更是一个复杂的实践过程。本研究选取有代表性的县域对其进行普惠

---

① 靳晓燕.十七条督导评估标准出台 [N].光明日报，2020-03-03（010）.

性学前教育政策实施效果评估，通过文献法、访谈法、问卷法等研究方法对个案县普惠性学前教育发展中普及普惠、保教质量、政府保障等水平进行评价。通过这一研究，可以了解普惠性学前教育政策县域实施现状和存在的问题，为县域学前教育普及普惠县的申报评估提供经验借鉴。

第二节　文献综述

对已有相关研究文献进行梳理既可以为本研究提供原始资料，明晰研究问题和范围；也可以吸取前人研究经验，提升后续研究质量。与本研究相关的研究主要聚焦在"普惠性学前教育""普惠性学前教育政策实施"和"普惠性学前教育政策实施效果评价"三个方面。

一、普惠性学前教育相关研究

（一）普惠性学前教育的内涵

有关普惠性内涵的研究。"普惠性"最早属于社会福利学术语，由社会福利理论学家提特穆斯提出，其在《普惠性社会服务与选择性社会服务》（1967）中将社会福利分为选择性福利（selective benefits）和普惠性福利（universal benefits）[①]。在我国，"普惠"已被金融、养老服务等领域使用。学前教育"普惠性"的提法最早出现在《教育规划纲要》和"国十条"两个文件中，它们都提出学前教育发展必须坚持公益性和普惠性。目前，关于"普惠性"的内涵有多种解释。从普惠的内涵看，"普惠"即普遍优惠，具有普遍性、非歧视性和非互惠性三个特点；从公平和公益看，普惠是公平性、公益性在教育上的延续，旨在让所有公民享有平等受教育的机会，

---

① 李帅.普惠性学前教育经费保障机制的构建——基于学前教育法和财税法的交叉视角 [J]. 湖南师范大学教育科学学报，2019，18（06）：12-18.

具有公益性、公平性和非营利性等特征①；从构词方式来看，"普"是普遍、普通，"惠"包括实惠、好处等，"普惠"是普遍得到好处、普通人得到好处②。姜勇等人从政策、学术和实践层面对"普惠性"进行了解读，认为在政策层面普惠性注重"面向大众"和"收费较低"；学术层面更关心质量问题；实践层面更关心孩子是否都有园上③。同时，在经济意义上普惠强调要素配置，涉及分配与再分配；政治意义上普惠是以公平为核心的政策问题，强调政府责任；伦理意义上普惠强调人人参与，关注的是权利问题④。

有关普惠性幼儿园内涵的研究。普惠性幼儿园的发展旨在实现公平而有质量的学前教育。有研究者将普惠性幼儿园定义为由公共资金举办、面向社会大众的公共学前教育机构，既包括乡镇中心园及其指导和辐射的村园或班，还包含城市平价幼儿园，是运用公共财政举办的普惠性教办园、企事业单位园、街道园和新建普通住宅区的配套园以及社区幼儿班、幼儿活动中心等⑤。有学者指出，普惠性幼儿园是普惠性学前教育公共服务的基本供给途径，指向社会提供普惠性学前教育公共服务的幼儿园，由政府举办或接受政府委托获得财政性教育经费支持、接受政府限价与监督管理、机构性质为非营利性的幼儿园⑥，包括公办幼儿园（含公办性质幼儿园）和民办普惠性幼儿园⑦。

有关普惠性学前教育内涵的研究。有学者依据现代福利制度理论将普惠性学前教育的内涵理解为：受益人的普遍性、广泛性，政府是主要的资

---

① 秦旭芳，王默.普惠性幼儿园的内涵、衡量标准及其政策建议 [J].学前教育研究，2012（07）：22-26，30.

② 杨卫安，邬志辉.普惠性学前教育的内涵与实现路径 [J].广西社会科学，2014（10）：199-202.

③ 姜勇，李芳，庞丽娟.普惠性学前教育的内涵辨析与发展路径创新 [J].学前教育研究，2019（11）：13-21.

④ 王海英.我国普惠性幼儿园制度十年发展历程分析 [J].幼儿教育，2020（Z6）：3-8，19.

⑤ 冯晓霞.大力发展普惠性幼儿园是解决入园难入园贵的根本 [J].学前教育研究，2010（05）：4-6.

⑥ 蔡迎旗，刘炎.我国普惠性幼儿园研究热点与发展趋势——基于 CiteSpace 的可视化分析 [J].早期教育，2023（04）：2-7.

⑦ 刘焱.普惠性幼儿园发展的路径与方向 [J].教育研究，2019，40（03）：25-28.

金来源，普及学前教育、提升教育质量是普惠性学前教育的主要目标①。丁秀棠认为，普惠性学前教育是让所有儿童在自愿的基础上都能有机会接受由公共财政支持的学前教育②。王东认为，我国普惠性学前教育的内涵应包括城乡全纳的学前教育公共服务体系、保障适龄儿童都能接受基本的有质量的学前教育、政府主导下的公民办并举的办学体制、政府和家庭及社会合理分担教育成本、普惠性的推行需要体制创新等五个方面③。徐莹莹等人认为，普惠性学前教育是以向广大适龄儿童提供可获得、有质量的学前教育公共服务为目标，以普惠性幼儿园为载体，以"广覆盖、保基本、有质量"为基本特点，是我国学前教育发展体制机制的一部分④。王玉飞等界定普惠性学前教育为以政府为主、市场为辅，力求教育公平、实现幼有所育的一种具有开放性质与儿童福利性质的公共学前教育服务体系⑤。

（二）普惠性学前教育的特征

有学者从家庭角度提出，普惠性学前教育应当具有"便利性、有质量、低价位、多样性、公平性"五个特征⑥。也有研究者将面向大众、入园机会均等、价格公道、质量有保证、资源优质、方便就近、灵活多样、多种层次等普惠性幼儿园的衡量标准作为普惠性学前教育的特征⑦。姜勇等人在研究中提出，普惠性学前教育需具备"付得起、达得到、配得齐、顾得广、适得度"

---

① 王海英.从特权福利到公民权利——解读《国务院关于当前发展学前教育的若干意见》中的普惠性原则 [J].幼儿教育，2011（Z3）：7–11.
② 丁秀棠."普惠性"目标定位下民办学前教育的现状与发展 [J].学前教育研究，2013（03）：16–21，32.
③ 王东.普惠性学前教育：内涵与政策意蕴 [J].教育科学，2014，30（02）：26–31.
④ 徐莹莹，王海英，刘静.普惠性学前教育：文化意蕴、现实遭遇与路径创新 [J].当代教育论坛，2021（01）：10–18.
⑤ 王玉飞，李红霞.普惠性学前教育的内涵、特征及其实现路径——基于政策文本的解读 [J].大庆师范学院学报，2021，41（01）：112–120.
⑥ 张加欣.农村普惠性幼儿园师资队伍建设研究 [D].喀什大学，2021，13.
⑦ 秦旭芳，王默.普惠性幼儿园的内涵、衡量标准及其政策建议 [J].学前教育研究，2012（07）：22–26，30.

五大特征[①]。有学者在界定普惠性学前教育概念的过程中，将公益性和普惠性作为普惠性学前教育的内在基本特征，将有质量作为其外在价值追求[②]。还有学者在对中央普惠性学前教育政策文本分析的基础上，提出普惠性学前教育应具有追求教育公平、重视可持续性、成本可负担、受惠于大众等特征[③]。

（三）普惠性学前教育的性质

"国十条"从个体、国家、社会层面指出学前教育的性质，指出学前教育是终身学习的开端，是国民教育体系的重要组成部分，是重要的社会公益事业。有学者从学校教育体系、社会的影响、公共管理角度阐述学前教育的性质，指出学前教育是基础教育的重要组成部分，是社会福利事业和公益事业，是公共产品[④]。可见，学前教育具有基础性、公益性、公共性等性质，普惠性学前教育则具有基础性、公益性、普惠性、公共性等性质。

自2010年以来，研究者对普惠性学前教育公共性中的公共服务属性有较多探讨。一是认为学前教育是基本公共服务，但未区分学前教育公共服务和普惠性学前教育公共服务[⑤]；二是认为只有普惠性学前教育才是基本公共服务[⑥]；三是认为普惠性学前教育已纳入基本公共服务范围，但保障目标人群较窄[⑦]。国家"十二五""十三五"规划都把"普惠性学前教育"列为健

---

① 姜勇，李芳，庞丽娟.普惠性学前教育的内涵辨析与发展路径创新 [J].学前教育研究，2019（11）：13-21.

② 梁坤，徐莹莹.普惠性学前教育：内在意蕴、现实困境及破解路径——以广东省为例 [J].教育观察，2021，10（40）：1-4，10.

③ 王玉飞，李红霞.普惠性学前教育的内涵、特征及其实现路径——基于政策文本的解读 [J].大庆师范学院学报，2021，41（01）：112-120.
洪江凝.社会组织参与我国学前教育公共服务体系建设的个案研究 [D].华东师范大学，2022，17.

④ 周桂勋，明翠翠，赵颖.从学前教育的性质看学前教育事业的发展 [J].甘肃高师学报，2014，19（03）：84-86.

⑤ 虞永平.建设益童、惠民、利国的学前教育公共服务体系 [J].人民教育，2014（11）：33-35.

⑥ 吕苹，付欣悦.政府与民办幼儿教育机构的合作关系 [J].学前教育研究，2013（10）：3-8.

⑦ 金锦萍.为什么非得非营利组织——论合约失灵场合中社会公共服务的提供 [J].社会保障评论，2018，2（01）：92-102.
顾严.关于发展基本公共教育的建议 [J].行政管理改革，2019（02）：23-27.

全国家基本公共教育服务体系的重点任务，但被列入基本公共服务项目的只有"学前教育资助"或"普惠性学前教育资助"。2019 年颁布的《教育领域中央与地方财政事权和支出责任划分改革方案》明确将普惠性学前教育资助列为基本公共服务。因此，有研究者根据当前的政策定位，将学前教育公共服务分成属于"基本公共服务"的普惠性学前教育资助、属于"准基本公共服务"的非营利普惠性学前教育和属于"经营性公共服务"的营利性的选择性学前教育三个部分①。

（四）普惠性学前教育的价值

对普惠性学前教育价值的研究主要表现在对教育事业发展的价值和对社会发展的价值。有研究者从教育事业发展层面指出，发展普惠性学前教育有助于保障儿童的教育权利和教育机会平等，实现学前教育公平②；有助于提供有质量的学前教育资源，满足大众对优质学前教育资源的需求；有助于提高入园率，推动学前教育的基本普及。实现教育公平、提高教育质量、基本普及学前教育是普惠性学前教育政策的价值诉求③。也有研究者从社会发展层面指出，实施普惠性学前教育有助于通过教育公平实现社会公平，阻断贫困代际循环④。

实施高质量的学前教育不仅能开发婴幼儿潜能，提高学习能力，还可以优化人力资源，增强国家竞争力⑤。近年来，国内外对普及普惠学前教育的"高收益"都给予了很大的关注，其中国外的芝加哥亲子中心项目、高瞻教育基金会佩里学前教育实验项目等研究表明，高质量的早期教育可以有效提高儿童学业成就，使其养成健康行为习惯，降低犯罪率以及促进就

---

① 刘焱，郑孝玲. 关于普惠性学前教育公共服务属性定位的探讨 [J]. 教育研究，2020，41（01）：4-15.
② 左崇良. 基于教育公平的普惠性学前教育政策研究 [J]. 特立研究，2020（02）：15-20.
③ 索长清. 普惠性学前教育政策的价值诉求 [J]. 教育导刊（下半月），2013（03）：20-24.
④ 王海英. 从特权福利到公民权利——解读《国务院关于当前发展学前教育的若干意见》中的普惠性原则 [J]. 幼儿教育，2011（Z3）：7-11.
⑤ 许嘉璐. 把教育的视线延长到儿童出生的那一刻——在百年中国幼教纪念大会上的讲话 [J]. 学前教育研究，2004（01）：5.

业等，这意味着投资早期教育具有低风险、高效率和长期回报的特点[①]。"治贫先治愚"是我国脱贫攻坚战的长远之计，是促进贫困地区儿童健康发展，探索阻断贫困代际传递的有效途径。2009 年，中国发展研究基金会在青海省乐都县（今乐都区）开展了山村幼儿园儿童早期发展项目。2016 年，该项目升级为"一村一园"计划，计划实施以来显著提升了贫困地区学前教育三年毛入园率。研究表明，受益儿童在发展水平、心理特质、智力与学习能力等方面普遍好于未上幼儿园和乡镇幼儿园儿童。"一村一园"计划成为教育精准扶贫的优秀项目，也体现了社会公正的基本公共服务价值取向[②]。研究还证明了为中国贫困农村儿童提供低成本、保质量的学前教育，具有长效的人力资本价值[③]。

二、普惠性学前教育政策实施相关研究

（一）普惠性学前教育政策实施的现状及存在的问题

坚持学前教育公益普惠发展是很多国家学前教育改革发展的基本政策。西方很多国家将普惠性学前教育视为向贫困宣战、改善家庭代际恶性循环的国家战略工程[④]。1964 年，美国著名的"开端计划"以联邦政府及州政府为主要资金投入方，由受过培训的教师对家庭条件不利的幼儿提供免费的学前教育[⑤]；并制定了一系列影响儿童保育政策的计划，包括设立为低收入父母提供儿童保育补助金的儿童保育发展基金（CCDF），制定允许父母选

① 黄正夫，刘小强. 早期教育经济收益研究新进展 [J]. 外国教育研究，2013，40（08）：37–44.
② "一村一园"计划课题组，卢迈，方晋，等. 教育精准扶贫："一村一园"计划乐都十周年效果评估 [J]. 华东师范大学学报（教育科学版），2021，39（07）：107–126.
③ 赵晨，陈思，曹艳，等. 教育精准扶贫："一村一园"计划对农村儿童学业成绩的长效影响研究 [J]. 华东师范大学学报（教育科学版），2020，38（02）：114–125.
④ 姜勇，庞丽娟. 我国普惠性学前教育公共服务体系建设的突出问题与破解思路——基于 ROST 文本挖掘系统的分析 [J]. 湖南师范大学教育科学学报，2019，18（04）：51–58.
⑤ Morris A P, Connors M, Friedman–Krauss A, et al. New Findings on Impact Variation From the Head Start Impact Study: Informing the Scale–Up of Early Childhood Programs[J]. AERA Open, 2018, 4(2).

择与新生儿一起度过几周无薪假的《家庭医疗休假法案》(FMLA)，实行儿童保育免税、扣除和抵免等税收优惠政策等影响儿童保育政策的三个计划[1]。英国自1998年以来实施的"确保开端"项目由国家出台主要政策，地方负责管理[2]。该项目不仅关注弱势家庭，而且面向所有的家庭和孩子，旨在通过儿童保育、家庭支持等服务为弱势家庭的幼儿创造更美好的生活。此外，该项目还通过多种渠道和方式实行学前教育免费制度。日本在2006年正式推行兼具幼儿园和保育所优点的托幼一体化政策。从2019年10月1日起，日本政府还为那些在幼儿园、保育所以及国家认定的幼儿园进行托育的3—5岁幼儿提供免费教育。截至2016年，欧洲国家中已有12国将学前教育纳入义务教育之中，3/4的国家实行学前一年义务教育[3]。

印度在1974年发起了关注处境不利幼儿健康、安全、保育与教育的国家层面的"儿童综合发展服务项目"(ICDS)。研究表明，接受儿童综合发展服务项目的儿童在小学一、二年级时学业成绩显著优于未参加项目的儿童[4]。南非对所有儿童实现免费一年的学前教育，通过政府主导、主办公立学校的方式提高处境不利儿童和贫困地区孩子的学习机会，其是第一个为学前教育立法、资助和实施免费学前教育的撒哈拉以南非洲国家[5]。芬兰基于所有儿童获得平等教育机会、对幼儿教育与护理的真正需要和父母的选择三个合理化理由，将普及学前教育政策(ECEC)服务由各市政府根据地方实际需要提供[6]。法国是普惠性学前教育政策最典型的代表之一，其学前

[1] Palley E, Shdaimah C. Child care policy: A need for greater advocacy[J]. Children and Youth Services Review, 2011, 33(7).

[2] National Children's Bureau. Introduction: Partnerships for a Better Start: Perspectives on the Role of Children's Centerss[C]. London: National Children's Bureau, 2013: 3-4.

[3] European Commission. Structural Indicators on Early Childhood Education and Care in Europe-2016[R]. Luxembourg: Eurydice Report, 2016:12.

[4] Kumar S, Banerjee S. Integrated Child Development Services (ICDS) Programme in the Context of Urban Poor and Slum Dwellers in India: Exploring Challenges and Opportunities[J]. The Indian Journal of Public Administration, 2015, 61(1).

[5] Richter L, Samuels M-L. The South African universal preschool year: a case study of policy development and implementation. [J]. Child: care, health and development, 2018, 44(1).

[6] Fjällström Salla, Karila Kirsti, Paananen Maiju. A matter of universalism? Rationalities of access in Finnish early childhood education and care[J]. Nordic Journal of Studies in Educational Policy, 2020, 6(3).

教育完全免费。早在 1881 年，法国《学校法》就明确规定幼儿园为教育机构，幼儿学校实行免费教育[①]。在经济合作与发展组织（OECD）成员国中约有 2/3 的孩子在接受公立学前教育，而欧盟国家中这一比例高达 75%[②]。

　　我国在"学前教育三年行动计划"《若干意见》等普惠性学前教育政策指引下，学前教育事业获得一定程度发展，政府财政投入、普及普惠和保教质量等水平显著提升，但在政策认知、实施成效等方面依然存在一些不足。如：对普惠性学前教育政策的认知和执行存在一定问题，部分地方政府出台相关政策的速度较慢且政策的适切性较弱，对普惠性幼儿园的认定条件偏离实际，普惠性学前教育政策无法惠及大多数民办园及有需要的幼儿[③]。在普惠性学前教育深度改革中，由于地方对中央普惠性学前教育政策文化的误识，致使有社会群体将学前教育视为市场化"商品"或"产品"，导致普惠性学前教育发展动力不足[④]。同时，自上而下的执行模式易导致政策执行出现偏差，将普惠性学前教育政策窄化为发展普惠性民办园，忽视公办园的主体地位；将政策实施片面理解为仅是提高入园率和资源覆盖率，忽视学前教育质量提升[⑤]。此外，政策执行中还存在行动者互动"脱嵌"、政策共同体被忽视、政策工具与政策共同体失衡等问题[⑥]。在政策实施中，普惠性幼儿园的发展受到经费、扶持政策等多方面的限制。各地对普惠性民办园在资助额度等方面具有随意性和不稳定性[⑦]，存在补助标准偏低、差距较大

① 中华人民共和国教育部国际合作与交流司.世界 62 个国家教育概况 [M].北京：首都师范大学出版社，2001：341.
② OECD. Education at a glance 2019[R]. Paris: OECD Publishing, 2019: 165.
③ 霍力岩，胡恒波，沙莉，等.普及、优质和均衡应是新时代学前教育发展的核心主题 [J].人民教育，2018（07）：31-36.
④ 徐莹莹，王海英，刘静.普惠性学前教育：文化意蕴、现实遭遇与路径创新 [J].当代教育论坛，2021（01）：10-18.
⑤ 刘颖.普惠性学前教育政策的执行偏差：表现、原因及对策分析 [J].教育发展研究，2016（06）：18-24.
⑥ 杨柳玉，杨晓萍.普惠性学前教育政策执行的社会学分析——基于嵌入性理论视角 [J].教师教育学报，2019，6（05）：90-95.
⑦ 刘焱.普惠性幼儿园发展的路径与方向 [J].教育研究，2019，40（03）：25-28.

等问题①。幼儿园师资队伍建设还存在公办园教师编制不足、准入制度不明确、用人机制不清晰等问题，导致幼儿教师数量不足、质量不高、队伍不稳定②。一些民办园"被普惠"后面临办学经费困难，导致教师流失和办园质量下降③。有研究者梳理了全国范围内各地出台的普惠性民办园扶持办法，发现已有的政策主要分为公告与实干、系统设计与重点突破、全面铺开与试点先行、短期政策与长效制度四种类型，为了确保普惠性民办园能够规范且高质量地发展，研究者建议政府加强对其制度的设计④。有研究调查发现，发达城市学前三年入园率远高于全国，但存在优质学前教育资源总量不足，供需矛盾仍突出，不能满足群众对优质园的需求等问题⑤。

（二）普惠性学前教育政策实施的影响因素

有研究对济南市学前教育财政投入情况进行调查发现，财政政策体系不够健全、投入结构不合理等问题是制约地方学前教育发展的重要因素⑥，而加大学前教育投入是普及有质量学前教育的保障⑦。普惠性幼儿园是实现我国学前教育普及普惠教育政策的载体，其发展受很多因素的影响。有研究者通过调查和数据分析发现，财政支持少是导致普惠性幼儿园遭遇困难的重要因素⑧；学前教育政府投入倾向公办园的投入机制，也影响我国学前教育普惠、安全、优质发展⑨；对普惠性民办幼儿园的财政补助制度和扶持

---

① 杨卫安，袁媛，岳丹丹.普惠性民办幼儿园财政补助的问题与改进——基于全国部分地区补助标准的考察 [J]. 教育与经济，2020, 36（03）：50–57.
② 王默，秦旭芳.不同利益主体视野下的普惠性幼儿园发展思路——基于辽宁省三市的实证分析 [J]. 现代教育管理，2015（06）：21–26.
③ 熊丙奇.普惠园覆盖率虽达标 对学前教育的投入仍不能减 [N]. 鄂州日报，2021–03–05（003）.
④ 姜晓玥.普惠性民办幼儿园政策研究 [D]. 南京师范大学，2014, 64.
⑤ 沈海驯，余海军.发达城市推进学前教育普惠优质发展的路径探析——以宁波市为例 [J]. 中国教育学刊，2018（07）：17–20.
⑥ 张加昌.济南市学前教育财政投入研究 [D]. 山东大学，2020, 26.
⑦ 熊丙奇.普惠园覆盖率虽达标 对学前教育的投入仍不能减 [N]. 鄂州日报，2021–03–05（003）.
⑧ 刘颖，张斌，虞永平.疫情背景下普惠性幼儿园的现实困境及其化解——基于全国4352所普惠性幼儿园的实证调查 [J]. 中国教育学刊，2021（06）：58–64.
⑨ 王娅，宋映泉."幼有所育"中政府普惠性投入的必然性——来自六省县级面板数据的历史证据 [J]. 学前教育研究，2019（06）：14–24.

力度对其教育质量有显著影响[①]。普惠性幼儿园的可获得性和服务水平情况是普惠性学前教育政策落地的根本保证[②]。

（三）普惠性学前教育政策实施的对策建议

创新普惠性学前教育体制机制。有研究者提出，提升我国普惠性学前教育发展水平必须解决政策合法性、稳定财政支持体系、国家供给中国特色等问题[③]。要从创新学前教育普惠健康发展的体制机制入手，研制可供地方政府参照的指导标准；加大对普惠性幼儿园的扶持力度，提升普惠性幼儿园的质量水平；构建普惠性学前教育全方位监督系统[④]。引领公众对普惠性学前教育产生文化共鸣。从政策设计、执行、目标群体等层面激发社会公众对发展普惠性教育的文化共鸣，对政策设计者进行文化培育，形塑与普惠性学前教育相匹配的舆论场域；引导政策执行者进行文化整合，加强政府与社会公众的交流与互动，分析目标群体的心理诉求和症结，寻找最优化的政策执行方案；加强政策目标群体的文化调适，思考群体文化之间的异同，理解并适应普惠性学前教育所倡导的共同体文化[⑤]。

保障普惠性学前教育资源的"可获得""付得起""有质量"。欧洲各国主要通过立法明确适龄幼儿接受学前教育的合法权利，重点保障处境不利的幼儿与家庭。在欧洲已有 12 个国家把学前教育纳入义务教育[⑥]。为确保学前教育资源"可获得"，丹麦法律规定 6 个月的婴儿就拥有接受学前教育的权利，芬兰、挪威等国家幼儿享有学前教育权利的年龄大概在 1—1.5 岁左

---

① 刘焱，郑孝玲，宋丽芹.财政补贴对普惠性民办幼儿园教育质量的影响路径 [J].教育研究，2021，42（04）：25-36.

② 王倩倩.3 市普惠性幼儿园提供普惠性学前教育服务的现状研究 [D].天津师范大学，2020，9.

③ 王东.普惠性学前教育：内涵与政策意蕴 [J].教育科学，2014，30（02）：26-31.

④ 霍力岩，胡恒波，沙莉，等.普及、优质和均衡应是新时代学前教育发展的核心主题 [J].人民教育，2018（07）：31-36.

⑤ 徐莹莹，王海英，刘静.普惠性学前教育：文化意蕴、现实遭遇与路径创新 [J].当代教育论坛，2021（01）：10-18.

⑥ European Commission.Structural Indicators on Early Childhood Education and Care in Europe-2016, Eurydice Report, Luxembourg, p12.

右，英国、法国等国从幼儿 3 岁开始[①] 享有学前教育的权利。为保障学前教育"付得起"，欧洲各国采取了加大财政投入、增加免费学时供给、对特殊家庭给予补贴与支持等措施[②]。为保障学前教育"有质量"，欧洲各国采取构建保教一体化管理体系、加强师资队伍建设、完善质量监测等举措来提升学前教育质量。例如，自 2015 年起，英国、法国、德国、丹麦等国积极落实 0—6 岁保教一体化政策；在捷克、德国等国家，幼儿教师最低学历要求是本科；法国实施"硕士化"教育教师培养制度。

建设、发展好普惠性幼儿园。建立普惠性幼儿园一体化，将幼儿园财政投入、教师收入、幼儿发展质量一体化[③]。制定面向所有普惠性幼儿园的一体化财政投入制度，制定全国统一的财政补助基准定额标准，打通公办园与普惠园财政间的壁垒，加大对财力薄弱地区财政转移支付力度，完善监督考核和奖惩机制等[④]。可通过调结构、增扶持等途径合理配置资源，带动不同性质的普惠性幼儿园均衡优质发展。如：资金投入流向发展短板，从硬件设施投入到人的投入转变；打破"唯公"思维，不管公办园还是普惠性民办园，只要让家长放心，质量达标，都应享有同等投入；逐步探索普惠园收费、补助、教师待遇、办园质量四统一[⑤]。可尝试将一年学前教育纳入义务教育，明确政府投入责任，按照义务教育教师待遇来保障幼师的待遇，解决我国幼师严重短缺的问题[⑥]。地方政府制定符合本地实际学前教育发展的幼师准入制度和标准，严把入口关，保障幼儿园师资队伍的高素质、高水平[⑦]。

[①] European Commission.Structural Indicators on Early Childhood Education and Care in Europe–2016, Eurydice Report, Luxembourg, p12.

[②] 刘焱，武欣.欧洲国家发展普惠性学前教育的路径选择 [J].比较教育研究，2019，41（01）：69–75，84.

[③] 王海英.我国普惠性幼儿园制度十年发展历程分析 [J].幼儿教育，2020（Z6）：3–8，19.

[④] 秦旭芳，王默.普惠性幼儿园的内涵、衡量标准及其政策建议 [J].学前教育研究，2012（07）：22–26，30.

[⑤] 洪秀敏，朱文婷，钟秉林.不同办园体制普惠性幼儿园教育质量的差异比较——兼论学前教育资源配置质量效益 [J].中国教育学刊，2019（08）：39–44.

[⑥] 熊丙奇.普惠园覆盖率虽达标对学前教育的投入仍不能减 [N].鄂州日报，2021（03）.

[⑦] 秦旭芳，王默.普惠性幼儿园的内涵、衡量标准及其政策建议 [J].学前教育研究，2012（07）：22–26，30.

建设中国特色的普惠性学前教育公共服务体系。将普惠性学前教育纳入基本公共服务清单，明确各级政府财权、事权责任，对政府责任进行刚性约束。从大力兴办公办性质幼儿园的传统路径和积极设立学前教育助学计划的创新路径两方面入手，一是公办园价格低廉，入园方便，教师质量有保障，符合"付得起""配得齐"等特征，普惠属性强；二是制定面向贫困家庭、弱势群体，特别是连片贫困地区、老少边穷地区以及城市贫困家庭的中国版"开端计划"①。同时，以"供给侧改革"和"质量提升"为突破口；从教育投入、普惠内容、服务对象上坚持"适度普惠""分层梯度""有重点、有选择"；平衡好"基本公共服务与非基本公共服务""政府与市场、家庭"等关系②。

三、普惠性学前教育政策实施效果评价相关研究

（一）普惠性学前教育政策实施效果评价指标建构

在资源有限的今天，各国对各项政策的实施效果尤为重视。在实现普惠性学前教育政策过程中，许多国家都建立了实施效果评价监测系统以保证学前教育政策能够有效运行。欧洲多国逐步将可获得、付得起、有质量作为学前教育发展的标准和方向③。2013年，欧盟出台《投资儿童，打破贫困的代际循环》政策提出，按照可获得、付得起、便利性、高质量的思路发展学前教育④。英国教育部为评价儿童服务中心的工作成效特别制定了自我评价表，对所有的早期教育设施进行检查；各地区还制定了普通绩效指标，用于管理和评价所有儿童中心的工作和成果，从而不断提高学前教育的服务质量。美

① 姜勇，李芳，庞丽娟.普惠性学前教育的内涵辨析与发展路径创新 [J].学前教育研究，2019（11）：13-21.

② 姜勇，郑楚楚，赵颖，等.中国特色普惠性学前教育公共服务体系构建的若干思考 [J].苏州大学学报（教育科学版），2019，7（02）：1-12.

③ OECD. Starting strong IV: Monitoring quality in early childhood education and care[R]. Paris: OECD Publishing, 2015: 19-33.

④ 刘焱，武欣.欧洲国家发展普惠性学前教育的路径选择 [J].比较教育研究，2019，41（01）：69-75，84.

国已开展包括早期开端计划研究和评估方案、开端计划家庭和儿童经验调查以及开端计划或公立学校早期儿童过渡示范项目等多项普惠性学前教育政策实施效果评估，并把评估结果作为项目资金获得的参考依据、执行者（包括教师、管理者等）工作业绩的重要参照指标以及教师培训、项目调整的重要依据①；同时，美国国家早期教育研究所自 2003 年开始已连续 20 年发布各州《学前教育年鉴》，其"普及程度""质量基准""资源支持"三方面监测维度是各州政府对学前教育科学决策的重要依据②。印度的儿童综合发展服务项目通过信息定期反馈、交流、项目调整等方式，监控儿童和妇女营养、学前教育、卫生免疫等项目目标的实现③。

基于世界各国对普惠性学前教育政策实施效果的评价研究，我国很多学者也制定了一系列针对我国普惠性学前教育政策实施效果的评价指标。有研究者采用随机抽样法，通过实证分析提出我国普惠性幼儿园的 Gain-5A 指标体系。该指标体系包含分得均、达得到、配得齐、治得优、惠得广5 个一级维度和基础投入、入园条件、质量规范、收费标准、教师配备等多个二级维度和若干三级指标④。有研究者设计了普及面、受惠量、保教质量等一级维度和入园率、财政性经费占比、生均学前教育经费、师生比等具体评价指标来反映学前教育的发展水平⑤。还有研究者以普及程度、政府投入和保教质量作为衡量农村学前教育公益普惠水平的核心维度，并确定了入园率、财政性经费占比、师幼比、教师学历和生均教育经费等评价指

① 柳倩，钱雨.国际学前教育公共投入的国家行动计划比较研究[J].全球教育展望，2009，38（11）：73-79.
② FRIEDMAN-KRAUSS A H, BARNETT W S, HODGES K S, et al. The State of Preschool 2022: State Preschool Yearbook[R]. New Brunswick, NJ: National Institute for Early Education Research. 2023.
③ 周兢.国际学前教育政策比较研究[M].上海：华东师范大学出版社，2013：164.
④ 姜勇，周榆.普惠性幼儿园指标体系构建——基于全国14省34806个样本数据的实证研究[J].学前教育研究，2020（11）：58-74.
⑤ 杨卫安.我国学前教育公益普惠指数建构与测评[J].教育研究，2017，38（10）：82-87；罗丽香，高志宏.学前教育的公益回归与立法保障[J].湖南师范大学教育科学学报，2019，18（06）：19-25.

标[①]。有研究者根据研究数据的来源，将教育机会、教育质量以及办园条件
3 个一级评价指标和入园率、小学新生中受学前教育的比例、幼儿园数量、
教师中专科学历占比、生师比、危房面积、图书册数等 11 个二级指标作为
普惠性学前教育倾斜政策实施效果的评价指标[②]。

（二）普惠性学前教育政策实施效果评价方法

　　关于普惠性学前教育政策实施效果评价方法，不同研究者会根据各自
研究内容的需要选择不同的方法。有研究者通过问卷调查法和访谈法，用
SPSS 软件对湖南省农村儿童家庭学前教育公共服务基本需求[③]和 S 市普惠性
幼儿园提供普惠性学前教育服务现状[④]进行统计分析研究；有研究者运用问
卷调查法，建立结构方程模型，通过验证性因子分析、结构模型分析、差
异性分析等方法对普惠性学前教育政策实施的满意度进行研究[⑤]。有研究者
在对普惠性学前教育公共服务水平监测的调查研究中，依据不同研究阶段
采用了不同的统计方法，如运用了 SATI、ROST、SPSS 和 MULTILOG 等
统计软件和潜在剖面、方差分析、回归等数据分析方法[⑥]。

（三）普惠性学前教育政策实施成效

　　关于三年行动计划政策实施效果的研究。有研究者对第一期三年行动
计划政策实施效果调查发现，全国范围内行动计划最显著的成效包括园所
数量激增、幼儿教师培训机会增多、政府管理工作落实和弱势权利保障等，
但在教师权益保障、财政投入体制、农村学前教育建设等方面依然存在不

① 陈蓉晖，安相丞 . 农村学前教育公益普惠水平的测评与分析 [J]. 中国教育学刊，2018（11）：25-31；
周榆 . 我国普惠性幼儿园评估指标体系构建与实施研究 [D]. 华东师范大学，2022.
② 姜蓓佳，尚伟伟 . 学前教育倾斜政策的成效研究——基于 2010—2018 年中国教育统计数据 [J].
当代教育论坛，2020（01）：52-64.
③ 杨莉君，胡洁琼 . 农村儿童家庭对学前教育公共服务的基本需求及对策研究——以湖南省为例
[J]. 湖南师范大学教育科学学报，2013，12（02）：98-102，124.
④ 王倩倩 .S 市普惠性幼儿园提供普惠性学前教育服务的现状研究 [D]. 天津师范大学，2020.
⑤ 侯宇佳 . 普惠性学前教育政策满意度评估研究 [D]. 天津工业大学，2020，9.
⑥ 王艺芳 . 我国普惠性学前教育公共服务发展水平的监测研究 [D]. 华东师范大学，2021.

足①。对甘肃省而言，最显著的效果是学前教育资源迅速扩大、投入大幅增长、教师数量迅速增加、"入园难"问题初步缓解，但仍存在资源总量不足、教师补充不畅、经费投入结构不合理、教育质量不高等问题。针对甘肃省的这些问题，研究者建议根据农村学前教育发展实际及人口流动情况调整布局，将农村特困区及城区高人口密集区作为扩大普惠资源和体制机制改革的重点②。对山西省普惠性学前教育第二期三年行动计划实施成效研究发现，学前教育资源总量增加、"小学化"和乱收费现象得到有效治理，硬件投入和弱势群体资助增加，但还存在"无证园"清理不彻底、师幼比和班额难达标准、普惠性资源供不应求、生均补助不到位、教师福利待遇低、评优与职称制度不完善、民办教师培训机会少等问题③。关于普惠性民办园收费标准变化效果和普惠性学前教育倾斜政策的研究。有研究者调查发现普惠性政策的实施显著降低了普惠性民办园保教费用的收费标准，但该政策在农村的实施效果并不明显，这可能会导致城乡间的教育不平等进一步拉大④。基于对2010—2018年教育统计年鉴数据的分析研究，我国学前教育政策向中西部农村地区、贫困地区倾斜后，我国乡镇一级的学前教育资源、普及水平、教师数量、办园条件等情况明显改善，但生师比、师资水平方面依然存在很多问题⑤。关于普惠性学前教育政策实施满意度的研究。研究者从顾客对学前教育的满意度角度研究普惠性学前教育的实施效果，发现公众性别、年龄、户籍对学前教育满意度有显著影响，由此提出可通过合理规划顶层设计、制定科学学前教育政策、健全法律法规等措施来提升普

---

① 洪秀敏，马群. 学前教育三年行动计划实施效果调查——基于内部利益相关者评价的视角 [J]. 教育学报，2015，11（01）：115-126.
② 郑名."学前教育三年行动计划"成效分析与政策建议 [J]. 学前教育研究，2014（08）：34-43.
③ 洪秀敏，张明珠. 全面二孩政策下山西省学前教育发展的成效、困境与突围——基于山西省学前教育二期三年行动计划实施效果的调查 [J]. 山西师大学报（社会科学版），2018，45（01）：101-107.
④ 彭顺绪. 学前教育普惠性政策的效果分析——基于广西南宁市民办普惠园收费标准的考察 [J]. 教育经济评论，2021，6（02）：119-136.
⑤ 姜蓓佳，尚伟伟. 学前教育倾斜政策的成效研究——基于2010—2018年中国教育统计数据 [J]. 当代教育论坛，2020（01）：52-64.

惠性学前教育政策实施效果[1]。

　　关于普惠性幼儿园实施效果的研究。有研究者对全国 34806 个普惠园样本进行实证研究，发现普惠性学前教育政策实施后，我国普惠性幼儿园建设情况相对最佳，家长满意度高，收费得到有效降低，"入园难""入园贵"现象得到改善，但依然存在对普惠园内部、之间财政投入结构性供给不足，教师队伍建设薄弱等问题。针对这些问题，研究者建议推动普惠园一体化发展、科学配置托幼机构资源，以进一步提升普惠园的质量和水平[2]。关于国家和区域普惠性学前教育成效的研究。研究者基于四川省"一村一幼"计划，评估民族地区普惠性学前教育中农村幼儿园的保教质量，发现相对于县城幼儿园，农村幼儿园的保教质量存在语言表达、科学探索、学习习惯和学业成绩四个维度的短板。为改善这一状况，研究者建议调整资金激励奖补方式，转变学前教育发展评价标准，加快制定科学的培养方案及课程规范[3]。欧洲的准实验研究证明了美国有针对性的普惠性学前教育项目对弱势儿童的发展和其成人后有实质性的有益影响，对处境更有利的儿童则提供了相对适度的影响[4]。对南非普惠性学前教育政策文件和国家基础教育部教育管理信息系统（EMIS）进行审查和数据分析发现，南非儿童普及一年学前教育后的入学率大大提高，尤其是在最贫困地区，但由于资金投入不足，这些地区的学前教育供给质量、教师的培训监督、学习效果监测等方面还存在很多问题[5]。对坦桑尼亚教育机会变化和主要教育政策文件进行纵向和批判性话语分析（CDA），结果表明，全民教育政策实施后幼儿和基础教育的社会不平等现象随时间推移持续存在，这一结果揭示出，国家教育政策

---

[1]　侯宇佳 . 普惠性学前教育政策满意度评估研究 [D]. 天津工业大学，2020.

[2]　姜勇，赵颖，刘鑫鑫，等 . 普惠有多远？——中国学前教育发展报告（2018—2019）[M]. 上海：华东师范大学出版社，2021；40-49.

[3]　李雪峰，王慧，贾晋 . 民族地区农村普惠性学前教育政策绩效评估——基于四川省"一村一幼"计划的实证研究 [J]. 民族教育研究，2020，31（04）：123-131.

[4]　M. D. B. The Effects of Universal Preschool on Child and Adult Outcomes: A Review of Recent Evidence from Europe with Implications for the United States[J]. Early Childhood Research Quarterly, 2021, 55.

[5]　Richter L, Samuels M-L. The South African universal preschool year: a case study of policy development and implementation.[J]. Child: care, health and development, 2018, 44(1).

要更多地关注特定的弱势群体[①]。

四、研究述评与反思

通过梳理国内外普惠性学前教育政策的相关研究可知，世界各国都非常重视儿童的成长发展，积极开展弱势补偿等普惠性学前教育政策，保障学前教育公益普惠性发展，促进教育公平。通过对普惠性学前教育、学前教育政策评价等方面的文献回顾可以发现，实施普惠性学前教育政策后，我国学前教育事业发展成效明显，为开展普惠性学前教育政策县域实施效果的研究奠定了扎实的基础、提供了宝贵的研究思路。

（一）已有研究的借鉴与启示

1. 已有研究对普惠性学前教育、学前教育政策实施效果等相关理论和实践的探讨逐渐丰富，已形成较为系统和完备的概念和研究思路，为后续研究普惠性学前教育政策县域实施效果奠定了良好的理论基础。尤其是对普惠性学前教育内涵、普惠性幼儿园发展水平、学前教育公益普惠水平等方面的研究，为研究者界定普惠性学前教育政策县域实施效果的核心概念、构建实施效果的评价指标体系、编制评价工具等提供了重要的理论借鉴。

2. 已有研究对普惠性学前教育相关政策实施的现状、问题、影响因素、对策建议以及对政策实施效果评价的方法等研究，为研究者开展个案县普惠性学前教育政策实施成效调查、存在问题分析、影响因素阐释和优化路径实施等提供了重要的理论与实证研究基础。

（二）已有研究的不足

由于我国普惠性学前教育政策开启于 2010 年之后，很多方面的相关研究还处于初级发展阶段。尤其关于普惠性学前教育政策实施效果方面的综

① Baum, Hernandez, Orchard.Early childhood education for all: a mixed–methods study of the global policy agenda in Tanzania[J]. Early Years, 2019, 39(3).

合性研究相对较少，在研究的视角、内容、对象、工具、方法等方面仍然存在一些不足。

第一，研究视角方面。已有研究多基于教育学视角，以研究者自身对普惠性学前教育政策的认知、执行、成效等内容进行研究，跨学科、跨系统的研究相对较少。较少从政策学视角，采用第四代评估范式对普惠性学前教育政策县域的实施效果进行研究；较少关注普惠性学前教育政策实施中政府、幼儿园、家长等多个利益相关者的感受，因此在研究视角方面存在一定的局限。本研究将从政策学的视角，采用第四代评估模式对个案县普惠性学前教育政策实施效果进行深入系统研究，充分了解不同利益相关者对普惠性学前教育政策县域实施的看法、态度。

第二，研究内容方面。已有关于普惠性学前教育政策的研究主要关注政策实施后普惠性幼儿园的建设与发展，如研究普惠性民办园的财政支持、教师队伍建设等，亦或关注学前教育财政政策、质量政策、资助政策等单一政策的落实情况，内容相对较为零散。同时，很多研究主要聚焦于普及普惠率、财政投入、师幼比等宏观数据，较少全面研究普惠性学前教育政策县域实施情况。本研究将选取 1 个有代表性的个案县，对其 5 年间（2017—2021）普惠性学前教育实施中的普及普惠、政府保障、保教质量等方面内容进行系统全面的研究分析。

第三，研究对象方面。梳理已有文献发现，很多研究关注全国或某省或某市或某类型幼儿园的普惠性学前教育政策实施效果，如贵州 T 市普惠性学前教育公共服务体系建设经验等，较少有以县域为对象研究其普惠性学前教育政策实施效果。本研究将选取 1 个有代表性的样本县作为研究对象，对其 5 年间（2017—2021）普惠性学前教育发展水平进行深入研究，进而了解县域普惠性学前教育的真实发展现状。

第四，研究工具方面。有研究者曾建立普惠性幼儿园分得均、达得到、配得齐、治得优、惠得广 Gain-5A 指标体系，也有将普及率、政府投入和保教质量作为评价农村学前教育公益普惠水平的指标维度，这些都对本研究有很大的启发性，但是专门针对普惠性学前教育政策县域实施效果评价制定系统、综合的评价指标体系研究相对较少。本研究在前人研究的基础上，运用德尔菲法构建系统的普惠性学前教育政策县域实施效果评价指标体系，并依据确立的指标体系编制问卷、开展访谈，对个案县普惠性学前教育政策实施效果进行实证调查，了解其学前教育发展现状及取得的成绩和存在的问题，深入探究影响因素，并提出优化对策。

第五，研究方法方面。已有研究多采用文献法、文本分析法对普惠性学前教育进行研究，实证分析较多采用教育部公布的面板数据分析普惠性学前教育发展的现状和存在的问题，对本研究很有借鉴意义，但对于深入研究县域学前教育政策实施效果来说，研究方法的系统性略显不够。本研究综合运用文献法、政策文本分析法、问卷法、访谈法等质性和实证相结合的方法，全面探讨江苏省 A 市 1 个个案县普惠性学前教育政策的实施效果，深入分析影响普惠性学前教育政策县域实施效果的影响因素，并提出优化建议。

总而言之，现在各级政府和研究者都非常关注普惠性学前教育政策实施的成效，持续增强对普惠性学前教育政策的执行效果进行评价研究，成果颇丰。但在现有的研究中，对县域不同年度普惠性学前教育政策实施效果进行系统、全面、综合的评价与研究还相对较少。基于此，本研究在阐明普惠性学前教育政策价值取向的前提下，建构一套科学、合理的评价体系，运用多种研究工具，从宏观和微观两个层面，对个案县普惠性学前教育政策实施效果开展综合评价，并提出有针对性的优化策略，具有极大的必要性。

第三节　核心概念界定

确定核心概念是开展科学研究的起点和基础。要研究普惠性学前教育政策县域实施效果，首先要明确研究中县域、普惠性学前教育、普惠性学前教育政策实施效果等基本概念，然后才能对政策实施效果的价值取向、指标体系等问题进行深入探讨。

一、县域

县域在我国已有两千多年历史，秦朝时建立的郡县制度是我国历史上重要的地方行政制度；中华人民共和国成立后，县作为一级行政区划，隶属于地级市、直辖市、自治州之下，是我国行政体制中的基层枢纽。从政治学角度看，县域是按行政职权所及范围而划分的行政单位，是行政系统中较为底层和基本的区划单位；从地理、社会和经济学角度看，县域在自然条件、经济状况、政治状况、历史和文化背景等方面存在着同质或相近的结构特征[①]。各类公共政策都要通过县级政府及其对应的各类机构来执行，中央和省市面向全国、全省市县作出的宏观决策，要经过县域政府转化为具体的政策措施，并通过乡镇的有效领导和监督贯彻落实[②]。县域作为连接国家与社会的关键层级，能够系统、全面地反映出国家教育政策体制在社会层面整体的运行和变迁状况，起到承上启下的作用，对我国政治稳定、经济繁荣以及各类社会公共事务的治理发挥着无可替代的作用[③]。

2017年的《第三期学前教育行动计划的意见》和2018年的《若干意见》都强调"健全'国务院领导、省市统筹、以县为主'的学前教育管理体制，以县为单位制定幼儿园布局规划"。县域政府作为我国学前教育事业发展的责任主体，对其区域内学前教育的规划布局、资源配置、财政投入和监管等负管理职责[④]，是落实国家、省市普惠性学前教育政策最直接、最基层的单位，是我国学前教育体系的重要节点。[⑤]从现实层面上讲，当前我国学前教育区域发展不均衡等问题的解决都要以县域为载体，对其有限的学前教育资源进行统筹规划和优化配置，所以对普惠性学前教育政策县域实施效

---

① 杜文静.县域基础教育政策评估体系的建构研究 [D].山东师范大学，2014，6；
张茂聪，杜文静，等.县域基础教育政策评估研究——基于评估内容体系的构建 [M].济南：山东教育出版社，2015：19.

② 朱光磊.当代中国政府过程（第二版）[M].天津：天津人民出版社，2002：365.

③ 李理.社会力量参与县域群众体育治理研究 [D].北京体育大学，2018，（26）.

④ 原晋霞.构建有质量的学前教育基本公共服务体系 [J].教育学术月刊，2013（01）：84-88.

⑤ 杨晓萍，沈爱祥.县域学前教育共生发展现状分析 [J].学前教育研究，2020（09）：13-22.

果进行系统研究具有极其重要的意义。

我国县域有广义和狭义之分，广义的县域涵盖县、自治县、不设区的县级市以及市辖区等县级政府所辖区域；狭义的县域包含县级市、县、自治县、旗、自治旗、特区和林区，不包含与其行政地位相同的市辖区。本研究中的县域采用广义的概念，指我国所有县级行政区域，包括县、自治县、不设区的县级市及市辖区，是具有地域特色和功能完备的区县，是一个全覆盖的概念。

二、普惠性学前教育

自 2010 年《教育规划纲要》和"国十条"首次提出学前教育普惠性发展以来，由于对普惠性学前教育未作出明确界定，因此引发很多学者从不同角度对普惠性学前教育的概念进行分析和界定。有学者从受惠面、施惠方、核心目标三个层面分析，指出普惠性学前教育的受惠面应是普遍化和扩大化，施惠方的责任应由政府承担，核心目标应是普及学前教育，提升质量[1]；有研究者从社会公平角度出发，将普惠性学前教育定义为让普通大众都有接受学前教育的机会，强调公平分配学前教育资源，保障学前教育的公平性与公益性，提供优质的学前教育服务，确保普惠性学前教育质量[2]；也有学者从国家普惠性学前教育政策角度提出，普惠性学前教育应是以政府为主、市场为辅，力求教育公平、实现幼有所育的一种具有开放性质与儿童福利性质的公共学前教育服务体系[3]。

本研究认为，普惠性学前教育是基于地方社会经济发展现状，以政府主导或者主办为前提，以公办园（含公办性质）和普惠性民办园（提供普惠性服务的营利性与非营利性民办园）为载体，面向所有家庭、适龄儿童

---

① 王海英.从特权福利到公民权利——解读《国务院关于当前发展学前教育的若干意见》中的普惠性原则 [J].幼儿教育，2011（Z3）：7-11.

② 侯宇佳.普惠性学前教育政策满意度评估研究 [D].天津工业大学，2020：11.

③ 王玉飞、李红霞.普惠性学前教育的内涵、特征及其实现路径——基于政策文本的解读 [J].大庆师范学院学报，2021，41（01）：112-120.

提供的方便、普惠、质优的教育公共服务。

三、普惠性学前教育政策

　　普惠性学前教育政策是国家教育政策的重要组成部分，反映了国家不同时期关于学前教育改革发展的方向和意志[1]。《教育辞典》把教育政策定义为："党和政府在一定历史时期阶段为教育工作制定的行动要求和基本准则。"[2] 有学者认为："教育政策是一种有目的、有组织的动态发展过程，是政党、政府等政治实体在一定历史时期，为实现一定的教育目标和任务而协调教育内外关系所规定的行动依据和准则。"[3] 外国学者卡玛曼认为，未来学前教育政策的主要趋势应指向保证所有适龄儿童都享有免费的、高质量的学前教育[4]。有学者从儿童福利视角剖析了我国普惠性学前教育在质量、体制、经费和教师等方面的政策[5]。

　　本研究认为，普惠性学前教育政策是自 2010 年以来党和国家各级政府部门为实现学前教育发展目标和任务而颁布的有关学前教育质量、体制、师资、经费等方面的纲要、通知、意见、条例等各种文件的总称。

四、普惠性学前教育政策实施效果

（一）政策实施

　　政策实施也有叫政策执行。在我国《辞海》（1989）中的主要意思为"国家政府法律、法规的实施"。在欧美国家的公共政策研究中，"执行

① 白贝迩 师范生免费教育政策评估研究 [D]. 陕西师范大学，2016，19.
② 张焕庭 . 教育辞典 [M]. 南京 . 江苏教育出版社，1988：763.
③ 孙绵涛，等 . 教育政策论——具有中国特色的社会主义教育政策研究 [M]. 武汉：华中师范大学出版社，2002：11.
④ Sheila B. Kamerman. Early Childhood Education and Care in Advanced Industrialized Countries: Current Policy and Program Trends[J]. Phi Delta Kappan, 2005(87).
⑤ 方美红 . 儿童福利视角下我国普惠性学前教育政策分析及现实构建 [J]. 江苏教育研究，2019（Z1）：80-84.

政策""政策的执行"等表述较为常见，如"implement""implementation"等。国内研究者则多使用"执行""实施"等词汇。据 J. 布瑞斯曼和 A. 魏雅儒两人的研究，"implement"的意思是"实现、实行、成就、完成"[①]；而"implementation"的含义则为"设立目标与为达到目标所采取的行动，以及用来获得某些期望结果的能力"[②]。我国一些学者将政策实施视为政策执行人员根据政策的指令和要求，持续采取积极的动态行动过程，以达到政策目标并取得预期的效果[③]。谢明表示，政策实施是指一项政策方案被采纳后，执行者通过特定的组织方式，利用不同的政策资源，通过解释、实施、服务和宣传等手段，把政策观念内容转变成实际效果，以此来达到既定的政策目标的过程[④]。

（二）政策实施效果

有研究者将政策实施效果又称为政策执行效果，是指政策实施后对政策目标群体和环境产生的整体影响，可分为预期效果和非预期效果[⑤]。也有研究者把政策实施效果看作是一项政策实施后所产生的结果、产出或影响，它不仅包含事实层面效果，还包含价值层面效果；不仅包含预期与目标相符的效果，还包含预期之外的附加效果。

综上，在本研究中，政策实施效果是指政策实施的政策目标达成情况。普惠性学前教育政策实施效果主要聚焦于普惠性学前教育政策实施后在普及普惠、保教质量、政府保障等方面政策目标的达成情况（图 1-1）。

---

① 曹俊汉. 公共政策 [M]. 台北：三民书局，1990：230.
② 朱志宏. 公共政策 [M]. 台北：三民书局，1991：261；
　余晗. 广西壮汉双语教育政策执行现状及优化路径研究 [D]. 广西民族大学，2018，10.
③ 袁振国. 教育政策学 [M]. 南京：江苏教育出版社，1996：178.
④ 谢明. 公共政策导论（第四版）[M]. 北京：中国人民大学出版社，2015：194；
　周丽婷. 公共政策执行中政府信用建构分析 [J]. 岭南学刊，2007（04）：51-53，78.
⑤ 赵永辉. 对"两免一补"教育政策的评估 [J]. 武汉职业技术学院学报，2008（03）：91-93.

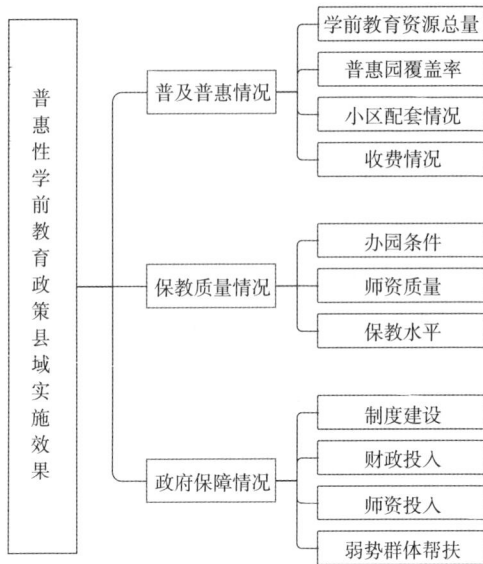

图 1–1 "普惠性学前教育政策县域实施效果"核心概念框架图

第四节 理论基础

社会公正理论与新公共服务理论为研究确立"普惠性学前教育政策"的价值取向与实现路径指引了方向；第四代评估理论和政策过程理论为深入探讨"普惠性学前教育政策县域实施效果"提供了分析工具（图 1–2）。

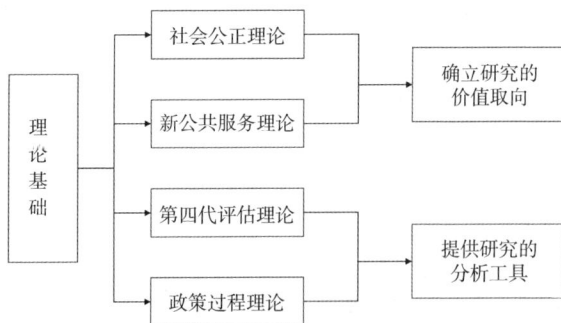

图 1–2 研究的理论基础关系图

一、社会公正理论

　　社会公正作为一种基本的理念和行为准则，是人类社会永恒的价值取向，是一种理想的追求和美好的期盼，也是社会发展过程中必须认真对待的现实问题①。罗尔斯、诺齐克是社会公正理论的主要代表人物。罗尔斯的社会公正理论对实质公正给予了更多的关注，他指出："人类社会的一切基本价值，如自由、机会、收入、财富等，都必须进行平等的分配，直到满足每个人的利益。"②他的差别性补偿原则，提出以牺牲最大利益者的利益为代价来补偿弱势群体的缺失，反映了对弱势群体的关怀。诺齐克的社会公正理论将"程序公正"视为"正义"中的唯一正义，认为只要程序公正，无论结果如何都是正当的③；公正的分配并不是政府负责把已有的东西按照原则分配给个人，政府应充当"守夜人"的角色，去维护程序的公正，避免个人之间的交易违反道德或公正的原则④。

　　教育公正是社会公正的一个组成部分，关系到全体公民的利益和受教育权利，是重要的民生问题之一。同时，教育公正还是实现社会公正的基础，通过教育能够提高公民的素质，改善弱势群体的发展环境，促进社会公正的实现⑤；教育公正是实现人类平等的伟大工具，它的作用比任何其他人类发明都要大⑥，应把教育看作是整个社会范围内消除或减缓不公正因素的必要措施⑦。教育公正是系统的、整体的概念，涉及教育的目的和手段。教育的目的是促进个体自由完善地发展。为了实现个体完满发展、促进教育公正的目标，就必须合理分配教育资源，包括教育权利、教育机会以及教育过程中的资源等。同时，教育公正的目标也是教育资源分配的依据，

① 冯建军.社会公正与教育公正 [J].江西教育科研，2007（09）：3-8.
② 约翰·罗尔斯.正义论 [M].何怀宏，等译.北京：中国社会科学出版社，1988：62.
③ 诺齐克.无政府、国家与乌托邦 [M].北京：中国社会科学出版社，1991：155-156.
④ 冯建军.教育公正：政治哲学的视角 [M].福州：福建教育出版社，2008：29.
⑤ 冯建军.社会公正与教育公正 [J].江西教育科研，2007（09）：3-8.
⑥ [美]约翰·S·布鲁贝克.高等教育哲学 [M].王承绪，等译.杭州：浙江教育出版社，1998：71.
⑦ 吴忠民.社会公正论 [M].济南：山东人民出版社，2004：177.

以此，冯建军将教育公正定义为："通过一个合理的教育制度，恰当地配置教育资源，让每个人都能得到适合自己的教育，满足个体的学习需要，使每个人得其应得，从而达到个体的个性化发展。"[①]

公平正义、程序公正、弱势补偿等原则作为社会公正理论的核心内容，为普惠性学前教育政策县域实施效果研究确立研究立场与基本价值取向提供了重要的理论依据。

1. 普惠性学前教育政策县域实施效果的研究过程要关注公众、弱势群体对学前教育的需求与获得。实现"幼有所育"，保障所有学龄前儿童能够平等地接受有质量的学前教育，是社会公正、教育公正在学前阶段的重要体现。

2. 普惠性学前教育政策县域实施效果的研究要关注有限学前教育资源分配的均衡性。在教育资源尤其是普惠性学前教育资源有限的前提下，政府在提供公共服务时，除了要确保所有适龄儿童的入园机会平等，还要关注过程平等，保证城乡、不同性质园所间普惠性学前教育资源分配的合理性、均衡性，维护和保障学前教育公平公正。

二、第四代评估理论

对教育政策实施效果进行评价是教育政策实施的重要组成部分，它既能对教育政策的制定、执行等过程予以评判，又能为教育政策后续的改革和决策的制定提供依据和方向，进而提高教育政策的质量[②]。

20 世纪后半叶，美国评估专家古贝和林肯将以往的教育评估划分为测量、描述、判断三个时代，并对以往评估中存在的管理主义倾向、过分强调调查的科学范式等不足进行了批判，提出了以协商和建构为核心特点的第四代评估范式[③]，又称"响应式建构主义评估"，其核心思想在《第四

① 冯建军.教育公正：政治哲学的视角 [M].福州：福建教育出版社，2008：43.
② 李吉桢.第四代教育评价理论的中国化研究 [D].天津师范大学，2019，16.
③ 孙科技，朱益明."双一流"建设评估的现实困境及其超越：第四代评估理论视角 [J].复旦教育论坛，2021，19（04）：100–106.

代评估》一书中得到了系统阐释。一是第四代评估以对利益相关者的"主张""焦虑""争议"进行"回应"为起点，提出了评价活动中的三类利益相关者——评价主体、受益人和受害人，他们各自具有主张、焦虑和争论，而评价者的作用就是找出各种影响要素，并通过谈判取得一致意见。二是第四代评估范式遵循"建构主义方法论"。建构主义从存在论角度看，现实世界是一种自觉意识的社会性构造；在认识论方面，提倡"主客一体"的主体观，突出了评价者与被评价者之间的互动关系；在方法上，以诠释学辩证法代替控制（试验）的方法。三是第四代评估注重评估过程的构建与重构。认为评估是一个不断反复的过程，由于"存在着未解决的主张、忧虑和争论，许多协商的共识可能维持不了多长时间，就要再进行重建"[1]。这就需要评价主体作为评估工作的协调人[2]，把最急需解决的主张、忧虑和争论再次列入磋商日程，如此周而复始，直到达到最大程度的一致。[3]

第四代评估理论"回应"利益相关者的"主张""焦虑"和"争议"，坚持"建构主义方法论"等观点，为本研究确立研究分析工具提供了重要的参考依据。

1. 普惠性学前教育政策县域实施效果的研究过程要重视不同利益相关者的参与。虽然普惠性学前教育政策实施效果的研究需要科学的方法和准确的数据支撑，但更离不开教育行政工作者、幼儿园园长、教师、家长等多元主体和对象的互动参与。研究实施的过程中要理解与支持这些不同利益主体的不同的价值观，在持续的磋商、对话和交流中，引导并支持他们积极地参与到对县级学前教育政策实施效果的评价中来，并提出自己的看法，最终建构出符合不同利益相关者实际需求的学前教育政策实施决策，为政策后续的改革提出更完善的改进措施和方案。

① 古贝，林肯. 第四代评估 [M]. 秦霖，等译. 北京：中国人民大学出版社，2008：9–14，18–19，165.
② Huebner A J, Betts S C. Examining fourth generation evaluation: application to positive youth development [J]. Evaluation, 1999(3): 340–358.
③ 孙科技，朱益明. "双一流"建设评估的现实困境及其超越：第四代评估理论视角 [J]. 复旦教坛，2021，19（04）：100–106.

2. 普惠性学前教育政策县域实施效果研究是不断建构和再建构的过程。普惠性学前教育政策实施效果研究的根本目的不是终结性的评判，而是一次学前教育政策建构改进的过程，是政策实施阶段性的结果总结，其作用是为各级政府部门提供政策调整的依据，从而促进我国学前教育事业高质量发展。

三、新公共服务理论

"公共服务"这一学术概念最早由法国学者莱昂·狄骥提出，其在著作《公法的变迁》里明确了公共服务是"政府有义务实施的行为"[①]。20世纪70年代后期，西方出现并盛行新公共管理理论。该理论以市场化为取向，推行绩效管理和顾客导向，但在实践过程中逐渐暴露出如"从掌舵到划桨理念中没有说明船属于谁"等诸多问题[②]。由此新公共服务理论应运而生，美国学者罗伯特·B·登哈特和珍妮特·V·登哈特夫妇指出，提供公共服务是公共部门的一项重要责任，它不应只是"掌舵"社会、经济、政治的走向，更要帮助公民表达他们的利益诉求，并在此基础上维护、满足、保障公民的基本公共利益[③]。他们在著作《新公共服务：服务，而不是掌舵》中对该理论进行了系统化的阐述，认为这是一个以公民为中心的公共行政理念[④]，政府应以提升公共服务的尊严和价值为最终目的，以民主、公民权利和公益价值为终极目标[⑤]。新公共服务理论认为，在公共管理与公共政策执行中，政府应以服务为核心，其职能要从"掌舵"转向"服务"，以实现和

---

① ［法］莱昂·狄骥.公法的变迁［M］.邓戈，译.沈阳：辽海出版社、春风文艺出版社，1999：47 50.
② 辛传海."新公共服务"，一种公共管理新趋向［J］.前沿，2004（06）：103-107.
③ ［美］珍妮特·V·登哈特，罗伯特·B·登哈特.新公共服务：服务，而不是掌舵［M］.丁煌，译.北京：中国人民大学出版社，2010：43-141.
④ 陈曦.新公共服务理论视域下山西省县级融媒体中心公共服务建设研究［D］.山东大学，2021，36.
⑤ ［美］珍妮特·V·登哈特，罗伯特·B·登哈特.新公共服务：服务，而不是掌舵［M］.丁煌，译.北京：中国人民大学出版社，2010：120-180.

保障公共利益为目标，要"尊重人民，而不仅仅是生产力"，要坚持以人民为中心，尊重人民及其权利[①]；"本质上不管是对他们，还是对我们，真正重要的不是我们所做的工作多么高效，而是我们如何提高所有人的生活水平"。[②]

新公共服务理论中强调的政府服务的职责及以人为本的管理理念，对实现学前教育普及普惠安全优质发展和提升政府的教育公共服务水平，都有重要的启示和借鉴作用。

1. 普惠性学前教育政策实施效果的研究过程要关注政府的服务职能履行情况。普惠性学前教育作为准基本公共教育服务，政府在制定、执行、评估学前教育政策过程中要承担起服务人民群众的重要角色和主要责任；要站在一切为了人民的角度，通过诸如直接供给普惠性学前教育资源或积极购买服务等方式，提供人民群众真正需要的高质量普惠性学前教育服务。

2. 普惠性学前教育政策实施效果的研究过程要关注政府对所有公民权利的保障情况。了解各级政府在提供普惠性学前教育公共服务过程中，是否始终关注和关怀留守儿童、流动儿童、残疾儿童等弱势群体的受教育权利，是否通过多种弱势补偿机制、政策倾斜等措施，缩小区域、城乡、群体之间的教育差距，保障所有适龄儿童接受公平且有质量的普惠性学前教育。

四、政策过程理论

从公共政策过程视角分析，政策过程理论一直是公共政策研究的基础框架。1980年前后，政策过程理论主要采用阶段路径研究法，把政策过程分为若干阶段进行研究，因此也被称为阶段启发法[③]。政策过程阶段划分研

① 程仙平. 老年教育公共服务体系的构建逻辑与图景——基于新公共服务理论视角 [J]. 河北师范大学学报（教育科学版），2019，21（04）：95-100.
② 唐兴霖，尹文嘉. 从新公共管理到后新公共管理——20世纪70年代以来西方公共管理前沿理论述评 [J]. 社会科学战线，2011（2）.
③ 陈振明. 公共政策分析导论 [M]. 北京：中国人民大学出版社，2015：28.

究源于拉斯韦尔的专著——《决策过程》,其将政府过程分为情报、建议、规定、行使、应用、终结和评价七个阶段[①];之后布鲁尔沿着其思路提出了政策过程的创议、估计、选择、执行、评估和终结六个阶段学说[②];安德森在《公共决策》中将政策过程分为问题形成、政策方案制定、政策方案通过、政策实施和政策评价五个阶段[③];德洛尔在《公共政策制定检讨》中将政策过程分为元政策制定、政策制定、后政策制定、反馈四个阶段[④];豪利特认为政策过程是政策问题提出、形成政策选择、做出决定、实施政策、评估和反馈、政策修正等一系列政策循环周期的总和[⑤]。

借鉴外国学者研究成果并结合我国政策实践,我国学者将政策过程视为一个政策周期,包括政策制定、执行、评估、监控和终结等环节。其中,政策制定包括问题确定、方案设计、抉择、合法化等步骤;政策执行包含组织与准备、政策分解、宣传、实施、沟通、协调等环节;政策评估是对政策效果做出判断,评判政策的效益、优劣、成功或为何失败的过程[⑥]。还有研究者提出政策过程的议题提出、形成建议、政策制定、政策实施与政策评估五阶段[⑦]。

一个政策的实际生命过程不一定会完全按阶段过程来发展,或繁或简会因具体的政策内容和环境而异。尽管如此,政策阶段过程理论依然是我们目前所要坚持的重要政策方法之一,它有助于我们对政策实施过程中利益相关者的各种行为进行把握,为后续的政策制定与执行提供了科学的分析框架。例如,政策过程理论中政策制定、政策执行、政策评估等阶段为

---

① Lasswell. H. D.The decision process: seven categories of functional analysis[M]. Maryland: University of Maryland, 1956.

② Howlett. M, Rmesh M. Studying public policy: policy cycles and policy subsystems[M]. Oxford: Oxford University Press, 1995.

③ Anderson. J. E. Public policymaking (8th edition) [M]. Stamford. Cengage Learning, 2014.

④ Yehezkel Dror. Public policymaking Reexamined, San Francisco, CA: Chandler Publishing Co, 1968.

⑤ Howlett. M, Rmesh M. Studying public policy: policy cycles and policy subsystems[M]. Oxford: Oxford University Press, 1995: 11.

⑥ 陈振明. 公共政策分析导论 [M]. 北京:中国人民大学出版社,2015:32.

⑦ 王桂侠,万劲波. 基于政策过程的智库影响力作用机制研究 [J]. 中国科技论坛,2018(11):151-157.

研究中调查结论的分析提供了明确的分析框架。

1.对普惠性学前教育政策实施效果的审思可参照政策过程理论。普惠性学前教育政策的实施效果既包括实施的成效，也包含存在的问题，对其原因分析需从更上位的逻辑去思考，地方政府的政策制定、执行、评估过程等全过程都会影响政策的实施效果。

2.提升普惠性学前教育政策实施效果的政策建议需依据政策过程理论。政府对学前教育事业的发展起着至关重要的作用，普惠性学前教育政策的有效实施离不开政府对政策的有效制定、高效执行和动态评估，而政策过程理论则为普惠性学前教育政策的实施提供了全过程、全方位的支撑。

第五节　研究设计

一、研究问题与思路

（一）研究问题

本研究聚焦普惠性学前教育政策县域实施效果的个案调查研究。首先，基于2010年以来我国普惠性学前教育政策的演进和相关政策文本分析，借助社会公正、第四代评估、新公共服务等理论，确定我国普惠性学前教育政策实施的价值取向，提出普惠性学前教育实施效果评估的价值选择。其次，梳理已有的相关学前教育政策实施效果的研究文献，借鉴《县域学前教育普及普惠督导评估办法》等政策文件建立本研究的普惠性学前教育政策县域实施效果评价体系。最后，利用建构的普惠性学前教育政策县域实施效果评价指标体系，对个案县的普惠性学前教育政策实施效果开展实证调查和综合评价，对其学前教育发展现状、存在问题和影响因素等方面进行全面分析，并提出可行的政策建议。涉及的研究问题主要包括：

1.普惠性学前教育政策的演进历程和价值取向是怎么样的？

2.普惠性学前教育政策县域实施效果评价体系如何建构？

3. 个案县普惠性学前教育政策实施效果的现状如何？存在哪些问题？

4. 普惠性学前教育政策县域实施效果受哪些因素影响？

5. 县域普惠性学前教育政策实施的优化建议有哪些？

（二）研究思路

本研究主要按照"核心概念界定——政策演进与文本分析——价值取向确定——评价体系构建——实证调查开展——实施效果审思——政策建议提出"的思路展开（图1-3）。

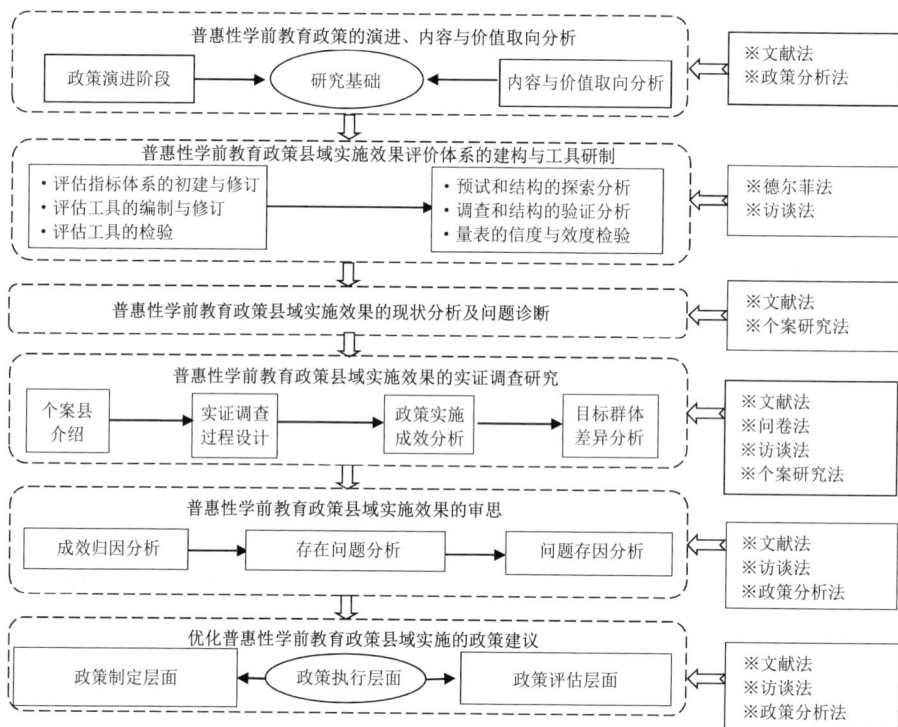

图1-3 "普惠性学前教育政策县域实施效果"的研究思路

二、研究方法

要研究普惠性学前教育政策的演进历程、价值取向、评价指标、现实发展状况等问题，就需要多渠道、多角度收集与分析有关的信息。故本研究采用了质性与实证相结合的研究方法，包括文献研究、政策文本分析、个案研究等多种具体方法。

（一）文献研究法

1. 研究目的

文献研究法是对现有的以文字、数字、符号、图片等信息形式呈现的文献资料进行搜集与分析的一种研究方法[①]。本研究主要对与普惠性学前教育相关的政策文件、研究文献、政府统计年鉴等进行收集、梳理和分析，把握当前普惠性学前教育发展研究的现状、趋势与问题，为普惠性学前教育政策县域实施效果的研究提供相应的理论基础和实践依据。

2. 研究对象

本研究的文献研究对象主要包括：（1）与普惠性学前教育相关的国内外研究文献，包括专业书籍、各种学术期刊论文、博硕士学位论文等；（2）与普惠性学前教育相关的国家和各级政府部门所编制的统计年鉴、统计数据等。

3. 研究过程

一是研究文献分析阶段。通过大量查阅、收集和整理与普惠性学前教育、学前教育政策、普惠性学前教育政策实施、普惠性学前教育政策实施效果评价相关的研究文献，对普惠性学前教育政策实施内涵、现状、问题、影响因素、优化策略等内容进行系统梳理与分析，建构研究的理论基础，形成核心概念分析框架与整体研究思路。

二是统计数据收集分析阶段。通过查阅、收集政府统计年鉴和个案县

---

① 刘玮. 区域内义务教育优质均衡发展政策执行考察 [D]. 南京师范大学，2016，36.

2017—2021年学前教育普及普惠、保教质量、政府保障等方面的客观统计数据，对各类数据进行分析梳理，掌握个案县学前教育各方面发展的变化趋势，为其普惠性学前教育政策实施效果评价提供分析依据（详见第三章第二节和第四章第一节具体内容）。

（二）政策文本分析法

1. 研究目的

自2010年国家提出"学前教育普惠性发展"政策以来，中央和地方各级政府先后颁布了各类发展普惠性学前教育的政策文件，对解决人民所关注的"入园难""入园贵"等问题具有极其重要的指导意义。通过对相关政策文本的分析可以了解国家实施普惠性学前教育的价值取向，为后续普惠性学前教育政策县域实施效果评价指标体系建构、政策优化建议等提供分析维度。

2. 研究对象

本研究的政策文本分析文件包括相关行政法规、部门规章、通知、意见等，是截至2022年9月显示有效的文件，主要来源于中国政府网、中国教育部等官方网站中国家层面的政策文本。最终，选取了50份（见表1-1）与普惠性学前教育相关的政策文件。

表1-1　2010年以来国家层面系列普惠性学前教育政策文本汇总表

序号	文件名称	发文时间	发文主体
1	《国家中长期教育改革和发展规划纲要（2010—2020年）》	2010.07	国家中长期教育改革和发展规划纲要工作小组办公室
2	《国务院关于当前发展学前教育的若干意见》	2010.11	国务院
3	《中国儿童发展纲要（2011—2020年）》	2011.08	国务院
4	《关于实施幼儿教师国家级培训计划的通知》	2011.09	教育部、财政部
5	《关于加大财政投入支持学前教育发展的通知》	2011.09	财政部、教育部
6	《关于建立学前教育资助制度的意见》	2011.09	财政部、教育部

（续表）

序号	文件名称	发文时间	发文主体
7	《关于规范幼儿园保育教育工作防止和纠正"小学化"现象的通知》	2011.12	教育部
8	《幼儿园收费管理暂行办法》	2011.12	国家发展改革委、教育部、财政部
9	《建立中小学幼儿园家长委员会的指导意见》	2012.02	教育部
10	《幼儿园教师专业标准（试行）》	2012.02	教育部
11	《学前教育督导评估暂行办法》	2012.02	教育部
12	《关于开展全国学前教育宣传月活动的通知》	2012.04	教育部办公厅
13	《国家教育事业发展第十二个五年规划》	2012.06	教育部
14	《关于印发国家基本公共服务体系"十二五"规划的通知》	2012.07	国务院
15	《关于加强幼儿园教师队伍建设的意见》	2012.09	教育部、中央编办、财政部、人力资源和社会保障部
16	《3—6岁儿童学习与发展指南》	2012.10	教育部
17	《幼儿园教职工配备标准（暂行）》	2013.01	教育部
18	《关于实施第二期学前教育三年行动计划的意见》	2014.11	教育部、国家发展改革委、财政部
19	《幼儿园园长专业标准》	2015.01	教育部
20	《中央财政支持学前教育发展资金管理办法》	2015.07	财政部、教育部
21	《关于改革实施中小学幼儿园教师国家级培训计划的通知》	2015.08	教育部、财政部
22	《关于申报国家学前教育改革发展实验区的通知》	2015.08	教育部办公厅
23	《〈国家中长期教育改革和发展规划纲要〉中期评估学前教育专题评估报告》	2015.11	教育部
24	《幼儿园工作规程》修订	2016.01	教育部
25	《幼儿园建设标准》	2016.11	住房和城乡建设部、国家发展改革委

（续表）

序号	文件名称	发文时间	发文主体
26	《关于印发国家教育事业发展"十三五"规划的通知》	2017.01	国务院
27	《关于印发"十三五"推进基本公共服务均等化规划的通知》	2017.01	国务院
28	《关于实施第三期学前教育行动计划的意见》	2017.04	教育部、国家发展改革委、财政部、人力资源和社会保障部
29	《幼儿园办园行为督导评估办法》	2017.04	教育部
30	《关于各地出台公办园幼儿园教职工编制标准情况的通报》	2017.07	教育部办公厅
31	《关于全面深化新时代教师队伍建设改革的意见》	2018.01	中共中央、国务院
32	《关于开展幼儿园"小学化"专项治理工作的通知》	2018.07	教育部办公厅
33	《新时代幼儿园教师职业行为十项准则》	2018.11	教育部
34	《幼儿园教师违反职业道德行为处理办法》	2018.11	教育部
35	《关于学前教育深化改革规范发展的若干意见》	2018.11	中共中央、国务院
36	《关于开展城镇小区配套幼儿园治理工作的通知》	2019.01	国务院办公厅
37	《幼儿园标准设计样图》	2019.01	教育部、住房和城乡建设部
38	《中国教育现代化 2035》	2019.02	中共中央、国务院
39	《关于印发教育领域中央与地方财政事权和支出责任划分改革方案的通知》	2019.05	国务院办公厅
40	《关于学前教育事业改革和发展情况的报告》	2019.08	国务院
41	《县域学前教育普及普惠督导评估办法》	2020.02	教育部
42	《中华人民共和国学前教育法草案（征求意见稿）》	2020.09	教育部
43	《深化新时代教育评价改革总体方案》	2020.10	中共中央、国务院
44	《关于大力推进幼儿园与小学科学衔接的指导意见》	2021.03	教育部

（续表）

序号	文件名称	发文时间	发文主体
45	《中华人民共和国国民经济和社会发展第十四个五年规划和 2035 年远景目标纲要》	2021.03	国务院
46	《关于实施中小学幼儿园教师国家级培训计划（2021—2025 年）的通知》	2021.04	教育部、财政部
47	《支持学前教育发展资金管理办法》	2021.04	财政部、教育部
48	《中国儿童发展纲要（2021—2030 年）》	2021.09	国务院
49	《"十四五"学前教育发展提升行动计划》	2021.12	教育部、国家发展改革委、公安部、财政部、人力资源和社会保障部、自然资源部、住房和城乡建设部、税务总局、医疗保障局
50	《幼儿园保育教育质量评估指南》	2022.09	教育部

3. 研究过程

本研究借鉴 Nvivo 质性研究工具，对国家层面的 50 份与普惠性学前教育政策相关的文本从政策目标、政策措施和政策保障三个维度进行一一解读与分析、编码与归类，为提炼普惠性学前教育政策价值取向和政策实施效果评价指标体系提供参照，为政策的优化完善提供分析依据（详见第二章第二节具体内容）。

（三）访谈法

1. 研究目的

在文献法收集政府客观统计数据的基础上，本研究还对个案县不同层级、部门的行政人员，不同区域、性质的幼儿园园长、教师，不同区域、园所的家长等利益相关者围绕学前教育的普及普惠、保教质量、政府保障等内容进行了深度访谈，旨在全面、深入地了解个案县不同利益相关者对普惠性学前教育政策实施效果的看法和诉求，获悉当前个案县普惠性学前教育政策实施的成效，包括政策落实现状、存在问题、影响政策实施的因素和期望的改进建议和方向。

2. 访谈对象

本研究的访谈对象选取了与普惠性学前教育政策县域实施效果相关的政府行政人员、幼儿园园长、幼儿园教师、家长等不同利益相关者。

一是政府行政人员。本研究将政府行政人员作为访谈的首选对象，因为其是县域普惠性学前教育改革发展最直接、最重要的政策主体，对相关普惠性学前教育政策的制定、执行、评估等实施过程比较了解。最终选取个案县不同层级教育、财政、社事办等相关政府行政人员共 4 人进行深度访谈。

二是不同区域、性质的幼儿园园长和教师。幼儿园园长、教师是普惠性学前教育政策县域实施中最重要的参与者和执行者之一。不同区域（城乡）、性质（公办园、普惠性民办园等）的幼儿园园长、教师是国家、省、市、县等各级学前教育政策的最终落脚点，其对政策实施中的实际成效、问题等最为了解，通过对其访谈，可以更加深入地把握个案县普惠性学前教育政策实施中存在的问题，从而为学前教育普及普惠安全优质发展提供更适切的建议和思路。最终选取了个案县不同区域、性质的幼儿园园长（10 人）、教师（12 人）共 22 人进行交流访谈。

三是不同区域、园所的家长。家长是普惠性学前教育政策实施中最重要的利益直接相关者，政策最终的实施成效可在家庭、孩子身上得到直观体现。对家长群体进行访谈可以更加客观、真实地获悉普惠性学前教育政策县域实施的成效及存在的问题，同时也能知晓家长的满意度。最终选取了不同区域、园所的家长共 20 人进行访谈。

3. 访谈过程

一是编制访谈提纲。根据不同研究对象，本研究自编了包括政府行政人员、教育行政人员、园长、教师、家长共 5 类人群的访谈提纲。

二是完善访谈提纲。采用专家咨询等方式对各类访谈提纲进行修改和完善，并在调研期间开展预访谈，进一步对访谈提纲进行完善，形成正式访谈提纲。

三是开展正式访谈。主要采取个别一对一或电话访谈的方式对各利益相关者进行了 0.5—1.5 小时的访谈交流，在征得访谈对象许可的情况下对访谈过程进行了全程录音。

四是对访谈资料进行整理与分析。对访谈内容进行事后录音转换，按不同访谈对象及访谈时间进行编码并逐一归类整理分析，行政人员编码为 G1–G4，教师编码为 T1–T12，园长编码为 P1–P10，家长编码为 F1–F20。（详见第三章第二节、第四章第一节具体内容）。

（四）问卷法

1. 研究目的

幼儿家长、幼儿园园长、教师等不同利益相关者是普惠性学前教育政策过程的全程参与者、行动者、受益者。围绕普及普惠、保教质量、政府保障等方面对其开展满意度问卷调查，可以了解各利益相关者对普惠性学前教育政策县域实施效果的主观感受，从而更好地把握县域学前教育发展的真实情况、存在的问题，为政策改革提出新的改进措施和方案。

2. 研究对象

因本研究是个案研究，以县域为研究单位，教育行政人员的人数相对较少，对其调查主要采取一对一的深度访谈。根据研究目的，本研究的问卷调查对象主要是个案县不同区域、性质的幼儿园园长、教师和不同区域、园所的幼儿家长，他们是县域普惠性学前教育政策实施的参与者、见证者。

3. 研究过程

一是编制调查问卷。根据不同的调查对象和研究目的，本研究依照确立的评价指标体系自编了《普惠性学前教育政策县域实施效果家长满意度调查问卷》《普惠性学前教育政策县域实施效果教师满意度调查问卷》，家长问卷包括 37 道题，园长教师问卷包括 39 道题，并在全国范围进行试测，最终获得家长有效问卷 800 份，教师有效问卷 466 份。

二是完善调查问卷。对试测回收的两类调查问卷分别进行了项目、探索性因素和验证性因素分析，并根据检验结果对具体题项进行了修订完善，修订后的两份问卷还分别进行信度和效度检验，以确保最终测评问卷科学可靠（详见第三章第二节）。

三是实施正式问卷调查。调查问卷对个案县全域发放，调查对象包括园长、教师和幼儿家长，数据收集时间为 2022 年的 11 月 15 日—12 月 15 日，最终得到教师有效问卷 412 份，家长有效问卷 3155 份（详见第四章第一节具体内容）。

四是对问卷资料进行整理与分析。主要对《普惠性学前教育政策县域实施效果满意度调查问卷》（家长和教师）进行了描述统计和差异性分析。

（五）个案研究法

1. 研究目的

县域政府是落实普惠性学前教育政策的责任主体，而县域内不同区域、不同园所学前教育发展的不均衡制约着我国普惠性学前教育政策的整体发展进程。为充分了解 2010 年以来县域政府对地区普惠性学前教育改革发展的履职情况，本研究以 A 市经济发展水平较高的 S 县为研究个案，旨在深入调查了解 S 县普惠性学前教育政策实施的现状水平、存在问题、影响因素，进而提出政策实施优化建议，为普惠性学前教育政策县域的实践推广提供现实支撑。

2. 研究对象

在"省市统筹、以县为主"的管理体制下，普惠性学前教育政策县域实施效果研究个案县的选择既要考虑样本的代表性，也要关注研究成本，还要考虑调查资料的可获得性和权威性。本研究将经济发展水平较高、学前教育发展改革位于前列的江苏省 A 市 S 县作为研究个案，对其学前教育政策执行成效开展实证调查研究。

A 市位于江苏沿海中部，濒临黄海，有着丰富的土地、海洋和滩涂资源，是江苏省土地面积最大、海岸线最长的地级市。S 县是 A 市的经济、文化和教育中心，坐落在 A 市西南地区，目前下辖 8 个乡镇、4 个街道、1

个国家级高新技术开发区、1个国家级台湾农民创业基地和1个省级旅游风景区，总面积1015平方千米，户籍人口70.65万。

S县自古以来便崇文重教，始终把优先发展教育作为促进经济社会发展的"先手棋"，积极深化教育改革，全力提升发展质量。近年来，S县先后获得全国义务教育发展基本均衡区、中小学校责任督学挂牌督导创新区、省义务教育优质均衡发展区、学前教育改革发展示范区、师资队伍建设先进区、社区教育示范区等20多项国家级、省级荣誉，"满意教育在S"的教育品牌正在逐步形成。截至2021年，S县共有幼儿园59所，其中普惠园54所，包括27所公办园和27所普惠性民办园，学前三年毛入园率达99.1%，普惠园覆盖率93%。目前，S县正在积极筹备国家级县域学前教育普及普惠县的申报工作。

3. 研究过程

一是实地调研。根据研究设计，本研究对个案县普惠性学前教育政策实施情况进行了实地调查。对个案县不同区域的行政人员，不同区域、不同性质的园长教师，不同区域、园所的家长分别进行了实地调查和访谈，通过访谈、观察、数据收集等调研方式获得了研究的第一手资料，从而更加深入地了解个案县普惠性学前教育发展变革的真实情况。

二是典型案例分析。对实地调研后的统计数据、调查问卷、访谈记录等资料进行了整理与分析，对个案县学前教育改革发展中在普及普惠、保教质量、政府保障方面成效显著的典型案例进行了概括与梳理，从而为进一步提升普惠性学前教育政策县域实施效果提供有益的经验启示和政策建议。

第二章　普惠性学前教育政策的演进、内容与价值取向分析

第一节　普惠性学前教育政策的演进阶段

普惠性学前教育是在 21 世纪 10 年代末"入园难""入园贵"等问题集中爆发时提出的，是学前教育发展的新风向。在普惠性学前教育思想观念、改革实践活动的形成和发展过程中，相关普惠性学前教育政策扮演了一个重要的角色。国家教育主管部门制定和出台了一系列指导和实施普惠性学前教育的政策决策。在普惠性学前教育事业发展的不同阶段，不同的教育政策发挥了不同的作用，并表现出一种独特的轨迹和特点。

一、初创阶段（2010 年）：首次提出学前教育普惠性发展

2010 年是学前教育发展非常重要的一年，也是学前教育普惠性发展进程中具有里程碑意义的一年，更是普惠性学前教育政策的初步创立年。自 20 世纪 90 年代中后期市场经济体制改革之后，学前教育被推向市场，具有单位福利性质的集体办园等公办园持续萎缩，使得学前教育供需矛盾加大，"入园难""入园贵"等问题逐渐凸显。教育部新闻发言人续梅指出，政府在

2009 年向社会广泛征求意见时，排在第一位的征求意见、最难的问题就是"入园难"问题。2009 年全国幼儿园总量不到 14 万所，毛入园率为 50.9%。在这样的背景下，2010 年我国学前教育发展迎来了重要转折点。教育部 2011 年第 1 次通气会上指出：一是《教育规划纲要》提出了基本普及学前教育的发展目标，同时对学前教育进行专章部署，明确了今后十年学前教育发展的任务和举措；二是国务院常务会对发展学前教育进行了研究和安排，提出扩大资源供给、增加经费投入、加强师资队伍建设等政策和举措，强调以县为单位规划学前教育发展；三是国务院印发了"国十条"，将促进学前教育事业发展列为重要的民生问题，全面系统地规划了学前教育，要求各县域开展"三年行动规划"，强化政府在扩大学前教育资源、加大资金投入等职能上的职责；四是国务院召开全国学前教育工作会议，对地方各级政府贯彻落实"国十条"，编制和实施学前教育三年行动计划等工作作出了重大部署。

　　2010 年 7 月发布的《教育规划纲要》提出"坚持教育的公益性和普惠性、基本普及学前教育、明确政府职责、重点发展农村学前教育"等学前教育发展任务，明确"到 2020 年普及一年、基本普及两年、有条件的普及三年学前教育"。这是教育政策首次提出发展普惠性教育，并突出强调普及学前教育的发展目标。2010 年 11 月 3 日，国务院常务会议指出，改革开放特别是新世纪以来，我国学前教育普及程度逐步提高，但仍是各级各类教育中的薄弱环节[1]，要按照公益普惠原则，坚持政府主导、社会参与、公办民办并举的办园体制，建立覆盖城乡、布局合理的学前教育服务体系[2]。此次会议还研究部署了当前发展学前教育的政策措施，提出要"引导和支持民办园提供面向大众、收费较低的普惠性服务"。这是中央政府在发展学前教育中首次提到公益性、普惠性及普惠性服务[3]。2010 年 11 月 21 日，"国十条"出台，文件指出"发展学前教育，必须坚持公益性和普惠性，各级政

---

① 缪志聪. 学前教育快速发展缓解"入园难"[N]. 中国教育报，2012-09-25（001）.

② 史生荣. 内蒙古财政支出 14% 用于教育[N]. 中国财经报，2012-11-24.

③ 王海英. 我国普惠性幼儿园制度十年发展历程分析[J]. 幼儿教育，2020（Z6）：3-8，19.

府要大力发展公办园，采取政府购买服务、减免租金等方式，支持民办园提供普惠性服务。小区配套园举办成公办园或委托办成普惠性民办园"。这一阶段，我国政府对于学前教育的现实定位为：学前教育资源短缺，"入园难""入园贵"等问题较为严重，因尚未将学前教育的问题提升到普惠性资源短缺的层次，故提出了广覆盖、保基本等具体措施，以缓解"入园难""入园贵"的问题[①]。2010 年 12 月 1 日，国务院召开了贯彻落实《教育规划纲要》和"国十条"等政策的动员会，并部署了近三年的学前教育工作。

二、探索阶段（2011 年—2016 年）：不断扩大普惠性学前教育资源

2011—2016 年是普惠性学前教育政策的探索发展阶段，6 年间国家实施了两期学前教育三年行动计划，出台了《关于加大财政投入支持学前教育发展》《关于实施幼儿教师国家级培训计划》《关于申报国家学前教育改革发展实验区》等通知。2011 年，教育部举行《教育规划纲要》实施情况发布会，指出一年来"学前教育三年行动计划""中西部农村学前教育推进工程试点"等项目陆续启动实施。中央预算内资金投入由 2010 年的 5 亿元增至 2011 年的 15 亿。各地都制定了学前教育三年行动计划，明确了未来三年学前教育发展的总目标及年度目标。这些政策举措的落实，不断强化着学前教育的普惠性发展方向，提升着普惠性学前教育的发展成效。

2011 年 2 月 14 日，教育部办公厅印发了《关于报送学前教育三年行动计划的通知》，对各地学前教育三年行动计划的主要内容、实施的工程项目和配套文件等提出了明确要求。教育部还召开了学前教育工作座谈会，指出以县为单位开展学前教育三年行动，是国务院作出的一项重要决策，也是全国各地推进学前教育事业发展，解决"入园难"问题的一项重要措施。这既涉及实施扩大学前教育资源的具体行动与措施，还关系到未来十年学

---

① 王海英. 我国普惠性幼儿园制度十年发展历程分析 [J]. 幼儿教育，2020（Z6）：3-8，19.

前教育能否持续发展，能否按时完成到 2020 年基本普及学前教育的目标。2011 年 9 月 5 日，财政部等部门颁布了《加大财政投入支持学前教育发展》的通知，进一步强调了"政府要坚持公益性和普惠性，构建覆盖城乡、布局合理，为幼儿和家长提供方便就近、灵活多样、多种层次的学前教育服务"这一政策目标，提出中央财政将重点支持 4 类（校舍改建、综合奖补、幼师培训、幼儿资助）7 个重点项目，以提升学前教育发展水平。显然，通知中的相关财政政策措施为普惠性学前教育政策的落地落实提供了财政保障。

2014 年 11 月 5 日，教育部等三部门联合印发了《第二期学前教育三年行动计划》的意见，强调在县域内实施一期三年行动计划后，各地学前教育发展成效显著，"入园难"问题初步缓解，但城乡普惠性资源依然短缺。《第二期学前教育三年行动计划》以"扩总量、调结构、健机制、升质量"为重点任务，提出"进一步优化学前教育资源配置，公办民办并举，初步建成以公办园和普惠性民办园为主体的学前教育服务网络"等发展目标，并将我国学前教育发展现状从"学前教育资源不足"调整为"普惠性学前教育资源依然短缺"，这更加凸显普惠性学前教育的发展路线。

2015 年 8 月 26 日，教育部办公厅出台了《关于申报国家学前教育改革发展实验区的通知》，要求各地结合实际，围绕普惠性资源扩大、财政投入机制保障、师资队伍培养和补充、普惠性民办园监管等 9 个方面的任务，以提高学前教育改革发展的条件保障和推进体制机制建设开展先行试点，实验周期为三年（2016—2018 年）。实验区的试点先行，有力推动了各地区落实普惠性学前教育政策的目标任务。早在 2010 年发布的《关于开展国家教育体制改革试点的通知》中，就曾对建立健全学前教育体制机制方面进行地区专项改革试点，如江苏省部分市县参与开展了明确政府职责，完善学前教育体制机制，构建学前教育公共服务体系的改革试点。其中，江苏镇江市 2010 年被国务院办公厅确定为国家学前教育体制改革试点地区，2016年又被教育部确定为国家学前教育改革发展实验区。经过两大改革，镇江学前教育构建了"事业以公益普惠为主、园所以公办园为主、经费以公共财政为主、师资以公办教师为主、管理由教育部门为主"的"五为主"学前教育发展格局。从中可知，国家提出的对学前教育改革实验区的政策措施旨在破除长期制约学前教育改革发展的体制机制障碍，进而建立学前教育改革发展的长效机制。

三、相对完善阶段（2017年—2020年）：明确规定实现"双普"目标

2017—2020年是普惠性学前教育政策的相对完善阶段，也是学前教育事业发展不断制度化、体系化的关键时期。2017年党的十九大报告中强调，要"办好学前教育"，并把实现"幼有所育"列为"七有"重大民生问题之首。在此期间，国家实施了第三期学前教育三年行动计划，颁发了《若干意见》《县域学前教育普及普惠督导评估办法》等政策文件。在第三期学前教育行动计划部署会上，教育部党组成员郑富芝曾强调，学前教育经过两期三年行动计划等政策的实施，发展快速、成效显著，三年毛入园率、财政投入提高显著，幼儿教师队伍建设、幼儿园管理明显加强，呈现出"两提高""两加强"的突出表现；但依然存在普惠性资源不足、体制机制建设有待进一步完善等问题。因此，学前教育改革和发展必须继续保持重视程度不减、投入力度不减、继续实施好行动计划等普惠性学前教育政策措施。

2017年4月17日，教育部等部门颁布了《第三期学前教育行动计划的意见》，以普及普惠为主题，明确到2020年三年毛入园率、普惠园覆盖率分别达85%、80%的"双普"目标。这一政策的实施是国家对学前教育事业改革发展做出的又一重大部署，承载着学前教育普及、普惠发展的使命。行动计划指出，要"坚持公益普惠，提高公办园提供普惠性学前教育服务的能力，引导、扶持民办园提供普惠性服务"。政策文本中不断强调，"普惠性学前教育服务能力""普惠性服务"，可见各地实现"双普"目标的重难点是普惠，"普惠性学前教育""普惠性学前教育服务"开始成为一个新概念，普惠性学前教育政策发展也逐渐走向成熟。此外，文本还要求"各地制定普惠性民办园认定标准"，将普惠性民办园政策的落地落实推进到一

个新高度，为后期普及普惠县评估考核等制度出台提供了政策基础。

2018 年 11 月 7 日，中共中央、国务院发布了《若干意见》，为推进学前教育普及普惠安全优质发展，提出了不同的发展目标。2020 年的短期发展目标是：三年毛入园率、普惠园覆盖率分别达 85%、80%，2035 年的中长期发展目标是全面普及三年学前教育。该政策再次强化了第三期学前教育三年行动计划提出的"双普"目标。同时，该政策还要求"以县为单位规划发展学前教育，把普惠性幼儿园建设纳入城乡发展统一规划。构建以普惠性资源为主的办园体系，引导社会力量举办更多普惠性幼儿园"。这些举措都显示出政府促进学前教育回归教育本位的决心，有利于维护社会公平和学前教育的公益属性，强化了国家要实现学前教育普及普惠发展的紧迫性，奠定了普惠性学前教育政策成熟完善与发展的根基。

2019 年 1 月 9 日，国务院办公厅出台了《关于开展城镇小区配套幼儿园治理工作》的通知，指出"小区配套园是扩大普惠性学前教育资源的重要途径"。但是长期以来，我国小区配套园普遍存在规划不落实、应建未建、挪作他用等问题，且多部门协调配合、联审联管机制不够完善，加之小区配套园具有天然的地域垄断性，导致小区配套学前教育资源流失严重，这是造成城镇"入公办园难""入普惠性民办园难""就近入园难"的主要原因。因此，文件规定"小区配套园应由教育部门办成公办园或普惠性民办园，不得办成营利性幼儿园"；同时，还提出了分步治理的要求，明确了路线图和时间表，以强化政策的落实。例如，2019 年 12 月底前完成配套园建设规划，2020 年 12 月底前完成配建项目竣工验收等。解决小区配套园普惠性使用问题，既可以扩大学前教育资源的供给，又可以提高普惠水平，还能解决入园难、入园贵、入园远问题，可谓是一举多得。

2020 年 2 月 25 日出台的《县域学前教育普及普惠督导评估办法》政策文件，旨在"落实《若干意见》'制定普及学前教育督导评估办法'的要求，推动县级政府履行发展学前教育职责，不断提高学前教育普及普惠水平"。文件具体提出了普及普惠、政府保障、保教质量等评估维度和 17 条具体评价指标。同时，文件还将学前教育普及普惠情况等评估结果作为省、市、县级各级政府履行教育职责评价的重要内容。这些规定都将对各地普惠性学前教育发展的格局产生重大影响，问责导向也将激活地方政府对学前教育的执政动力，将"双普"发展指标逐步落到实处。

四、更加成熟阶段（2021 年至今）：转向关注学前教育高质量发展

2021 年是国家"十四五"规划的开局之年，为更好地贯彻落实党的十九届五中全会提出的"健全普惠性学前教育保障机制""建设高质量教育体系"等部署要求，为国家人口发展战略积极服务，推进学前教育普及普惠安全优质发展，普惠性学前教育政策发展进入了成熟完善阶段，先后颁布了《"十四五"学前教育发展提升行动计划》《幼儿园保育教育质量评估指南》等政策文件，明确了普惠性学前教育发展进入了提质增效期。

2021 年 12 月 14 日，教育部等九部门印发的《"十四五"学前教育发展提升行动计划》的通知，提出了 2025 年学前教育三方面发展目标，分别是学前三年毛入园率（90% 以上）、普惠园覆盖率（85% 以上）、公办园幼儿占比（50% 以上）的数量目标，完善普惠性学前教育保障机制的机制目标和全面提高保教质量及基本形成幼小衔接机制的质量目标。从这些目标描述可知，国家现行的政策文件对"双普"指标，普惠性学前教育服务体系、保障机制、保教质量等方面的要求都做了全面深化。目前，我国学前教育已基本普及，开始迈入高质量发展的新阶段。

2022 年 2 月 11 日，教育部出台的《幼儿园保育教育质量评估指南》（以下称《评估指南》）通知指出，经过连续三期学前教育行动计划的实施，学前教育发展已进入全面普及和更高质量发展的时代进程，人们对幼有优育的需求更加迫切。长期以来，我国各地幼儿园保教质量普遍存在"重结果轻过程、重硬件轻内涵、重他评轻自评"等倾向，较难适应学前教育高质量发展的新要求。《评估指南》以促进幼儿身心健康发展为导向，以关注保教过程质量为重点，从办园方向、保育与安全、教育过程、环境创设、教

师队伍等方面确定了 15 项核心指标和 48 个重点考查点 [①]，这对完善各地科学的幼儿园保教质量评估体系将起到积极的推动作用，能确保普惠性学前教育提质增效工作落地落实。

第二节　普惠性学前教育政策的内容分析

本节将对 2010 年以来国家层面颁布的普惠性学前教育系列政策进行系统梳理，旨在厘清相关普惠性学前教育政策文本的内在结构，进而为确立普惠性学前教育政策价值取向和后续的政策优化建议提供参考。

一、政策文本内容分析的设计

（一）分析的对象与方法

1. 分析的对象

本研究选择国家层面的政策文本为研究样本，文本主要来源于中国政府网、中国教育部等官方网站。样本遴选时遵循以下两个原则：一是相关性原则，即文件整体或者部分内容涉及普惠性学前教育，且截至 2022 年 7 月 30 日显示有效的文件；二是规范性原则，即选择行政法规、部门规章等形式的文件作为样本。依据上述原则，最终选出 50 份（详见表 1-1）与普惠性学前教育相关的政策文件作为本次分析的样本。

2. 分析的方法

（1）内容分析法

政策文本内容分析是一种将定量和定性分析相结合的研究方法，它将文献计量、统计等多学科的方法应用于政策分析中，以揭示政策的主题、

---

① 杨梅佐，赵翠翠. 从挑战到落实：幼儿园自我评估的困境和对策 [J]. 福建教育，2022（20）：9-11；

谷理，王妍妍. 问教 2022 幼儿教育如何答出"质量卷"[J]. 教育家，2022，（50）：24-27.

目标与影响，政策主体的合作模式以及政策体系的结构与演进 [①]。政策文件是政府部门公开发布的文本，其中关于普惠性学前教育的相关文件是政府决策者对现阶段学前教育改革与发展认知情况的反映和体现。本研究先对相关普惠性学前教育政策文本的内容进行编码、归类，然后以频次、百分比等统计形式进行量化描述 [②]。

（2）编码单位的选择

本节的编码主要根据政策目标、政策措施和政策保障三个维度，对政策文本内容进行分类记录；并选择"主题词"作为编码单位，以词义计量的方法进行分类计数。

（3）主题词提取与编码体系建立

本研究以 50 个政策文本内容为样本，在此基础上对主题词进行了提取。一是对政策文本内容逐一进行分解，初步提取 73 个主题词，将其归类为四级主题词；二是通过聚类分析等方法，构建了 59 个三级主题词；三是通过小组讨论，提炼出 25 个二级主题词；四是进一步归纳、提炼，最终得到 5 个一级主题词。四个不同等级的主题词构成了本研究的政策文本编码体系（图 2-1）。

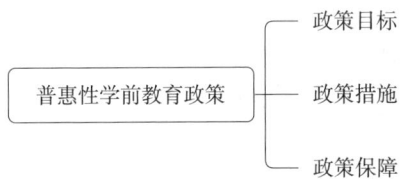

普惠性学前教育政策 —— 政策目标
　　　　　　　　　　 —— 政策措施
　　　　　　　　　　 —— 政策保障

（1）

---

① 李江，刘源浩，黄萃，等．用文献计量研究重塑政策文本数据分析——政策文献计量的起源、迁移与方法创新 [J]．公共管理学报，2015，12（02）：138-144，159；
苗泽一．我国刑事司法人权保障制度研究 [D]．南京大学，2018，17.
② 陈彧．中型城市人才政策的演生逻辑与结构分析——以江苏省盐城市为例 [J]．盐城师范学院学报（人文社会科学版），2021，41（01）．

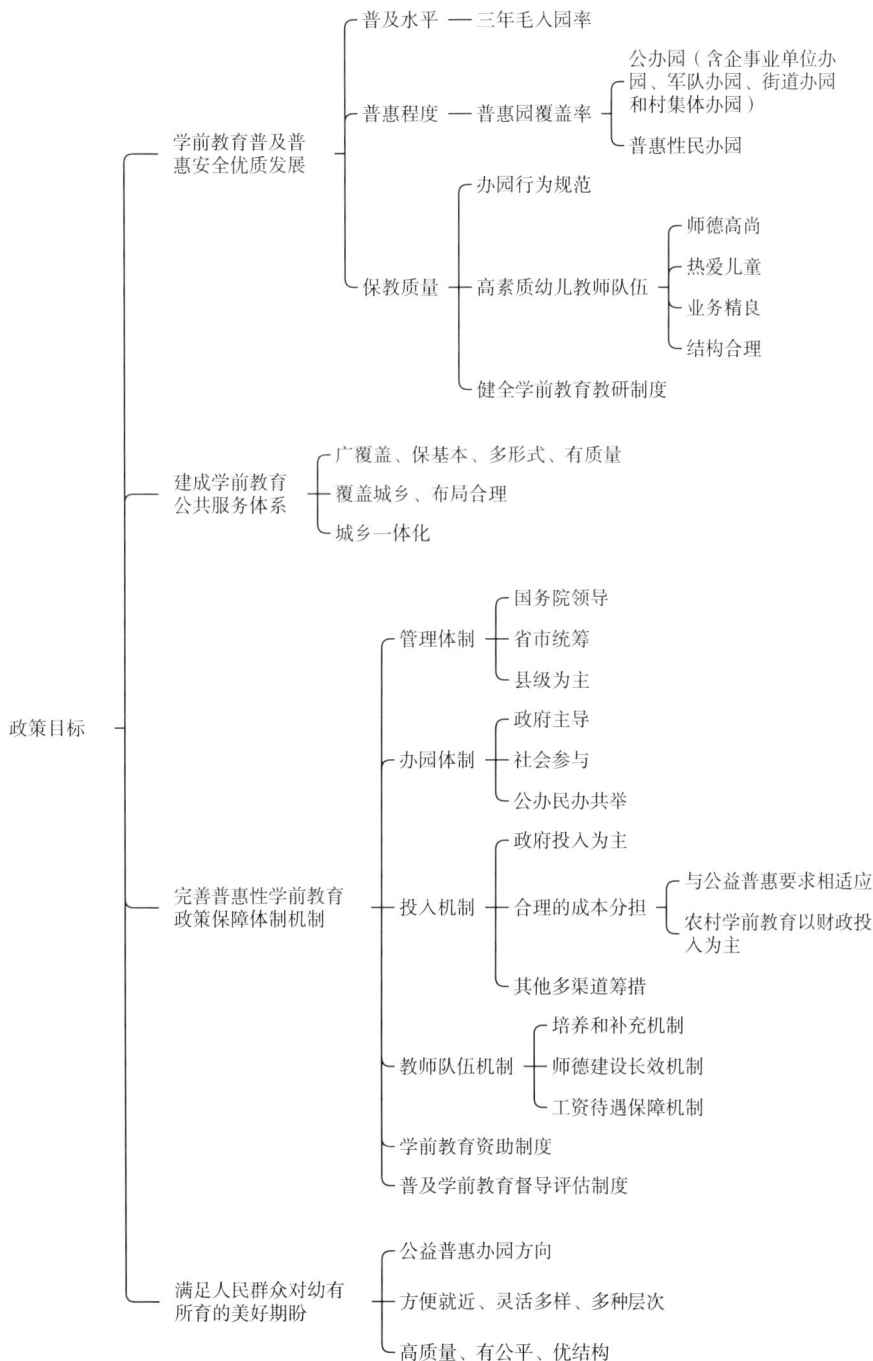

（续图）

政策目标
- 学前教育普及普惠安全优质发展
  - 普及水平 —— 三年毛入园率
  - 普惠程度 —— 普惠园覆盖率
    - 公办园（含企事业单位办园、军队办园、街道办园和村集体办园）
    - 普惠性民办园
  - 保教质量
    - 办园行为规范
    - 高素质幼儿教师队伍
      - 师德高尚
      - 热爱儿童
      - 业务精良
      - 结构合理
    - 健全学前教育教研制度
- 建成学前教育公共服务体系
  - 广覆盖、保基本、多形式、有质量
  - 覆盖城乡、布局合理
  - 城乡一体化
- 完善普惠性学前教育政策保障体制机制
  - 管理体制
    - 国务院领导
    - 省市统筹
    - 县级为主
  - 办园体制
    - 政府主导
    - 社会参与
    - 公办民办共举
  - 投入机制
    - 政府投入为主
    - 合理的成本分担
      - 与公益普惠要求相适应
      - 农村学前教育以财政投入为主
    - 其他多渠道筹措
  - 教师队伍机制
    - 培养和补充机制
    - 师德建设长效机制
    - 工资待遇保障机制
  - 学前教育资助制度
  - 普及学前教育督导评估制度
- 满足人民群众对幼有所育的美好期盼
  - 公益普惠办园方向
  - 方便就近、灵活多样、多种层次
  - 高质量、有公平、优结构

（2）

（续图）

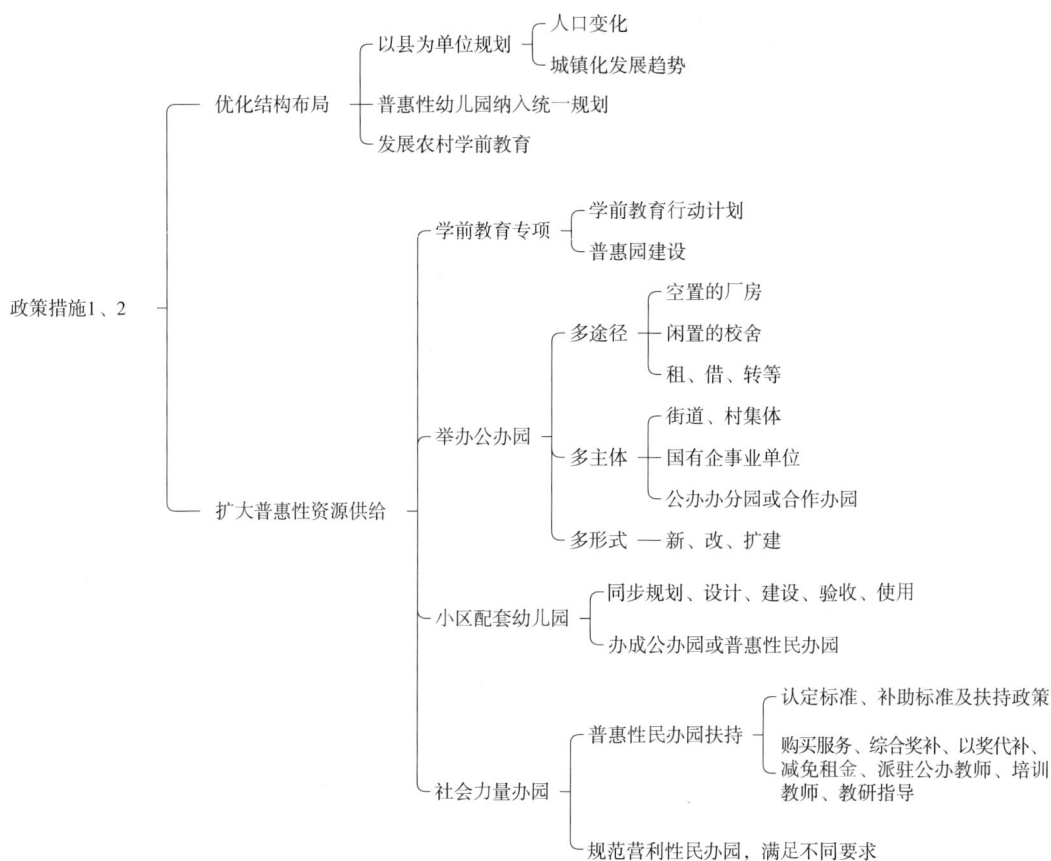

（3）

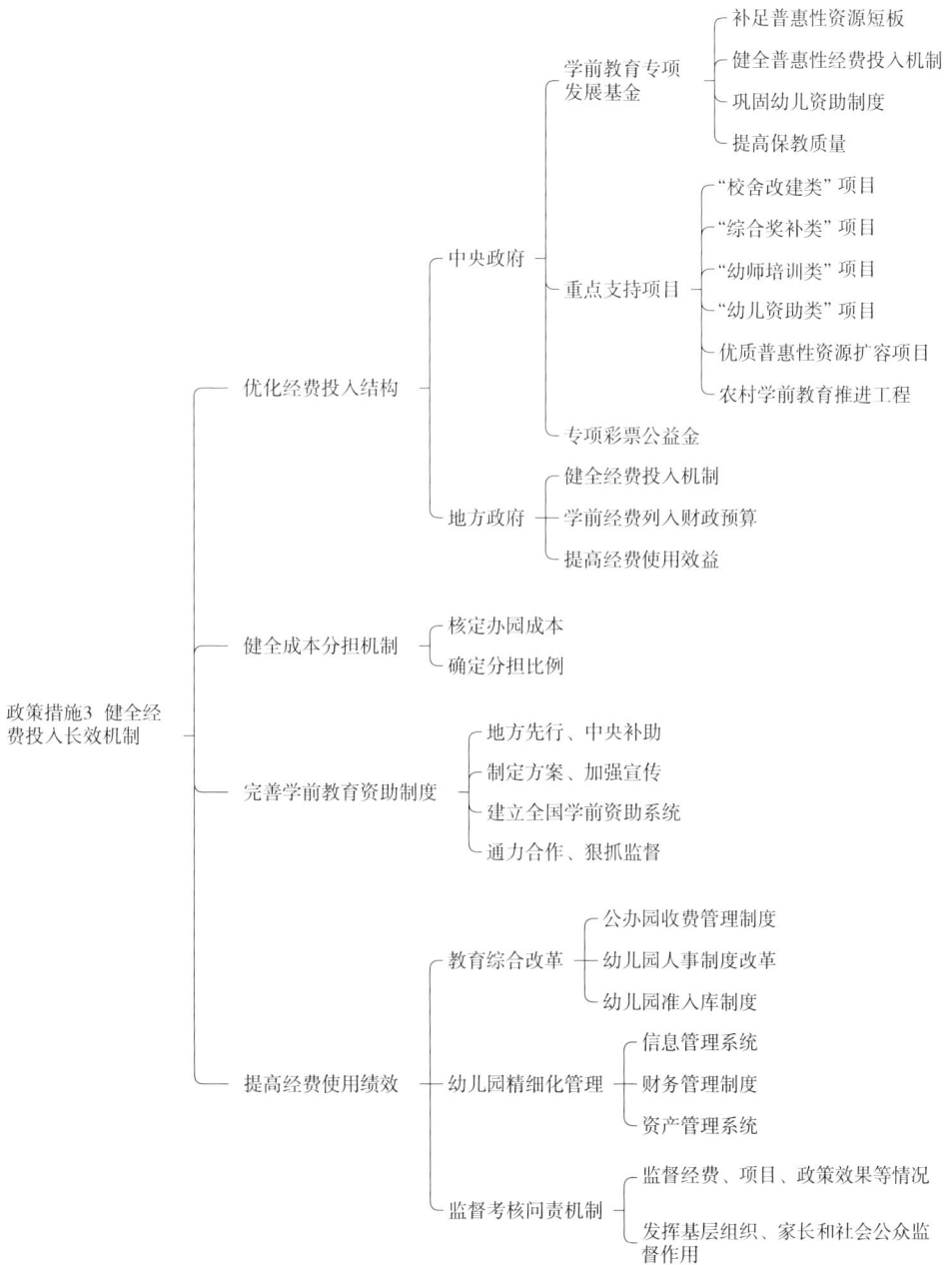

（续图）

政策措施3 健全经费投入长效机制
- 优化经费投入结构
  - 中央政府
    - 学前教育专项发展基金
      - 补足普惠性资源短板
      - 健全普惠性经费投入机制
      - 巩固幼儿资助制度
      - 提高保教质量
    - 重点支持项目
      - "校舍改建类"项目
      - "综合奖补类"项目
      - "幼师培训类"项目
      - "幼儿资助类"项目
      - 优质普惠性资源扩容项目
      - 农村学前教育推进工程
    - 专项彩票公益金
  - 地方政府
    - 健全经费投入机制
    - 学前经费列入财政预算
    - 提高经费使用效益
- 健全成本分担机制
  - 核定办园成本
  - 确定分担比例
- 完善学前教育资助制度
  - 地方先行、中央补助
  - 制定方案、加强宣传
  - 建立全国学前资助系统
  - 通力合作、狠抓监督
- 提高经费使用绩效
  - 教育综合改革
    - 公办园收费管理制度
    - 幼儿园人事制度改革
    - 幼儿园准入库制度
  - 幼儿园精细化管理
    - 信息管理系统
    - 财务管理制度
    - 资产管理系统
  - 监督考核问责机制
    - 监督经费、项目、政策效果等情况
    - 发挥基层组织、家长和社会公众监督作用

（4）

（续图）

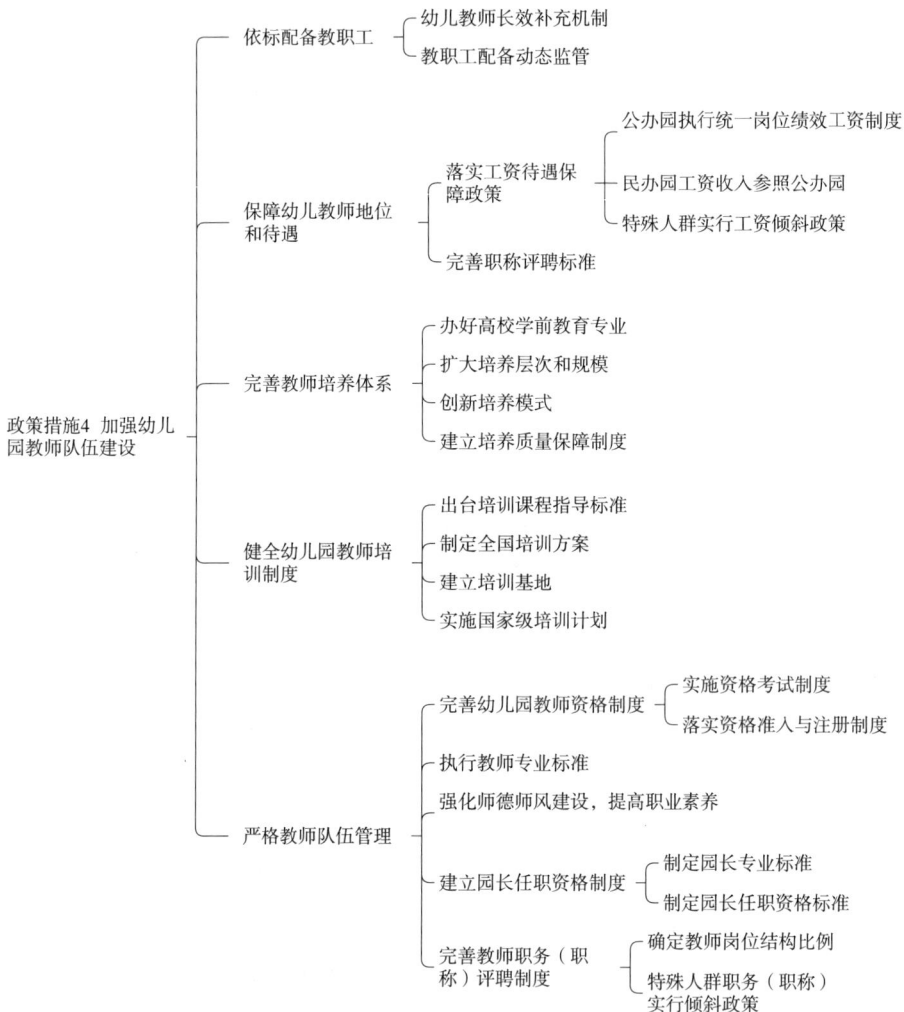

（5）

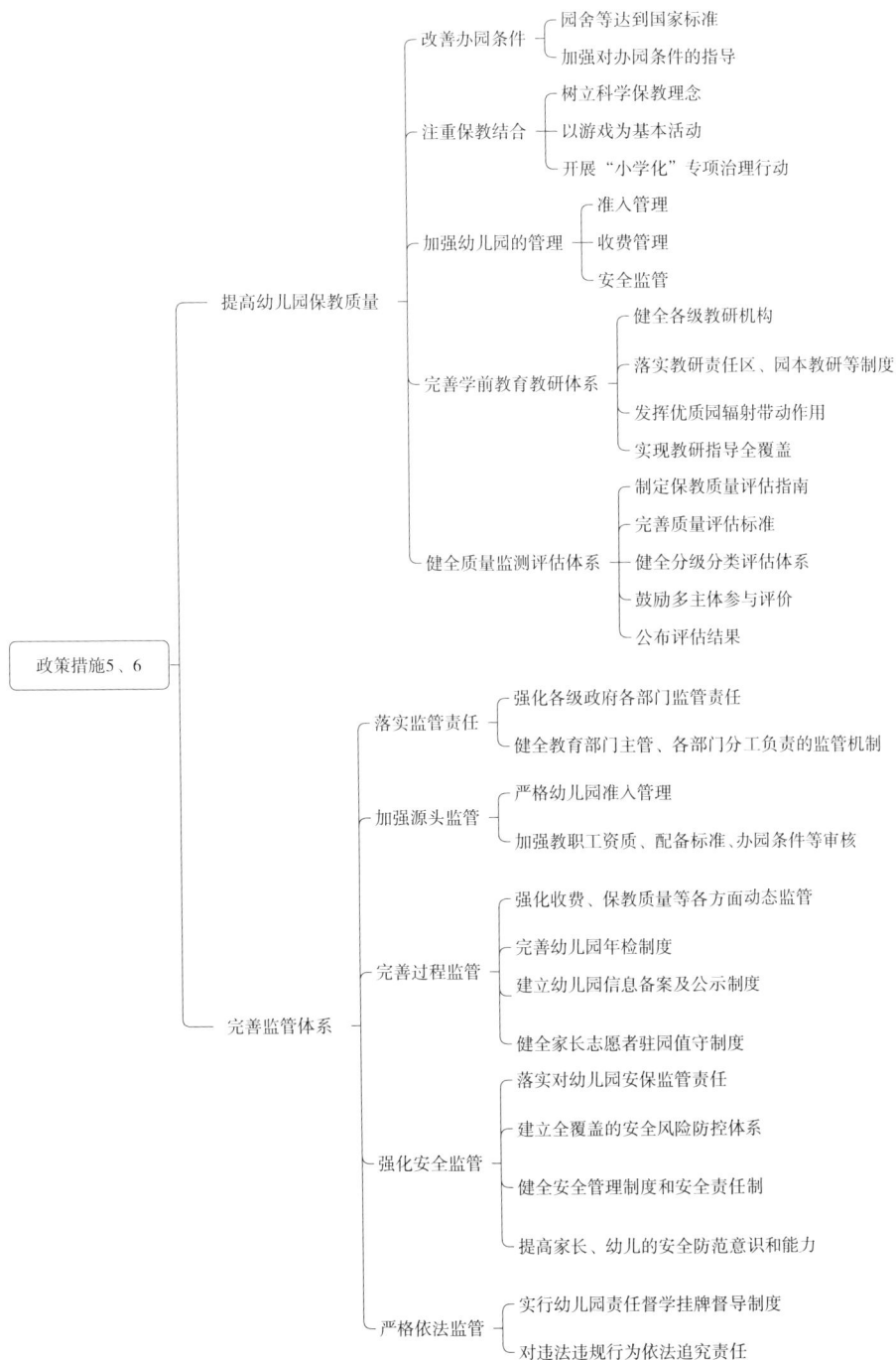

（续图）

```
政策措施5、6 ┬ 提高幼儿园保教质量 ┬ 改善办园条件 ┬ 园舍等达到国家标准
            │                  │             └ 加强对办园条件的指导
            │                  │
            │                  ├ 注重保教结合 ┬ 树立科学保教理念
            │                  │             ├ 以游戏为基本活动
            │                  │             └ 开展"小学化"专项治理行动
            │                  │
            │                  ├ 加强幼儿园的管理 ┬ 准入管理
            │                  │                 ├ 收费管理
            │                  │                 └ 安全监管
            │                  │
            │                  ├ 完善学前教育教研体系 ┬ 健全各级教研机构
            │                  │                     ├ 落实教研责任区、园本教研等制度
            │                  │                     ├ 发挥优质园辐射带动作用
            │                  │                     └ 实现教研指导全覆盖
            │                  │
            │                  └ 健全质量监测评估体系 ┬ 制定保教质量评估指南
            │                                        ├ 完善质量评估标准
            │                                        ├ 健全分级分类评估体系
            │                                        ├ 鼓励多主体参与评价
            │                                        └ 公布评估结果
            │
            └ 完善监管体系 ┬ 落实监管责任 ┬ 强化各级政府各部门监管责任
                          │             └ 健全教育部门主管、各部门分工负责的监管机制
                          │
                          ├ 加强源头监管 ┬ 严格幼儿园准入管理
                          │             └ 加强教职工资质、配备标准、办园条件等审核
                          │
                          ├ 完善过程监管 ┬ 强化收费、保教质量等各方面动态监管
                          │             ├ 完善幼儿园年检制度
                          │             ├ 建立幼儿园信息备案及公示制度
                          │             └ 健全家长志愿者驻园值守制度
                          │
                          ├ 强化安全监管 ┬ 落实对幼儿园安保监管责任
                          │             ├ 建立全覆盖的安全风险防控体系
                          │             ├ 健全安全管理制度和安全责任制
                          │             └ 提高家长、幼儿的安全防范意识和能力
                          │
                          └ 严格依法监管 ┬ 实行幼儿园责任督学挂牌督导制度
                                        └ 对违法违规行为依法追究责任
```

（6）

（续图）

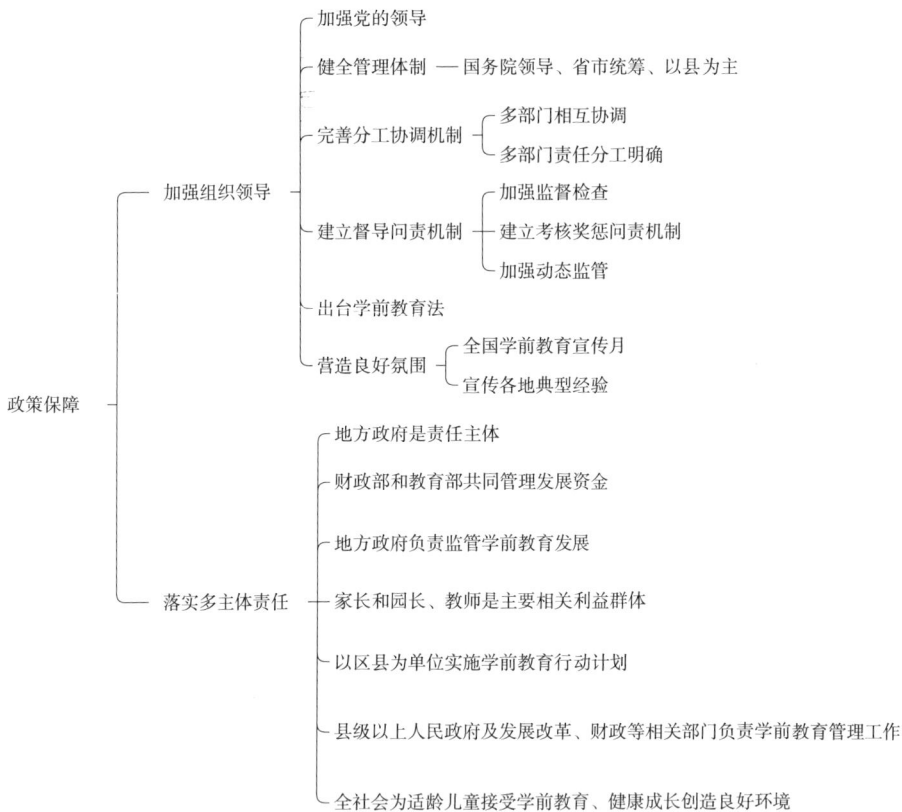

（7）

图 2-1　普惠性学前教育政策文本主题词与编码体系

（二）政策文本分析的框架

有研究者提出教育政策价值、内容和过程分析的三维分析模式[1]，价值分析指的是"教育政策处理教育利益诉求、分配有限教育资源所依循的价值准则"；内容分析指的是"政策通过什么措施实现什么目标等实质性内容"；过程分析指的是"为实现政策目标，政策是怎样形成的以及如何执行的"。[2]

---

[1] 王玉飞，李红霞．普惠性学前教育的内涵、特征及其实现路径——基于政策文本的解读 [J]．大庆师范学院学报，2021，41（01）．

[2] 孟卫青．教育政策分析的三维模式 [J]．教育科学研究，2008（Z1）：21-23．

鉴于此，基于研究目的，本节运用Nvivo12plus质性分析软件，围绕政策内容和价值对我国50份普惠性学前教育相关政策文本进行解读，构建政策目标、政策措施、政策保障三大分析模块，从结构布局优化、普惠性资源供给、经费投入保障、幼师队伍建设、保教质量提升、监管体系完善等方面分析我国普惠性学前教育的政策内容内在结构，并通过多维度分析得出普惠性学前教育政策的价值取向。

（三）计数原则与数据可靠性分析

1.计数原则

一是某一政策文本涉及同一编码单位不同标准时，则按主题词分别统计；二是某一政策文本涉及不同的编码单位时，则按不同主题词分别统计。

2.数据可信度

利用"一致性系数"对数据可信度进行分析检验。设：

$$\alpha = \frac{3 \times C}{n_1 + n_2 + n_3}$$

C表示3个对象在数据统计中一致的数量；n_1、n_2、n_3表示3个对象分别统计的总数。一般而言，α值介于［0.8，0.9］，表示研究数据是可接受的。以工作单位教科院3位教师为对象，针对50份普惠性学前教育政策文本，依据编码体系进行词义计量。3位教师分别来自学前教育、小学教育和心理不同专业。测算后，数据的"一致性系数"为0.8972，表明本研究计量的数据是可靠的。

（四）"文字覆盖率"的解读

"文字覆盖率"指在政策文本中主题词所用字数占所在部分字数的百分比，它能在一定程度上弥补单个主题词对政策文本分析的不足，从数量上提升文本内容分析的深度[1]。

---

[1] 陈彧.中型城市人才政策的演生逻辑与结构分析——以江苏省盐城市为例[J].盐城师范学院学报（人文社会科学版），2021，41（01）.

假设 TC 为"文字覆盖率",那么有:

$$TC_i = \frac{CC_i}{TW_j} \qquad (1 \leqslant i \leqslant 25, 1 \leqslant j \leqslant 5)$$

CC 表示主题词所在政策文本使用的文字数量（含标点符号）；i 表示二级主题词；TW 表示某一维度政策文本所使用的文字数量；j 表示一级主题词。

二、普惠性学前教育政策文本内容的分析

依据本研究的设计与分析框架，参照中共中央、国务院颁布的《若干意见》等政策文件，本研究将政策文本的内容分析设置为政策目标、政策措施和政策保障三个维度，旨在进一步把握和了解国家在政策目标、措施、保障方面的具体情况，从而为后续的政策价值取向分析提供参考依据。

（一）普惠性学前教育政策的目标分析

政策目标是政策制定和实施所要实现的最终目的，在政策文本的开始部分都会对政策目标和任务进行阐述，以便后面的政策举措、工作要求等围绕目标实现而展开叙述。运用Nvivo12plus软件对样本文本进行分析发现，现有普惠性学前教育政策文本的目标主要体现在四个方面（见表2-1），即学前教育普及普惠安全优质发展、完善普惠性学前教育发展体制机制、建成学前教育公共服务体系、实现人民群众对幼有所育的美好期盼。

表 2-1　政策文本目标编码情况

一级节点	二级节点	材料来源	参考点
政策目标	学前教育普及普惠安全优质发展	17	46
	完善普惠性学前教育发展体制机制	14	33
	建成学前教育公共服务体系	13	21
	实现人民群众对幼有所育的美好期盼	9	23

　　通过对文本的政策目标内容进行词频分析，可以探索出我国普惠性学前教育相关政策的核心目标（图 2-2）。去除"学前教育"和"幼儿园"两个关键词，"公办""普及""服务""公共""质量""公益"这几个词在所有普惠性学前教育相关政策文件中出现的频次最多。

图 2-2　普惠性学前教育政策目标词频图

　　"公办"一词体现出我国学前教育办园体制追求的是以政府主导为目标。"普及"表明我国学前教育发展以保障所有适龄儿童都能有园上为宗旨。"公共""服务"两个词涉及学前教育的属性问题。目前普惠性学前教育已被纳入基本公共服务范围，但所保障的学前教育目标人群比较狭窄，只将目标人群确定为家庭经济困难儿童、孤儿和残疾儿童[1]，普惠性学前教育实际属于"准基本公共服务"的范畴[2]。"质量"是我国普惠性学前教育发展从量到质变化的新阶段新追求。党的十八大以来，国家连续开展多期学前教

---

① 金锦萍.为什么非得非营利组织——论合约失灵场合中社会公共服务的提供[J].社会保障评论，2018，2（01）：92-102.
② 刘焱，郑孝玲.关于普惠性学前教育公共服务属性定位的探讨[J].教育研究，2020，41（01）：4-15.

育三年行动计划，有效缓解了"入园难、入园贵"问题。在此基础上，国家又颁布了《"十四五"学前教育发展提升行动计划》《幼儿园保育教育质量评估指南》等多部与提升学前教育质量相关的政策文件。这表明，追求高质量的学前教育公共服务，实现从幼有所育到幼有优育的转变，已成为广大人民群众追求的更高目标。"公益"是2010年颁布的《教育规划纲要》和"国十条"提出的学前教育发展基本原则。在后续的政策文件中，也多次提到学前教育要坚持"公益普惠"的发展方向。学前教育是社会公益事业，在财政投入、资源配置等方面应体现国家、政府的主导主体责任，进一步健全覆盖城乡、布局合理、公益普惠的学前教育公共服务网络。

　　总而言之，让教育改革发展成果更好地惠及最广大人民群众，办好人民满意的普及普惠安全优质的学前教育，构建覆盖城乡、布局合理、公益普惠的学前教育公共服务体系，实现人民群众对幼有所育、幼有优育的美好期盼是我国普惠性学前教育政策的核心目标。

（二）普惠性学前教育政策的措施分析

　　依据研究设计的分析框架，对文本的政策措施进行词义量化分析，可获悉普惠性学前教育相关政策措施中主题词之间的层级关系（图2-3）。

图2-3　普惠性学前教育政策措施主题词层级关系图

1.优化结构布局

随着我国城镇化发展、流动人口增多以及生育政策和人口出生率的变化，我国学前教育事业的发展势必会受到影响，如：人口出生率的降低会导致学前教育整体规模的缩减、幼儿园生源竞争激烈、教育资源过剩等。因此，普惠性学前教育的发展首先要做好结构布局的合理优化，要从扩大规模的外延式发展转向以提高质量和优化结构为核心的内涵式发展上来[①]。相关政策在优化结构布局维度的措施包括三个方面（表2-2）。

表2-2　优化结构布局维度主题词及其文字覆盖比

	主题词频次	文字覆盖比
按需制定布局方案	12	37.29%
规划普惠园建设	4	10.33%
完善三级服务网络	17	52.38%

（1）按需制定布局方案：充分考虑人口变化和城镇化发展

在普惠性学前教育资源有限的基础上，各地在贯彻落实普惠性学前教育发展政策的过程中，要充分考虑区域内学龄人口的变化情况和城镇化的发展趋势，对今后学前学位的需求和目前现有的存量进行科学的布局规划，防止出现盲目的幼儿园建设与撤并[②]，要以县域为单位依据学前教育需求制定幼儿园的布局规划方案。从主题词频次来看，按需制定布局方案的文本内容出现12次；从文字覆盖比来看，占本维度的37.29%。

（2）规划普惠园建设：纳入城乡统一规划

普惠性幼儿园是在政府指导下收取保育费和住宿费的幼儿园，包括教办园、公办性质幼儿园、普惠性民办园[③]。普惠园是普惠性学前教育政策得

①　王沐阳、杨盼，文雪.ESSA背景下美国加州学前教育改革及启示[J].齐齐哈尔大学学报（哲学社会科学版），2019（12）：165-170.

②　玉丽.学前教育：提高质量 优化结构 内涵发展[N].人民政协报，2022-03-02（009）.

③　张航.基于五分钟生活圈居住区视角的城市幼儿园布局优化研究[D].广西大学，2020；董光华、朱芳红.普惠政策下民办幼儿园的发展现状与问题研究[J].甘肃教育研究，2023,（10）：33-35.

以实施的载体。从主题词频次来看，规划普惠园建设的文本内容出现 4 次；文字覆盖比占本维度的 10.33%，分别出现在《若干意见》等重磅文件中，要求以县为单位统一规划普惠性幼儿园的建设，确定建设规模，确保优先建设。

（3）完善三级服务网络：补齐农村学前教育短板

近年来，我国农村学前教育得到了前所未有的重视与发展，但目前我国学前教育城乡发展差距依然存在，尤其在保教质量和教师队伍等方面，这就需要进一步完善县乡村三级学前教育服务网络，充分发挥乡镇中心园的辐射和引领作用，实施"县 – 乡（镇）– 村"一体化管理。从主题词频次和文字覆盖比来看，完善三级服务网络是优化结构布局维度最关注的内容，主题词出现了 17 次，文字覆盖比 52.38%。

2. 扩大普惠性资源供给

《2022 年政府工作报告》明确提出，要多渠道增加普惠性学前教育资源供给，进一步解决人民群众遇到的"入园难、入园贵、入园远"等问题。同时，普惠性学前教育资源多途径的供给，还能缓解我国家庭人口少子化、生育率低等问题。扩大普惠性资源供给维度的措施包括四个方面（表 2-3）。

表 2-3　扩大普惠性资源供给维度主题词及其文字覆盖比

	主题词频次	文字覆盖比
发展公办园	23	18.61%
扶持民办园	27	20.47%
规范小区配套园	19	43.87%
开展学前教育专项	11	17.05%

（1）发展公办园：保障提供合理的学前教育公共服务

发展公办园是提供合理、科学的学前教育公共服务的根本保证。普惠性学前教育相关政策文件多次提到大力发展公办园，鼓励、支持政府机关、国有企事业单位、军队、街道等主体，利用腾退搬迁的空置厂房等资源，以租、借等形式，采用新、改、扩等方式建设公办园。从主题词频次和文字覆盖比来看，发展公办园的文本内容出现 23 次，文字覆盖占比 18.61%，基本上每个涉及普惠性学前教育政策的文件都会提到通过发展公办园来弥补普惠性资源不足的举措。

（2）扶持民办园：多种方式吸引社会力量办园

坚持政府主导、社会参与、公办民办并举的办园体制，形成公民办幼儿园互相促进、共同发展的多元化办学形式是我国学前教育多元发展的新格局[①]。政策措施中多次提出要通过减免税费等方式支持社会力量办园。一方面政府要落实认定、补助标准及扶持政策，通过财政补助、购买服务等方式，扶持面向大众、收费较低的普惠性民办园发展；另一方面要实行价格指导和成本审核，鼓励营利性民办园提供不同形式的学前教育服务，满足家长不同的需求。文本中扶持民办园主题词出现 27 次，在本维度中占比最高，文字覆盖占比达 20.47%，说明民办园尤其是普惠性民办园在我国普惠性学前教育发展进程中起着举足轻重的作用。

（3）规范小区配套园：办成公办园或普惠性民办园

小区配套园是扩大普惠性学前教育资源的重要途径。自 2010 年"国十条"提出依据居住人口规模建设小区配套园以来，后续的政策文件更加频繁地提到小区配套园的发展，如要求小区配套园与首期建设住宅做到"四同步"，并举办成公办园或普惠性民办园。从主题词频次和文字覆盖比来看，规范小区配套园的文本内容出现 19 次，文字覆盖占比 43.87%，文字覆盖占比最高。这是因为 2019 年国务院办公厅专门出台了《关于开展城镇小区配套幼儿园治理工作的通知》，对小区配套园的建设等工作内容进行了详细的规定。

（4）开展学前教育专项：持续推进普惠性资源扩容增效

有关政策指出，要开展学前教育专项行动，实施农村学前教育推进工程和优质普惠性学前教育资源扩容等学前教育项目[②]，支持"三区三州"和

[①]　我州"十三五"教育事业取得十大新成就 [N].黔东南日报，2021-03-10（002）.

[②]　杨凯.乌鲁木齐市学前教育管理问题及对策研究 [D].新疆大学，2021.

农村地区的学前教育普及工作，补齐普惠性资源短板，确保城乡学前教育资源全覆盖，持续推进普惠性资源扩容增效。从主题词频次来看，开展学前教育专项的文本内容出现 11 次；从文字覆盖比来看，占本维度的 17.05%。

3. 健全经费投入使用保障机制

健全学前教育经费保障机制，是国家学前教育发展有关政策法规提出的明确要求，是促进教育公平、保证学前教育公益普惠发展方向的需要，也是提高我国学前教育保教质量的重要举措。我国学前教育实行的是政府投入为主、家庭合理负担、多渠道筹措经费的投入机制[①]。健全经费投入使用保障机制维度的措施包括四个方面（表 2-4）。

表 2-4 健全经费投入使用保障机制维度主题词及其文字覆盖比

	主题词频次	文字覆盖比
优化经费投入结构	33	43.88%
健全成本分担机制	17	13.88%
完善学前教育资助制度	23	23.97%
提高经费使用绩效	26	18.27%

（1）优化经费投入结构：中央和地方共同支持财政投入

学前教育经费尤其是财政性经费，一直以来都是我国各级教育经费投入中比较薄弱的环节。当前，我国的经济发展已经进入"增速换挡、结构优化、动力转换"的新常态。与此同时，教育经费投入也进入了"稳增长、调结构、促改革"的关键阶段[②]。因此，优化学前教育经费投入结构、提高有限经费使用效率成为健全我国学前教育经费保障机制的重要举措。从主题词频次和文字覆盖比来看，优化经费投入结构的文本内容出现 33 次，文字覆盖占比 43.88%，主题词频次和文字覆盖比在本维度中均最高。这表明优化经费投入结构在健全学前教育经费保障机制措施中的必要性和紧迫性。财政部、教

---

① 高丙成. 立法保障学前教育改革发展行稳致远 [J]. 今日教育（幼教金刊），2020，（12）：4.
② 陈纯槿，郅庭瑾. 世界主要国家教育经费投入规模与配置结构 [J]. 中国高教研究，2017，（11）.

育部关于印发《支持学前教育发展资金管理办法》的通知指出，要遵循"中央引导、省级统筹、讲求绩效，强化监督"等原则，中央和地方财政可通过安排专项资金、支持重点项目等途径，共同提高财政投入和支持水平。

（2）健全成本分担机制：构建政府、家庭、社会合理分担比例

高质量的学前教育，需要足够的经费投入作支撑，需要构建政府、家庭、社会合理的成本分担机制，需要以政府的学前教育财政投入总量为前提，建立事权、财权相匹配的政府间成本分担结构。在本维度中，主题词出现频次为 17 次，文字覆盖占比 13.88%。相关政策文本多处强调各省（区、市）要把提供普惠性学前教育服务作为评价标准，对普惠性幼儿园运行成本进行科学测算，明确规定政府、家庭、社会的分担比例，统筹规划、制定各级财政补助和收费政策，更加合理地确定家庭支出水平，确保有效解决"入园贵"等问题。

（3）完善学前教育资助制度：保障经济困难儿童接受普惠性学前教育

建立学前儿童资助政策体系，完善学前教育资助制度，从政策和制度上保障经济困难等处境不利的儿童接受普惠性学前教育，是促进教育公平的重要体现，更是社会公平的重要基础。在该维度中，完善学前教育资助制度的主题词频次为 23 次，文字覆盖占比 23.97%。相关政策文件要求按照"地方先行、中央补助"的原则，通过建立学前教育资助信息管理系统、加强学前教育资助政策落实监管等途径，要求各地建立切实可行的学前教育资助政策体系，充分发挥政府、幼儿园、社会等不同主体的资助作用，保障贫困幼儿享受"公平教育"。

（4）提高经费使用绩效：确保有限经费高效运转

学前教育经费投入总额的不断增长，极大地改善了目前学前教育发展的困难，但我国人口基数大、教育负担重等情况决定了学前教育的经费投入不会无限制地增长。因此，要想破解目前学前教育发展的困局，最有效的办法就是在增加投入的同时，提高经费使用效率[1]。从主题词频次来看，

---

[1]　郭燕芬，柏维春.学前教育经费投入效益的省际比较与分析——基于 DEA 分析方法 [J]. 教育发展研究，2016，36（20）：27–33.

提高经费使用绩效的文本内容出现 26 次；从文字覆盖比来看，占本维度的
18.27%。相关政策文件指出，要通过推进学前教育综合改革、加强精细化管
理、建立监督考核机制[1]、加大宣传力度等途径全面提高有限经费使用绩效。

4. 加强幼儿教师队伍建设

高素质的幼儿教师队伍是优质学前教育资源的核心，是保障学前教育
事业高质量发展的根本[2]。加强幼儿教师队伍建设，提升幼儿教师职业素养
与专业水平，保障其合法地位与待遇，是实现学前教育高质量发展目标和
幼有优育的重要保障。该维度的措施包括五个方面（表 2-5）。

表 2-5　加强幼儿园教师队伍建设维度主题词及其文字覆盖比

	主题词频次	文字覆盖比
依标配备教职工	27	11.98%
保障地位待遇	30	6.66%
完善培养体系	28	8.64%
健全培训制度	24	6.72%
严格队伍管理	65	66.00%

（1）依标配备教职工：建立幼儿教师长效补充机制

配齐师资是幼儿园办园的重要指标之一。幼儿园应按照服务的类型、
幼儿的年龄和班级规模，配齐保教人员，让幼儿在日常生活、游戏活动等
方面都能得到良好的照护[3]。依标配备教职工的主题词频次出现27次，文字
覆盖占比 11.98%。各类相关政策文件都不同程度地要求各地根据国家要求
合理确定生师比，通过政府购买岗位等方式解决师资短缺等问题，并要求
加强对幼儿园教职工配备的动态监管，建立长效补充机制。

---

[1] 张曾莲，傅颖诗，马浚洋 . 规范学前教育财务行为促进学前教育蓬勃发展——学习《中央财政
支持学前教育发展资金管理办法》的几点体会 [J]. 教育财会研究，2016，27（01）：66-70.

[2] 丁海东 . 加强幼儿园教师队伍建设，确保学前教育事业健康发展 [J]. 幼儿教育，2010（33）：
14-17；
汪爱婷 . 幼儿园转岗教师教学经验的改造与转型 [D]. 四川师范大学，2018.

[3] 汪爱婷 . 幼儿园转岗教师教学经验的改造与转型 [D]. 四川师范大学，2018.

（2）保障地位待遇：提高幼儿教师队伍的稳定性

近年来，我国学前教育取得极大发展的背后依然存在幼儿教师地位不高、待遇低、"同工不同酬"等问题，使得幼儿教师职业归属感、幸福感不够，进而影响幼儿教师队伍的稳定性。从主题词频次来看，保障幼儿教师地位待遇的文本内容出现 30 次；从文字覆盖比来看，占本维度的 6.66%。幼儿园及其举办者应按国家相关规定保障教师的工资福利、社会待遇，落实幼儿园教职工工资保障办法；政府应对长期在农村等地从事幼教工作的幼儿老师给予优待；在职称评定、岗位聘任等方面，幼儿教师应与中小学教师享有同等的待遇。这些措施能够提升幼儿教师的职业幸福感和队伍的稳定性。

（3）完善培养体系：提高师资培养质量

随着人们对高质量学前教育需求的提升，必然会对幼儿教师的培养体系提出更高的要求和挑战。在该维度中，完善幼儿教师培养体系的文本内容主题词出现频次为 28 次，文字覆盖比 8.64%。相关政策文件提出，完善幼儿园教师的培养体系，提高幼儿师资培养质量，可以从建好学前教育专业、扩大教师培养层次与规模、创新培养模式、健全培养质量保障制度等多方面入手。

（4）健全培训制度：提升教师的科学保教能力

幼儿教师培训是促进教师专业成长的必要途径，健全培训制度能够进一步促使幼儿教师培训提质增效，提升幼儿教师的科学保教能力。健全幼儿教师培训制度内容在本维度中主题词频次为 24 次，文字覆盖占比 6.72%。国家已连续十多年实施幼儿教师的"国培计划"，先后开展了各项针对幼儿园园长、乡村幼儿教师、普惠性民办幼儿教师等多主体的培训活动，效果显著。相关政策文件指出，可采取集中培训与跟岗实践等方式，创新培训模式；鼓励高校与幼儿园协同建立幼儿教师培训基地。政府部门要落实幼儿园园长和教师定期培训和全员轮训制度，制定切实可行的培训规划，提升培训质量，促进幼儿教师专业化发展。

（5）严格队伍管理：提高学前教育质量

幼儿教师管理主要指教育行政部门和幼儿园对教师的任用、培养、考评、待遇、晋升、奖惩等工作进行管理的过程①，是幼儿园管理的主要组成部分，是提高学前教育质量的核心。严格幼儿教师队伍管理主题词出现频次和文字覆盖比都最高，主题词出现 65 次，文字覆盖占比 66%。政策文本中严格幼儿教师队伍管理相关内容主要包括：一是严把入口关，建立准入制度和定期注册制度。二是落实园长任职资格制度，完善园长选拔任用制度。三是加强师德师风建设，健全师德建设长效机制。四是完善幼儿教师职务（职称）评聘制度。

5. 提高幼儿园保教质量

学前教育日渐普及，使得"入园难"问题逐渐得到解决，学前教育公平更加凸显。在幼儿园规模越来越大和数量越来越多的情况下，幼儿园的保教质量能否得到保证，对儿童发展至关重要②。因此，提高幼儿园的保教质量，让所有学前儿童均享有接受优质学前教育的权利，已经成为人们现阶段对学前教育的新需求。提高幼儿园保教质量维度的措施包括五个方面（表 2-6）。

表 2-6　提高幼儿园保教质量维度主题词及其文字覆盖比

	主题词频次	文字覆盖比
改善办园条件	8	6.34%
实施科学保教	33	40.63%
加强幼儿园管理	19	14.43%
完善教研体系	18	9.21%
健全质量评估体系	38	29.39%

（1）改善办园条件：满足基本保教活动的需要

幼儿园是孩子们重要的生活和学习场所，应该给他们创造一个多姿多

---

① 吴先勇. 西南边疆民族地区幼儿教师队伍管理现状分析 [J]. 广西师范大学学报（哲学社会科学版），2013，49（01）：134-137.

② 侯莉敏. 幼儿园保教质量诊断：从经验走向科学 [J]. 教育科学论坛，2019（20）：70-77.

彩、温馨的学习环境，以适应他们的全方位发展需求。改善办园条件，提升办园水平，是满足幼儿园基本保教活动的需要。幼儿园的园舍环境、玩教具和图书配备等条件要达到国家和地方规定要求。改善办园条件在提高幼儿园保教质量维度中，主题词出现频次和文字覆盖比分别是 8 次和6.34%。

（2）实施科学保教：促进幼儿健康快乐成长

学前教育的普及是基础，质量是核心，促进教育公平和质量提升的教育目标在学前教育阶段表现为"普遍提高学前儿童入园率"和"普遍提高幼儿园的保教质量"。经过连续实施三期行动计划，学前教育基本普及目标已实现，正进入全面普及和高质量发展的新阶段，迫切需要提升幼儿园保教质量，引导各类幼儿园科学实施保育教育。从主题词频次来看，实施科学保教的文本内容出现 33 次；从文字覆盖比来看，占本维度的 40.63%。相关政策文本强调，幼儿园要严格执行《3—6 岁儿童学习与发展指南》等文件规定，面向所有幼儿，尊重幼儿的个体差异，以游戏为基本活动，科学推进幼小衔接，使幼儿获得有益于身心发展的经验[①]。

（3）加强幼儿园管理：助推学前教育高质量发展

加强幼儿园管理，有助于提高办园水平和保教质量。政策文本中与加强幼儿园管理有关的内容主要包括严格执行幼儿园准入制度、强化幼儿园安全管理、规范幼儿园收费管理等。其在提高幼儿园保教质量维度中文本内容主题词频次为 19 次，文字覆盖比 14.43%。

（4）完善教研体系：推动幼儿园发展和质量提升

教学研究是促进幼儿园发展和质量提升的一个重要手段，也是教师持续实现自身专业化发展的重要渠道。当下我国学前教育事业取得了飞跃发展，立德树人的新使命也给教研工作带来了新挑战[②]。完善幼儿园教研体系在本维度中文本内容主题词出现 18 次，文字覆盖占比 9.21%。当前国家层面出台的相关政策文件对学前教育教研工作提出了层层落实、职责明确、

---

① 高丙成. 立法保障学前教育改革发展行稳致远 [J]. 今日教育（幼教金刊），2020，（12）：4.
② 刘占兰. 学前教育教研工作面临转型升级 [J]. 华人时刊（校长），2019（03）：6-7.

优质传帮带、教研工作制度化等要求。

（5）健全质量评估体系：引领学前教育进入质量提升的新阶段

学前教育已基本实现普及目标，普惠程度也在逐步提升，当下要把学前教育发展的重心转向引导幼儿园提升保教品质。这就离不开健全保教质量评估体系，发挥评估的科学导向作用。健全质量评估体系在本维度中文本内容主题词出现 38 次，文字覆盖占比 29.39%，主题词频次占比最高，可见在学前教育深化改革规范发展进程中，对质量评估尤为重视，且越发关注师幼互动等过程性质量的提升。系列政策文本中要求完善学前教育保教质量标准，制定质量评估指南。2022 年印发的《幼儿园保育教育质量评估指南》提出，要强化和关注幼儿园保育教育过程质量的评估。同时，该文件建议构建政府、幼儿园等多元参与评价体系，鼓励有资质的第三方机构通过多种方式参与评估。

6. 完善监管体系

完善监管体系的目的是强化政府对学前教育的主导和规范管理，以便提供更加公益普惠的学前教育服务，满足人民群众对幼有所育、幼有优育的美好期盼[①]。完善监管体系维度的措施包括五个方面（表 2-7）。

表 2-7　完善监管体系维度主题词及其文字覆盖比

	主题词频次	文字覆盖比
加强源头监管	2	1.16%
落实监管责任	7	9.84%
强化安全监管	13	24.00%
完善过程监管	21	33.58%
严格依法监管	5	31.42%

（1）加强源头监管：保障学前教育规范有序发展

加强源头监管，从起点监督管理学前教育的发展，能够保障学前教育

---

① 刘旭宇. 自贡市学前教育政府监管体系的问题及对策研究 [D]. 西南大学，2020，12.

后期的规范有序发展。相关政策文本指出，要加强学前教育的源头监管，严格幼儿园准入管理，依据《幼儿园工作规程》等国家政策规定对幼儿园审批、师资配备等方面严格审核。从主题词频次来看，加强源头监管的文本内容出现 2 次；从文字覆盖比来看，占本维度的 1.16%。

（2）落实监管责任：履行政府学前教育发展职责

相关政策已将保障学前教育普惠性发展列入各级政府履职督查的一项重要考核内容，旨在督促各级政府承担起发展学前教育的主体责任。政策文本指出，要不断强化落实各级党委和政府及各有关部门对学前教育的监管责任，健全教育部门主管，财政、住建、自然资源等有关部门分工负责的监管机制，提升协同治理能力。落实监管责任在完善监管体系维度中文本主题词频次为 7 次，文字覆盖占比 9.84%。

（3）强化安全监管：保护幼儿生命健康安全

幼儿安全情系千家万户，事关社会和谐稳定。强化安全监管在本维度中，主题词出现 13 次，文字覆盖占比 24%。《若干意见》指出，要落实相关部门对幼儿园安全保卫和监管责任，建立全覆盖的安全风险防控体系[①]；幼儿园要落实园长安全主体责任，提高家长安全防范意识，提升幼儿感知、躲避危险和伤害的能力。将推进学前教育安全发展作为新时代学前教育的重要发展方向，彰显了党中央、国务院对幼儿园安全的高度重视，表明了党和国家办好人民群众满意、老百姓放心的学前教育的坚定决心[②]。

（4）完善过程监管：确保学前教育可持续发展

加强和完善对学前教育发展各环节过程的监管，能够保障学前教育健康可持续发展。教育部等九部门印发的《"十四五"学前教育发展提升行动计划》强调，要完善动态监管机制、建立基本信息备案及公示制度和健全家长委员会制度。健全过程监管在本维度中文本内容主题词出现 21 次，文字覆盖占比 33.58%，主题词频次和文字覆盖占比都是本维度中最高的，可见在普惠性学前教育相关政策文本中对学前教育发展过程的监管是核心，

① 杨丽娟.促"幼有所育"向"幼有善育"转变[N].西江日报，2023-12-04.
② 高丙成.强化安全监管确保幼儿园安全[N].中国教育报，2019-01-13（001）.

既能保证政策保质保量的落实，又能确保政策成效的高效呈现，从而实现我国学前教育从起点到过程再到结果的可持续发展。

（5）严格依法监管：提升学前教育治理能力

"有法可依，有法必依，执法必严，违法必究"是社会主义法治的基本要求[1]。由于对学前教育发展安全意识的淡薄和相关法律出台的滞后，在学前教育发展过程中时而会出现安全事故等极端事件，因此要在学前教育发展从幼有所育到幼有优育的进程中，不断加强对学前教育的依法监管；要加强对办园行为的督导，尽快出台《学前教育法》。严格依法监管在该维度中文本内容主题词出现 5 次，文字覆盖占比 31.42%。

（三）普惠性学前教育政策的保障分析

普惠性学前教育的政策保障是为保证普惠性学前教育政策目标的实现和政策举措的顺利进行而提供的组织领导、体制机制、氛围营造等保障（表 2-8）。

表 2-8　普惠性学前教育政策文件中"政策保障"参考点分布情况

一级节点	二级节点	三级节点	材料来源	参考点
政策保障	组织领导	加强党的领导	4	4
		落实政府责任	11	12
	健全体制机制	管理体制	6	6
		协调机制	5	5
		激励机制	1	1
		督导问责机制	3	3
	营造氛围	推广典型经验	6	6
		全国学前教育宣传月	6	8

---

① 李拴斌，杜德鱼，刘正盈.关于陕西省实施"依法治省"、"依法行政"情况的调查 [J].陕西师范大学学报（哲学社会科学版），2000（S1）：311-314.

1. 组织领导

"组织领导"回答了如何开展和推动普惠性学前教育发展，主要涉及加强党的领导和落实政府责任两个方面。

"加强党的领导"是办好学前教育的根本保证。组织实施学前教育要确保学前教育始终沿着社会主义办学方向，确保幼儿园党组织和党的工作实现全覆盖。"落实政府责任"是我国学前教育事业发展的关键。政府是实现学前教育事业和儿童发展的关键主体，政府义务的实现情况影响其他主体的义务履行和权利获得[①]。我国学前教育出现的"入园难、入园贵"等问题与政府对学前教育发展责任的缺位和错位有一定的关联。落实政府责任，关键在于落实统筹、规划、投入等责任。相关政策文本指出，要强化政府统筹学前教育责任，健全投入机制，明确分担责任，事权与财权匹配明确；县级政府是学前教育发展的主体，要以县为单位制定地区学前教育发展和幼儿园布局规划，建立财政投入为主的学前教育投入机制，强化政府的财政投入职能。

2. 健全体制机制

体制机制的健全和完善是深化学前教育改革规范发展的保障，是破解学前教育发展深层次问题的需要，主要包括管理体制、协调机制、激励机制、督导问责机制四个方面。

"管理体制""协调机制"对学前教育发展起着引导、协调、监管、保障等重要作用。为保障学前教育高质量发展，需要将学前教育管理和保障的重心上移。纵向上，要落实国务院领导、省市统筹、以县为主的学前教育管理体制[②]，实行政府统一领导、教育部门主管、各有关部门分工负责的工作机制。政策文本还指出，国家要完善出台相关法律制度，将政府发展学前教育责任法制化。横向上，普惠性学前教育政策的有效落实除依靠教育部门之外，还需要财政部、发展改革部、人社部等多个职能部门的统筹

---

①　刘颖.明确和落实政府责任是《学前教育法》的根本规约[N].中国教育报，2020-09-13（001）.

②　刘占兰.学前教育四十年的改革发展与政策变迁[J].学前教育，2018，（12）：3-9.

配合，要健全和完善各部门间的"协调机制"。在"国十条"《若干意见》等政策文本中，对各部门之间如何协调配合，如何履行各自在学前教育发展的职责都作了明确的规定。

"激励机制"是现代管理工作中的重要手段。我国幅员辽阔，地区发展差异明显，为了提高普惠性学前教育政策执行的有效性和积极性，政府要健全激励机制，如教育部等九部门印发的《"十四五"学前教育发展提升行动计划》提出，对完成普及普惠目标、提升保教质量等方面工作成效显著的地区，应按照国家有关规定给予表彰和奖励；对偏远、欠发达地区，中央政府要提供专项财政支持，并通过减税等方式激励企事业单位、社会团体及其他社会组织对学前教育进行捐资助学。[1]

"督导问责"作为一种教育体制，在保障我国教育的改革、发展、稳定中发挥着重要作用。充分发挥督导问责职能，对贯彻落实国家教育法律法规和中央决策部署、推动教育难点问题的解决，都具有十分重要的作用[2]。2020年出台的《关于深化新时代教育督导体制机制改革的意见》(简称《意见》)，对构建中国特色社会主义教育督导体制机制作出了部署。2021年《教育督导问责办法》的出台更是贯彻落实《意见》精神、力促督导"长牙齿"的一项重大举措。基于国家教育督导问责政策的大背景，学前教育发展离不开建立和强化"督导问责机制"。早在2018年的《若干意见》文件中就已要求"建立督导问责机制"，即对政府制定的学前教育普及普惠目标和政策措施落实情况进行督导检查和评估，对履责不力予以问责。2021年的《"十四五"学前教育发展提升行动计划》再次强调要"强化督导问责"，推进县域学前教育督导评估工作，压实政府责任，完善督导问责机制。

3. 营造氛围

普惠性学前教育的持续发展，离不开全社会的积极响应与支持。从2010年的"国十条"开始，很多政策文件在政策保障方面都提到要加大社

---

① 本刊讯.我省印发《青海省"十四五"学前教育发展提升行动实施方案》和《青海省"十四五"县域普通高中发展提升行动实施方案》[J].青海教育，2022，(Z3)：28-34.

② 张盖伦.教育督导再"长牙齿"，六类情形要被问责[N].科技日报2011-09-09.

会宣传，营造全社会关心支持学前教育的良好氛围，主要包括推广典型经验和开展全国学前教育宣传月两个方面。

《若干意见》强调，教育要与宣传、广电及新闻媒体等部门协同配合，对全国学前教育改革发展典型经验开展广泛的宣传，形成全社会共同关心、支持学前教育的良好氛围。如：在学前教育保教实践深化改革中，大力推广宣传以"安吉游戏"为代表的典型经验，推动学前教育"以游戏为基本活动"真正有效落实，有力促进幼儿身心健康成长，并被世界学前教育机构广泛认可，打造中国幼儿教育事业发展的国际"名片"。

为营造有利于幼儿健康成长的良好社会环境，推进学前教育科学发展，教育部于 2012 年在全国范围内开展了"全国学前教育宣传月"活动。该活动根据学前教育发展现状，每年设定一个活动主题，截至 2023 年已经连续举办 12 年。这期间先后开展了"快乐生活，健康成长""《指南》——让科学育儿知识进入千家万户""游戏——点亮快乐童年""我是幼儿园教师""特殊的时光，不一样的陪伴""砥砺十年奠基未来""幼小衔接，我们在行动"等不同的主题活动，向公众宣传了我国普惠性学前教育发展方面取得的重大成就和丰硕成果，同时也展示了促进幼儿科学保育的新做法和新经验，有助于讲好中国学前教育故事，促进教师和家长教育观念的转变、实现幼儿的健康成长、满足人民群众的获得感。

第三节　普惠性学前教育政策的价值取向分析

价值取向是主体在处理各种矛盾、冲突或关系时，根据自己的价值观念而形成的立场、态度和相应的价值倾向[1]。教育政策的价值取向以"为谁服务""实现什么目标"为中心，它是教育政策的起点和终极目的。在教育政策制定过程中，会存在价值观的冲突与博弈。教育政策不同的利益相关

---

[1] 唐日新，李湘舟，邓克谋 . 价值取向与价值导向 [M]. 长沙：中南工业大学出版社，1996：17–20.

者会有不同的价值诉求，都想通过政策实施来实现自己的利益。同时，政治、经济等方面的因素也对教育政策产生着影响。所以，教育政策决策者要根据最需要和利益最大原则做出最终的价值取向选择。[①]

当前，国家持续重视和发展学前教育，政府在制定相关学前教育政策时必然会表现出一定的价值取向，它决定和影响着教育目标的确定、活动的实施以及最终的教育结果。因此，各地在制定或者执行学前教育政策时应全面认识和分析当下学前教育政策的价值取向[②]。

教育政策主体的价值选择和追求是教育政策分析的逻辑起点和终点。政策主体是形成政策价值观念、构成价值关系以及影响价值判断的核心要素，政策主体的多样化和多层次化必然会产生不同的价值取向[③]。因此，本研究中对普惠性学前教育政策价值取向的分析，将基于相关普惠性学前教育政策文本的基础，对政府、公众、社会等不同政策主体的不同价值追求进行深入分析。

一、公益普惠是学前教育政策的发展基石

改革开放 40 多年来，我国学前教育事业始终在曲折中前进[④]。改革开放初期，我国发展的是公益福利的学前教育，以公办幼儿园为主，追求学前教育公共福利的价值取向。如 1979 年的《全国托幼工作会议纪要》中提出："各级教育、卫生部门开办的幼儿园、托儿所的经费应分别列入教育事业费和卫生事业费项目。"[⑤]1983 年的《关于发展农村幼儿教育的几点意见》指出，"发展幼儿教育必须坚持'两条腿走路'的方针。农村应以群众集体办园为主，

① 白玉珠 .21 世纪以来中国民族预科教育政策的价值取向 [D]. 广西民族大学，2018，10.
② 印义炯 . 当前我国学前教育政策的价值取向分析与建议 [J]. 文山学院学报，2013，26（04）：102-104.
③ 王宁 . 基于主体性价值分析的教育政策研究 [J]. 湖北社会科学，2008（08）：162-165.
④ 刘占兰 . 学前教育 40 年：走向公益普惠、公平优质 [J]. 教育家，2018（32）：16-19.
⑤ 赵彩侠，纪秀君 . 四大环境变迁 读懂幼教改革四十年 [N]. 中国教育报，2018-12-30（001）.

县镇则应大力提倡机关、厂矿企事业、街道办园，并支持群众个人办园"①。这些政策文件都体现了学前教育的福利性质。

到了 20 世纪 90 年代中期，伴随着我国社会经济的发展和企事业单位的改革，学前教育从原有单位剥离出来，福利性质逐渐消失。如 1995 年发布的《关于企业办幼儿园的若干意见》明确指出："要稳步推进学前教育逐步走向社会化。"②1997 年实施的《全国幼儿教育事业"九五"发展目标实施意见》规定："要推进幼儿园办园体制改革，探索符合社会主义市场经济要求的幼儿园办园模式和管理运行机制，逐步推进学前教育社会化。"③2003 年，十部委联合下发的《关于幼儿教育改革与发展的指导意见》提出："以社会力量办园为主，公办与民办、正规与非正规相结合的发展格局。"④这些政策的制定与实施，直接导致后续人民群众"入园难""入园贵"等问题的集中爆发。直到 2010 年学前教育被政府纳入民生工程，多个国家级政策文件明确了教育发展的公益性属性，才开始建立学前教育公益普惠的新格局。坚持公益普惠的价值取向，是政府制定和落实学前教育政策的发展基石。自 2010 年的《教育规划纲要》首次明确指出"坚持教育的公益性和普惠性"以来，普惠性学前教育政策相关文件就开始不断强调坚持公益普惠的学前教育价值取向。

一是政策指导思想始终坚持公益普惠主线。如"国十条"指出发展学前教育必须坚持公益性和普惠性；《关于申报国家学前教育改革发展实验区的通知》提出公益普惠的学前教育财政投入保障机制；《若干意见》更进一步强调在国家教育系统中，学前教育要坚持以政府为主导，明确了其公益和普惠属性；《关于开展城镇小区配套幼儿园治理工作的通知》指出要聚焦小区配套园规划发展存在的突出问题开展治理，进一步提高学前教育公益普惠水平；《县域学前教育普及普惠督导评估办法》出台的目的也是为了推

① 刘占兰. 学前教育四十年的改革发展与政策变迁 [J]. 学前教育，2018（12）：3-9.
② 袁媛，杨卫安. 新中国成立 70 年学前教育的社会属性定位与供给制度变迁 [J]. 教育学术月刊，2019（10）：43-49.
③ 王海英. 解读社会力量参与办园 [J]. 幼儿教育，2011（15）：1-4.
④ 廖莉. 对我国农村学前教育管理体制现状的思考 [J]. 教育导刊（下半月），2013（07）：17-20.

动县级政府履行学前教育发展职责，不断提高学前教育普及普惠水平；《支持学前教育发展资金管理办法》表明学前教育发展资金主要用于支持地方补足普惠性资源短板、健全普惠性学前教育经费投入机制，坚持公益普惠基本方向。二是政策措施始终围绕实现公益普惠目标。如"国十条"《若干意见》等政策要求大力兴办公办园，开展农村学前教育工程，实现"广覆盖、保基本"的学前教育公共服务；设立对家庭经济困难儿童、孤儿和残疾儿童等进行普惠性学前教育的资助制度，到2035年全面普及学前三年教育；《关于实施第三期学前教育行动计划的意见》要求提高公办园提供普惠性学前教育服务的能力，引导民办园提供普惠性服务。三是政策保障始终服务公益普惠取向。《若干意见》明确健全管理体制，推进普及学前教育；完善部门协调机制，支持扩大普惠性学前教育资源；建立督导问责机制，将学前教育普及普惠作为政府督导评估的重要内容。

据统计，自2010年以来，国家至少有13个政策文件强调要明确政府责任，在学前教育资源配置、财政投入、属性定位、评估目标等方面必须坚持公益普惠的根本方向。要贯彻落实以人民为中心的发展理念，全面推行三孩生育政策，学前教育政策就必须旗帜鲜明地坚持与突出公益、普惠的价值导向[1]。学前教育以人民为中心的发展思想，意味着学前教育要坚持公益普惠的价值取向，要大力发展公办园，扶持民办园提供普惠性服务[2]。普惠性学前教育一系列政策文件的出台、多个治理行动的开展、持续多年的科学育儿知识宣传等工作，是幼儿健康快乐成长的重要前提和保障。经过这十多年的努力，我国学前教育资源结构已发生翻天覆地的变化，公益普惠的底色越来越明显，人民群众的幸福感和获得感也得到了明显的提升[3]。

---

① 庞丽娟，袁秋红，王红蕾.我国公办性质幼儿园改革的发展方向、改革原则和政策建议[J].北京师范大学学报（社会科学版），2022（01）：55-61.

② 纪秀君.坚持公益普惠，多渠道扩大学前教育资源[N].中国教育报，2019-03-20（003）.

③ 靳晓燕.学前教育这十年：公益普惠底色更加鲜明[N].光明日报，2022-04-27（008）.

二、公平优质是学前教育政策的发展根本

加快教育现代化，办好人民满意教育的首要任务就是要满足人们对公平优质教育的追求。在我国教育发展历史上，教育的公平与质量（效率）是教育改革发展的永恒话题，在不同的历史时期会呈现不同的侧重点。在中华人民共和国成立之初，我国的教育一直坚持"平等至上"的方针，从扫盲运动到工农夜校，从根本上讲，都是以促进教育平等和社会平等为价值追求；在党的十六大以前，不管是重点院校，还是"211工程"的实施，教育是以效率优先为特征，这导致了地区之间、城乡之间、校际的差距越来越大，最终导致关于教育的平等与优质孰先孰后的问题成为国家的一个重要议题，更成为两会上的一个热门议题。

2012年，国务院总理温家宝在"两基"工作会议上指出："教育公正是实现社会平等的基础。要让每位儿童都能有学上，要保证他们有平等的受教育和发展的机会。"2013年和2014年的《政府工作报告》指出，要"进一步促进教育公平""要促进教育事业优先发展、公平发展"。从中可以看出，我国教育政策的基本方向就是公平优先。2015—2022年的8年《政府工作报告》中，对教育发展提出了"促进教育公平发展和质量提升""发展更高质量更加公平的教育""办好公平优质教育""发展公平而有质量的教育""发展更加公平更有质量的教育""推动教育公平发展和质量提升"[1]"发展更加公平更高质量的教育"等要求[2]。我们也可以看到从2015年开始，我国政府开始将实现教育公平与质量提升同步作为教育发展的重点，将公平和质量作为我国教育政策的发展方向和价值追求。

从历史上看，教育事业发展过程中公平与质量（效率）谁优先还是都兼顾等问题一直是大家关注的重要问题。实际上，它反映的是不同的教育

---

① 江世鑫，曲建武.新教育公平观视域下辅导员角色冲突的应对[J].思想政治教育研究，2022，38（02）：159-163.

② 贺武华.在建设高质量教育体系中推进新时代教育民生工程[J].中国教育学刊，2023（08）：7-11.

价值取向和价值选择。要想对我国教育价值取向做出正确的抉择，就必须对我国的国情、政府职责和民众需求进行分析。党的十九大报告提出，进入新时代，我国社会主要矛盾已经转化为人民日益增长的美好生活需要和不平衡不充分的发展之间的矛盾。公平优质的教育是人民美好生活的第一要务，没有高质量的教育公平和没有公平的高质量教育都不是真正的教育公平，也不是真正的高质量教育。现在我国教育的主要矛盾是人民对美好教育的期盼与教育发展不均衡不充分的矛盾。因此，新时代教育事业的发展要兼顾公平和质量。

习近平总书记指出，要"努力让每个孩子都能享有公平而有质量的教育"。为打破城乡区域间学前教育发展的不平衡，解决"入公办园、优质园难"等问题，必须坚持公平优质的价值取向，这是学前教育政策的发展根本。党和国家从顶层设计开始，接连颁布《3—6岁儿童学习与发展指南》《若干意见》《"十四五"学前教育发展提升行动计划》《幼儿园保育教育质量评估指南》等多个重磅政策文件，在保教质量、教师质量、评估质量等方面都提出了相应的保障措施和进一步完善策略。如《"十四五"学前教育发展提升行动计划》提出增加普惠性资源供给、优化普惠性资源布局，推进学前教育公平；提高师资培养培训质量、深化幼儿园教育改革、推动学前教育教研改革，助推学前教育优质发展。

2022年，全国政协委员、北京师范大学教育学部教授刘焱指出：近十年来，我国学前教育取得了举世瞩目的成就，学前教育毛入园率和普惠性学前教育覆盖率大幅提高。为更好满足人民对更为优质公平的学前教育的需要，各级各地政府应建立完善的普惠性学前公共服务体系，推进学前教育供给侧结构性改革。其根本目的都是为了建成建好广覆盖、有质量的学前教育公共服务体系，满足人民对公平优质学前教育的不懈追求和幼有善育、幼有优育的美好期盼。

三、平等民主是学前教育政策的发展路径

党的十九大以来，我国政治、经济、社会发展迅速，教育事业蒸蒸日上，学前教育经过十年的快速发展，基本实现了普及目标，面临的"入园难""入园贵"等关乎民生的社会问题得到了有效缓解和改善，适龄儿童能够平等地获得入园机会。但基于我国幅员辽阔、人口众多、区域差异等特定的国情和人民群众对学前教育日益多样化的现实需求，学前教育仍是整个教育体系最薄弱的环节，还存在着普惠园数量不足、优质学前教育资源短缺、幼儿园保教质量参差不齐等问题。此外，随着三孩政策实施，普惠性资源区域性、结构性短缺的矛盾依然存在。因此，需要鼓励多种社会力量平等民主地参与到学前教育的发展之中，如鼓励多主体参与办园、多主体参与幼儿园保教质量评价、落实多主体的教育责任、关注多主体对学前教育的利益诉求等。

教育政策的核心价值就是教育利益的分配，就是解决教育问题、协调不同主体的教育利益关系，是决策者就政策利益相关者的利益与价值进行分配和表达的活动[1]。因此，学前教育政策的制定与执行等需要各利益主体的平等民主参与[2]，这是普惠性学前教育发展的重要路径。一是平等民主地参与学前教育规划发展。如:《若干意见》指出，"政府要加大扶持力度，引导社会力量更多举办普惠性幼儿园;不断完善教育、财政、编制等多部门协调机制;加强各级政府及相关部门在学前教育规划、投入和资源配置上的职责;在全国范围内营造关心支持学前教育的良好氛围"。《"十四五"学前教育发展提升行动计划》提到，"要鼓励支持国有企事业单位、军队、高校、街道等举办公办园"。[3]二是平等民主地参与学前教育督政。《县域学前教育普及普惠督导评估办法》的程序包括县级自评、市级初核、省级评估、

---

[1] 陈学军.教育政策研究的第三立场:面向政策利益相关者[J].清华大学教育研究，2007（03）：54-59.

[2] 侯中太，秦建平.教育政策需关注多元化的利益诉求[N].教育导报，2017-06-20（003）.

[3] 吴迪.目标导向、现实对照:民办学前教育地方政府监管机制探析[J].齐齐哈尔师范高等专科学校学报，2020，（02）：1-3.

国家认定四个层级的参与，同时通过第三方平台统一对包括家长、教职工、园长、人大代表及其他群众等在内的多个利益主体进行学前教育社会认可度调查。三是平等民主地参与学前教育督学。"国十条"要求建立社区和家长参与幼儿园管理和监督的机制；《幼儿园保育教育质量评估指南》明确指出"保教质量的评估人要由督学、学前教育行政人员、教研人员、园长、骨干教师等组成"。

第三章　普惠性学前教育政策县域实施效果评价指标体系的建构与工具研制

第一节　普惠性学前教育政策县域实施效果评价指标体系的初建与修订

　　普惠性学前教育政策县域实施效果的评价是一个复杂的系统工程，需要设计一套科学、合理、可行、有效的指标体系。本节的研究首先是通过参考现有相关文献中的指标体系和部分政策评估文件，形成普惠性学前教育政策县域实施效果评价指标体系的初稿，再通过德尔菲法对拟定的指标体系进行修订与完善。

一、普惠性学前教育政策县域实施效果评价指标体系的初建

　　建立完备、系统的实施效果评价指标体系是后续调查县域普惠性学前教育真实发展水平的重要保障。本研究的指标体系分为一级维度、二级维度和三级指标，除了依据普惠性学前教育政策实施中公益普惠、公平优质、平等民主的价值取向，相关评估政策文件以及第四代评估、新公共服务理论等多重理论外，还借鉴了相关研究文献中的评价指标，具体汇总如下（见

表 3-1）：

表 3-1 学前教育发展与政策实施效果评价指标体系相关研究

序号	研究者 / 研究来源	一级维度	备注
1	王艺芳，姜勇[1]	服务充分性 服务均衡性 服务公益性 服务满意度	充分性：人力、财力、物力投入 均衡性：城乡、园际、群体均衡 公益性：教育质量、社会效益、方便可及 满意度：政府、幼儿园职责、儿童发展
2	郑名[2]	学前教育资源 经费投入 教师补充 体制机制建立	
3	洪秀敏，张明珠[3] 洪秀敏，赵尚艺[4]	资源总量 结构调整 质量监管 投入机制 教师队伍建设 弱势群体	资源总量：城乡各类学前教育资源 资源结构：公办和民办园资源结构及布局情况 质量监管：政府在监管幼儿园质量方面的举措 投入机制：财政投入总量及各项投入的情况 教师队伍建设：教师福利待遇、评优与职称、培训及师资规模与稳定性 弱势群体扶助：对非户籍儿童、随迁子女、家庭贫困子女及残疾儿童等的资助情况
4	陈蓉晖，安相丞[5]	普及程度 政府投入 教育质量	普及程度：学前三年毛入园率 政府投入：财政性学前教育经费比重 教育质量：师幼比、专科及以上学历教师比重、生均教育经费指数

① 王艺芳，姜勇．普惠性学前教育公共服务监测模型与指标的构建——基于"以人民为中心"的视角 [J]．学前教育研究，2021（07）：41-57.

② 郑名．"学前教育三年行动计划"成效分析与政策建议 [J]．学前教育研究，2014（08）：34-43.

③ 洪秀敏，张明珠．全面二孩政策下山西省学前教育发展的成效、困境与突围——基于山西省学前教育二期三年行动计划实施效果的调查 [J]．山西师大学报（社会科学版），2018，45（01）：101-107.

④ 洪秀敏，赵尚艺．西部地区学前教育发展的成效、瓶颈及对策——基于成都市第二期学前教育三年行动计划实施效果的调查 [J]．现代教育管理，2020（01）：70-77.

⑤ 陈蓉晖，安相丞．农村学前教育公益普惠水平的测评与分析 [J]．中国教育学刊，2018（11）：25-31.

（续表）

序号	研究者/研究来源	一级维度	备注
5	杨卫安[①]	普及面 受惠量 教育质量	三年毛入园率 财政性经费占比 学前生均经费、师生比
6	姜勇，周榆[②]	分得均 达得到 配得齐 治得优 惠得广	基础投入、重点投入 入园条件、选择机会 质量规范、资源环境、幼儿发展、收费标准 资质保障、教师配备 面向大众、弱势照拂
7	侯宇佳[③]	公众期望 感知质量 感知价值 公众满意度 公众信任	
8	杨莉君，胡洁琼[④]	入园交通便利性 入园费用 幼儿园级别与性质 幼儿园环境设施 幼儿园保育 幼儿园教育内容 幼儿园师资 家园沟通 幼儿园服务项目	
9	刘焱等[⑤]， 洪秀敏等[⑥]	结构质量 过程质量 结果质量	结构质量：物质条件、人员条件 过程质量：人际关系、师幼互动、教育活动、环境创设 结果质量：幼儿生活体验、学习经验、身心发展

① 杨卫安. 我国学前教育公益普惠指数建构与测评 [J]. 教育研究，2017，38（10）：82-87.

② 姜勇，周榆. 普惠性幼儿园指标体系构建——基于全国 14 省 34806 个样本数据的实证研究 [J]. 学前教育研究，2020（11）：58-74.

③ 侯宇佳. 普惠性学前教育政策满意度评估研究 [D]. 天津工业大学，2020.

④ 杨莉君，胡洁琼. 农村儿童家庭对学前教育公共服务的基本需求及对策研究——以湖南省为例 [J]. 湖南师范大学教育科学学报，2013，12（02）：98-102，124.

⑤ 刘焱，郑孝玲，宋丽芹. 财政补贴对普惠性民办幼儿园教育质量的影响路径 [J]. 教育研究，2021，42（04）：25-36.

⑥ 洪秀敏，朱文婷，钟秉林. 不同办园体制普惠性幼儿园教育质量的差异比较——兼论学前教育资源配置质量效益 [J]. 中国教育学刊，2019（08）：39-44.

（续表）

序号	研究者 / 研究来源	一级维度	备注
10	姜蓓佳，尚伟伟[1]	教育机会 教育质量 办园条件	
11	陈纯槿，范洁琼[2]	教育机会 教育投入 教育质量 教育公平	
12	胡马琳[3]	学前教育机会 学前教育投入 学前教育质量 学前教育公平	
13	洪秀敏，马群[4]	政府职责与管理体制 财政投入体制 办园体制改革 教师队伍建设 农村学前教育普及与建设 弱势群体扶助	
14	高丙成[5]	学前教育普及 学前教育师资队伍 学前教育财政投入 学前教育办学条件 学前教育公平	
15	中国教育科学研究院学前教育发展报告课题组[6]	学前教育机会 学前教育条件 学前教育质量 学前教育公平	

[1] 姜蓓佳，尚伟伟. 学前教育倾斜政策的成效研究——基于 2010—2018 年中国教育统计数据 [J]. 当代教育论坛，2020（01）：52-64.

[2] 陈纯槿，范洁琼. 我国学前教育综合发展水平的省际比较与分析 [J]. 学前教育研究，2018（12）：14-27.

[3] 胡马琳. 公益普惠视角下我国学前教育事业发展的回顾与展望——基于 2009～2018 年全国教育时序数据的实证分析 [J]. 早期教育，2021（25）：7-12.

[4] 洪秀敏，马群. 学前教育三年行动计划实施效果调查——基于内部利益相关者评价的视角 [J]. 教育学报，2015，11（01）：115-126.

[5] 高丙成. 中国学前教育发展指数报告 [M]. 北京：北京师范大学出版社，2015：62.

[6] 中国教育科学研究院学前教育发展报告课题组. 中国学前教育发展报告 2016[M]. 湖南：湖南教育出版社，2016：42.

（续表）

序号	研究者/研究来源	一级维度	备注
16	教育部[1]	普及普惠水平 政府保障情况 保教质量保障 社会认可度	
17	教育部[2]	办园条件 安全卫生 保育教育 教职工队伍 内部管理	
18	教育部[3]	资源配置 政府保障程度 教育质量 社会认可度	

　　由上表可见，学者对"学前教育发展水平、幼儿园保教质量、相关普惠性学前教育政策实施成效"及学前教育督导评估等评价指标体系的研究，内容丰富全面，很多指标体系虽在名称上有所不同，但其核心都是围绕学前教育普及普惠、保教质量、政府保障、社会满意等几个方面进行的调查研究。如三年毛入园率、幼儿园数、公办园占比、公办园在园幼儿占比等评价指标涉及的是普及普惠维度；专任教师数量、学历、生师比、场地面积、图书册数、育儿指导、科学保教等指标属于保教质量维度；学前教育财政经费、生均教育经费、专项经费、人员经费等投入，教师的福利待遇、评奖评优，对非户籍儿童、家庭贫困子女等资助，对农村园和普惠性民办园的扶持等都属于政府保障范畴；公众对政府制定与落实普惠性学前教育政策法规、改善办园条件、提升服务质量等方面的看法都属于普惠性学前教育公众满意度的调查范围。

---

[1]　教育部关于印发《县域学前教育普及普惠督导评估办法》的通知。
[2]　教育部关于印发《幼儿园办园行为督导评估办法》的通知。
[3]　教育部关于印发《县域义务教育优质均衡发展督导评估办法》的通知。

（一）普及普惠维度评价指标

建设高质量教育体系，实现学前教育的普及普惠安全优质发展，首先要从根本上解决的就是"入园难、入园贵"问题，实现学前教育的普及和普惠。普及教育是现代工业的产物，是每个公民的权利，不论其经济地位、种族、性别和宗教信仰，所有人都有机会不受限制地接受教育[①]。《教育规划纲要》指出："到 2020 年要形成惠及全民的公平教育。坚持教育的公益性和普惠性，保障公民依法享有接受良好教育的机会。"[②]《中国教育现代化 2035》提出，到 2035 年学前教育的主要目标是"普及有质量的学前教育"。多渠道持续增加普惠性学前教育资源供给量和覆盖范围，补齐普惠资源短板，发展公办园或扶持普惠性民办园，扩大价格低廉、优质的学前教育资源总量，使学前教育的入园率和普及普惠水平得到进一步提升，是学前教育现代化的根本保证和重要目标。[③]因此，在本研究的普惠性学前教育政策县域实施效果评价指标体系中，普及普惠维度包含学前教育资源总量、普惠园覆盖率、小区配套园、收费情况 4 个二级维度，涵盖各类幼儿园数量、在园幼儿数、三年毛入园率、小区配套园的建设与治理、各类幼儿园收费等 13 个三级指标。

（二）保教质量维度评价指标

建设高质量教育体系，实现学前教育的普及普惠安全优质发展，还要能够实现"上好园"，有"好园上"，满足人民对幼有优育的期盼。联合国教科文组织指出，质量是教育的核心，优质的教育是人类学习的基本需求，各国必须保障所有儿童都能接受有质量的教育[④]。建设高质量教育体系

---

① 顾明远.试论教育现代化的基本特征 [J].教育研究，2012，33（09）：4–10，26.
② 刘利民.在 2011 年全国教育工作会议上的讲话 [J].人民教育，2011，（06）：15–17.
③ 胡马琳，蔡迎旗.学前教育现代化的中国维度：内涵、特征与路径 [J].教育研究与实验，2022（02）：95–100.
④ 田慧生，邓友超.让十三亿人民享有更好更公平的教育——十八大以来教育质量提升的成就与经验 [M].北京：教育科学出版社，2017：14–79；
　高丙成.我国教育现代化评价指标体系的构建与应用 [J].教育科学研究，2019，（07）：5–12.

也是我国新时代教育事业发展的政策导向和重点要求。我国要实现强国梦，就必须从有质量的学前教育开始[①]，它是培养幼儿良好习惯和优良品德的关键阶段，唯有高质量的学前教育才能促进幼儿的全面、健康发展[②]。高质量的学前教育离不开幼儿园硬件（办园条件）和软件（教师队伍）的双重质量提升。经过"十二五""十三五""十四五"的持续发展，我国幼儿园的办园条件和师资质量呈现出蓬勃发展的趋向与特点[③]。在学前教育普及普惠发展过程中，应将提高质量作为根本要求，避免低水平、简单化的规模增加[④]。在本研究的普惠性学前教育政策县域实施效果评价指标体系中，保教质量维度包含办园条件、师资质量、保教水平 3 个二级维度，以及班级规模、师幼比、活动面积、图书量，专任教师的职称、学历、专业、培训、稳定性，幼儿园的生活照料、幼儿发展、活动组织、家园共育等 20 个三级指标。

（三）政府保障维度评价指标

建设高质量教育体系，实现学前教育的普及普惠安全优质发展，更是离不开政府的保障兜底，需要政府履行服务职能，发挥好主体责任。任何国家和社会事业的改革发展都与政府的变革相关，也与政府同其他部门关系的变革密不可分。改革开放至今，我国政府对学前教育事业发展的责任经历了从承担"底线责任"到"退位"再到"主导"的演变历程。[⑤]面对新形势下人口出生率的下降和城镇化的快速发展，人们面对生育、养育、教育的压力越来越大，政府需要多途径、多举措履行服务职能。例如，针对学

---

① 姜勇.教育强国要从有质量的学前教育起步 [J].教育发展研究，2022，42（06）：3.
② 胡马琳，蔡迎旗.学前教育现代化的中国维度：内涵、特征与路径 [J].教育研究与实验，2022（02）：95-100.
③ 秦旭芳，朱琳.我国幼儿教师质量综合治理的困境与突破——基于三期学前教育行动计划的回溯与反思 [J].教育科学，2022，38（03）：90-96.
④ 孙蓓蓓，霍力岩.高质量学前教育课程指南国际比较研究 [J].比较教育研究，2022，44（07）：95-104.
⑤ 李琳.改革开放 40 年学前教育事业发展中政府责任边界的演变与启示 [J].中国教育学刊，2019（01）：37-42.

前教育投入不足的问题，政府需合理确定并逐步提高财政性学前教育经费的比例，建立普惠性幼儿园补助制度，改善薄弱普惠园的办园条件、提升教师队伍质量，促进学前教育均衡发展[①]。《若干意见》明确指出，各级政府要认真"落实幼儿资助政策，确保接受普惠性学前教育的家庭经济困难儿童得到资助"，"落实公办园教师工资待遇保障政策，确保工资及时足额发放、同工同酬"[②]。因此，在本研究的普惠性学前教育政策县域实施效果评价指标体系中，政府保障维度包含制度建设、财政投入、师资投入、弱势群体资助4个二级维度，政策制度的制定、宣传、实施情况，财政性学前教育经费、生均教育事业经费、专任教师培训经费等投入情况，普惠性民办园补助、不同编制教师工资待遇、贫困家庭幼儿资助、处境不利教师资助等21个三级指标。

综合以上分析，本研究结合国家相关评估政策文件和已有研究文献中的指标体系，初步拟定了普惠性学前教育政策县域实施效果评价指标体系，共包含一级维度3个、二级维度11个、三级指标54个（表3-2）。评价指标体系各级维度指标的具体构成和操作关系为：一级维度普及普惠、保教质量和政府保障三部分内容同时通过政府的客观统计数据和公众的主观满意度调查获取；二级维度由学前教育资源总量、普惠园覆盖率、小区配套园、收费情况、办园条件、师资质量、科学保教、财政投入等11个维度构成，是对一级维度的细化；三级指标由三年毛入园率、师幼比、教师的学历等54个指标构成，是对二级维度的进一步分解，具有更强的可操作性。

---

① 邬平川.我国学前教育投入的政府责任探究[J].教育学报，2014，10（03）：94-99.
② 付卫东，周威."十四五"时期我国学前教育教师队伍建设：主要形势与重点任务[J].现代教育管理，2021，（04）：83-91.

表 3-2 普惠性学前教育政策县域实施效果指标体系初稿

一级维度 （3个）	二级维度 （11个）	三级指标 （54个）	设计依据	数据来源
普及普惠 程度	学前教育资源 总量	幼儿园数量、在园幼儿数量、三年毛入园率	普及普惠安全优质的发展宗旨：所有儿童享有公平教育	
	普惠园覆盖率	公办园、民办园、普惠性民办园、乡镇园、农村园情况，入园难缓解情况		
	小区配套园	小区配套园建设与治理情况		
	收费情况	公办园、普惠性民办园、民办园收费标准、入园贵缓解情况		
保教质量 水平	办园条件	班级规模，保教人员配备，教师队伍稳定性情况，师幼比、建筑面积、活动室面积、图书量、玩教具量、园舍环境、优质园数	普及普惠安全优质的发展原则：加速普及与提升质量并重	个案县域2017—2021年相关统计数据以及对家长、园长、教师、教育行政人员等的访谈和问卷调查结果
	师资质量	专任教师的职称、学历、专业、个人素养情况，参加培训情况，师德师风等情况		
	科学保教	卫生保健、生活照料、科学管理、幼儿发展、活动组织、家园共育、幼儿园教研		
政府保障 情况	制度建设	各类制度的制定、宣传、实施等情况	实现普及普惠安全优质的根本保障：政府承担主体责任	
	财政投入	学前教育总经费、财政性经费、生均教育经费、专项经费、人员培训经费、幼儿生均公用经费等投入情况，普惠性民办园补助标准，企事业单位等公办性质幼儿园财政补助等情况		
	师资投入	公办园在编教师数，公办园在编与非在编教师工资待遇情况，民办园（包括普惠性民办园）教师工资待遇		
	弱势群体资助	贫困家庭幼儿、处境不利教师资助情况		

二、普惠性学前教育政策县域实施效果评价指标体系的修订

为进一步保障普惠性学前教育政策县域实施效果评价指标建立的有效性和科学性，本研究特运用德尔菲法来修订与完善初建的指标体系内容。德尔菲法是邀请领域内专家经过几轮的交流访谈，通过征求意见、反馈、再征求、再反馈的过程，最终达成集体共识，形成较一致且具有可靠性结果的研究方法[①]。参与咨询的专家需对所咨询问题具有相关研究背景及经验[②]，人数一般在8—20人[③]。本研究共邀请了10位专家参与指标体系的咨询，专家构成的基本信息如下表（表3-3）所示：

表 3-3　德尔菲法专家基本信息表

类别	分类	人数	百分比（%）
年龄	30 岁以下	0	0
	30—40 岁	4	40
	41—50 岁	3	30
	51—60 岁	3	30
	60 岁以上	0	0
学历	大专	0	0
	本科	4	40
	硕士	4	40
	博士	2	20
职业	高校教师	5	50
	幼儿园园长	4	40
	教育行政人员	1	10

① 杨世玉，刘丽艳，李硕.高校教师教学能力评价指标体系建构——基于德尔菲法的调查分析 [J].
　高教探索，2021（12）：66-73.
② Hsu C, Sandford A B. The Delphi Technique: Making Sense of Consensus[J]. Practical Assessment,
　Research & Evaluation, 2007, 12(10).
③ 徐国祥 . 统计预测和决策 [M]. 上海：上海财经大学出版社，2005：149.

（续表）

类别	分类	人数	百分比（%）
职称	初级	0	0
	中级	3	30
	副高	3	30
	正高	4	40
工作年限	10 年以下	1	10
	10—20 年	2	20
	21—30 年	4	40
	31 年以上	3	30
政策熟悉程度	很熟悉	1	10
	较熟悉	8	80
	一般	1	10
	不太熟悉	0	0
	很不熟悉	0	0

（一）第一轮德尔菲专家意见与修订

第一轮德尔菲访谈邀请专家填写《普惠性学前教育政策县域实施效果评估指标体系专家咨询问卷（一）》（以下简称《问卷（一）》），主要是了解专家的基本信息，收集专家对普惠性学前教育政策县域实施效果评估指标体系中一级、二级维度和三级指标的意见，再将意见汇总分析，以修订与完善指标体系的各级内容。《问卷（一）》主要包括专家的基本信息、普惠性学前教育政策县域实施效果指标体系的背景介绍和指标体系重要性评分三个部分。评分内容共有 3 个一级维度、11 个二级维度和 54 个三级指标。在邀请专家对初建的指标体系重要性进行评分时，同步访谈专家评分的具体思路和想法，以便更有针对性地增减、修改指标体系。评分标准采用李克特等级赋分法，5—1 分分别代表非常重要、比较重要、一般重要、不太重要和不重要。

第一轮专家咨询共调查了 11 位专家，收回 10 份有效问卷。通过数据分析，第一轮咨询中专家对各项指标重要性评分的均值为 4.3—5.0，总均值为 4.87；标准差为 0—0.9，平均标准差为 0.3；变异系数为 0—0.22，平均变异系数为 0.06；满分率为 50%—100%，平均满分率为 89%。当变异系数小于 25%，且满分率大于 50% 时，说明专家意见一致性可以接受[①]。可见初建的评价指标已获得专家们的认同，但还需要修改与完善。

根据对专家咨询问卷的统计和与专家的访谈发现，初建的实施效果评价指标体系还存在下列问题：

1. 有部分指标的重要程度不高：三级指标"民办园情况"的重要性平均分为 4.3，满分率为 50%。有专家认为本研究主要是调查普惠性学前教育，与非普惠的民办园关系不大，再者通过对学前教育资源总量、公办园和普惠性民办园进行调查后，非普惠民办园的一些数据自然就能知晓，所以觉得该指标的重要性不高。二级维度"小区配套园情况"下的三级指标"小区配套园治理情况"打分均分只有 4.4。专家觉得国家在提出普惠学前教育政策过程中，对城市小区配套园的建设是重点，但在目前情况下配套园的治理有点过早，表述也过大，建议删除或者修改表述。

2. 有些指标的表述过大、不够具体：有专家表示三级指标"幼儿园园舍环境"与"幼儿教师的个人素养"表述太大，指出这两个三级指标涵盖的内容很广泛，都能单独拿出来做研究，如幼儿教师的个人素养就包含理念与师德、知识和能力素养等多个维度，建议根据研究内容再聚焦一些。

3. 有些指标的归类不够合理，存在交叉现象：有专家提出二级维度"财政投入""师资投入""弱势群体资助"里面的内容有交叉，如"师资投入""弱势群体资助"下的三级指标中，"教师工资""弱势群体的资金资助"都属于财政投入，建议再理顺、细分这几个维度内容，避免交叉融合。

4. 个别关键指标有所遗漏：有专家表示一级维度"普及普惠水平"的调查，除了涵盖"资源总量""普惠园覆盖率"等重要指标外，还应该包括

---

① 王艺芳 . 我国普惠性学前教育公共服务发展水平的监测研究 [D]. 华东师范大学，2021，110.

"方便可及"的维度，很多专家学者在对普惠性和普惠性学前教育核心内涵的阐述中，都曾提到"方便就近""达得到"的核心内容，建议加以补充。

5. 一级维度"保教质量"下的二级维度"科学保教"的表述带有明显感情色彩，建议与其他维度表述一致，换成中性词。

在对专家们的咨询意见进行分析和个人深入思考的基础上，对初建的指标体系内容修订如下：

1. 一级维度"政府保障水平"下的二级维度"弱势群体资助"改成"弱势群体帮扶"；三级指标改成"贫困等特殊家庭帮扶情况""处境不利教师帮扶情况"。

2. 二级维度"普惠园覆盖率"下的三级指标"民办园情况""乡镇幼儿园情况""农村幼儿园情况"删除，增加"幼儿园方便可及情况"指标。

3. 二级维度"小区配套园情况"下的三级指标"小区配套园治理情况"改成"小区配套园使用情况"。在预调研过程中，发现有小区配套园建成后，存在生源较少现象。

4. 二级维度"师资质量"下的三级指标"幼儿教师个人素养"改成"幼儿教师的教育水平"。

5. 二级维度"财政投入"下的三级指标中增加"贫困等特殊家庭的资助标准""公办园在编与非在编教师的工资标准""民办园（包括普惠性民办园）教师的工资标准"。

6. 二级维度"师资投入"下的三级指标"公办园在编与非在编教师福利待遇情况""民办园（包括普惠性民办园）教师的福利待遇"改成"公办园在编与非在编教师福利情况""民办园（包括普惠性民办园）教师的福利情况"，并增加"公办园教师的各级职称比例"指标。

7. 二级维度"保教质量"下的三级指标"幼儿园活动室面积""幼儿园图书配备""幼儿园玩教具"等能在一定程度上反映幼儿园的园舍环境，选择删除"幼儿园园舍环境"指标。

8. 一级维度"保教质量"下的二级维度"科学保教"的表述改成中性词"保教水平"。

依据第一轮德尔菲专家咨询结果，对初建的普惠性学前教育政策县域实施效果评价指标体系进行调整、删减、增补之后，新的指标体系由普及普惠、保教质量和政府保障 3 个一级维度，学前教育资源总量、普惠园覆盖率、小区配套园建设等 11 个二级维度和幼儿园总数、在园幼儿数、学前三年毛入园率等 55 个三级指标组成，旨在使其更加适合普惠性学前教育政策县域实施效果的调查。

（二）第二轮德尔菲专家意见与修订

在第一轮专家咨询的基础上，研究者对初建的指标体系进行了修订，并将修订后的指标体系再次征求专家们的意见。本轮指标体系包括 3 个一级维度、11 个二级维度、55 个三级指标。第二轮德尔菲邀请专家对修订的各级指标维度的重要性进行重新评分，并继续对存在争议的指标进行交流讨论。

本轮发放和收回的有效专家咨询问卷是 10 份。统计分析发现，这次专家对各项指标重要性的平均分为 4.6—5.0，总均值为 4.96；标准差为 0—0.5，平均标准差为 0.08；变异系数为 0—0.11，平均变异系数为 0.02；满分率为 60%—100%，平均满分率为 96%。可见，经过修订后的普惠性学前教育政策县域实施效果指标体系的科学性、合理性已逐渐提高。但依然存在一些不足，具体阐述如下：

1. 有个别指标主观性太强，调查是否有意义存疑。有专家指出，三级指标"入园难问题缓解情况""入园贵问题缓解情况"通过政府提供的幼儿园数量、收费标准就可以知晓，再去对家长进行调查，可能会使结果太过主观。

2. 有些指标维度太大，其可操作、可测量性存疑。有专家表示，二级维度"科学保教"下面的"幼儿发展""家园共育"等内容作为三级指标范围显得过大，实施调查会存在困难，建议再聚焦些。

3. 个别维度指标内容可以再细化、合并表述。如二级维度"办园条件"下的"幼儿园建筑面积""幼儿园活动室面积"可以借鉴教育部网站教育统计数据统计维度和《江苏省优质幼儿园评估标准及评价细则》，细化合并相关调查内容。

4.有些维度内容分解到三级指标还是不够明晰。多个专家建议加上指标操作性说明，便于读者清楚了解研究者要调查的具体内容和使用的调查方法。

结合本次德尔菲专家咨询反馈，研究者对第一次修订后的指标体系进行了再次修订，具体修改内容如下：

1.继续保留"入园难问题缓解情况""入园贵问题缓解情况"等三级指标，因为不同的社会群体和阶层对幼儿园的收费等情况，具有不同的承受力和接受力。如：在预调研的访谈中，有家长就反映公办园收费有点低，在物价普遍上涨的情况下，幼儿园还保持原价，可能会影响教育质量，建议幼儿园结合现实社会经济发展情况适当提高每个月的保教费；也有家长觉得有些普惠性民办园的收费还是高，应该和公办园收费一致。因此，决定继续保留这些指标，将通过问卷和访谈等方式进一步了解个案县域中家长等利益相关者对所在地区"入园难""入园贵"的整体看法。

2.二级维度"办园条件"下的三级指标增加教育部网站教育统计数据中的"运动场地面积""绿化用地面积"调查指标，并与原有的"幼儿园建筑面积""幼儿园活动室面积"合并成"幼儿园各类占地面积"。

3.对所有的指标进行调查要点补充说明，以便读者更清楚地知晓具体要调查的信息和所采用的方法，尽量克服指标表述过大、不清楚等问题。

综上，结合第二轮德尔菲专家对各项指标的打分和具体意见，最终经过修订后的指标体系包含了3个一级维度、11个二级维度、54个三级指标。

（三）第三轮德尔菲专家意见与修订

在前两轮德尔菲专家咨询反馈的基础上，继续进行了第三轮专家咨询。第三轮咨询的指标体系包括一级维度3个、二级维度11个、三级指标54个。

在本轮专家访谈咨询后，专家们没有对指标体系再反馈非常具体明确的修改意见，基本达成一致的认可意见，故不再对指标体系进行较大调整。最终，经过三轮修订后的普惠性学前教育政策县域实施效果指标体系如下（表3-4）：

表 3-4　普惠性学前教育政策县域实施效果指标体系（修订版）

一级维度	二级维度	三级指标	指标说明
普及普惠	学前教育资源总量	幼儿园总数	
		在园幼儿总数	
		学前三年毛入园率	
	普惠园覆盖率	公办园情况	公办园的数量和在园幼儿数
		普惠性民办园情况	普惠性民办园数量和在园幼儿数
		幼儿园方便可及情况	幼儿园离家距离以及入园、放学时间与父母上下班时间匹配程度
		入园难问题缓解情况	
	小区配套园情况	小区配套园建设情况	小区配套园的办园性质、数量
		小区配套园治理情况	小区配套园的独立法人办理、管理、扶持和监管等情况
	收费情况	公办园收费标准	
		普惠性民办园收费标准	
		非普惠民办园收费标准	
		入园贵问题缓解情况	
保教质量	办园条件	班级规模	
		保教人员配备	"两教一保"实现情况，有特殊儿童班级的资源教师配备情况
		教师队伍稳定情况	
		幼儿园各类占地面积	包括幼儿园建筑、活动室、运动场地、绿化用地等面积
		幼儿园图书册数	
		幼儿园玩教具数量	
		省市等优质园数量	
	师资质量	幼儿教师的学历	
		幼儿教师的职称	
		幼儿教师的专业背景	

（续表）

一级维度	二级维度	三级指标	指标说明
		幼儿教师参加培训情况	培训的次数和实际效果等情况
		幼儿教师的教育水平	教学经验、专业技能等情况
		师德师风建设情况	教师爱心、耐心、责任心、敬业态度情况，师德师风纳入评先评优情况
保教质量		卫生保健	幼儿园营养配餐、幼儿卫生习惯养成等情况
		生活照料	幼儿在园睡觉、进食、排便等一日生活照料情况
	保教水平	管理水平	幼儿园的公众号、群等宣传交流平台，活动宣传等情况
		幼儿园教研	幼儿园教研制度和人员配备等情况
		幼儿发展	幼儿入园后在与人交往、语言表达、艺术表现、身体运动等方面的变化情况
		活动组织开展	游戏活动组织、教育活动与幼儿年龄特点相符等情况
		家园共育	提供育儿指导，反馈幼儿在园生活、活动情况，家长参与幼儿园活动等情况
	制度建设	相关学前教育政策制定	有关幼儿教师发展、幼儿园课程、经费投入使用等相关政策出台情况
		相关学前教育政策宣传	
		相关学前教育政策实施	
政府保障		经费总投入	
		财政经费投入	
		生均教育经费投入	
	财政投入	专项经费投入	
		教师培训经费投入	
		幼儿生均公用经费标准	
		普惠性民办园补助标准	

（续表）

一级维度	二级维度	三级指标	指标说明
政府保障		企事业单位等公办性质幼儿园财政补助情况	
		贫困等特殊家庭的资助标准	
		公办园在编与非在编教师的工资标准	
		民办园（包括普惠性民办园）教师的工资标准	
	师资投入	幼儿园专任教师总数	
		公办园在编教师数	
		公办园在编与非在编教师福利情况	节日福利、年终绩效、五险一金等情况
		民办园（包括普惠性民办园）教师的福利情况	
		公办园教师的各级职称比例	各级职称的名额比例
	弱势群体帮扶	贫困等特殊家庭帮扶情况	
		处境不利教师帮扶情况	

（四）德尔菲专家咨询的可靠性分析

本研究在检验德尔菲专家咨询的可靠性问题中，主要通过专家积极系数、专家意见集中程度、专家权威程度和意见离散程度来分析。采用 SPSS 统计工具软件建立数据库并进行数据统计处理，具体分析如下：

其中，第一个指标可以通过专家问卷的回收情况反映出来；第二个指标可以通过肯德尔和谐系数体现出来；第三个指标可以通过两个方面反映出来，分别是专家的判断依据和对相关问题的熟悉程度，测算公式为 $Cr = (Ca + Cs)/2$（Ca 表示专家的判断依据，Cs 表示专家对指标的熟悉程度）。

1. 专家的积极系数分析

专家的积极系数是指专家对咨询信息的关注程度，主要通过应答率进行表示和判断，其值是实际参与政策咨询项目的人数在总人数中的百分比，又称应答率，数值越高，则表明积极系数越高[①]。本研究中第一轮德尔菲专家咨询共发放问卷 11 份，最终收回 10 份，应答率为 91%；第二轮和第三轮专家咨询都发放和收回问卷 10 份，应答率为 100%（表 3–5）。可以看出，参与评价指标体系专家咨询的专家积极性都很高，很多专家在对指标进行评分的同时还提出了高水平的修改建议[②]。

表 3–5　德尔菲专家咨询问卷回收情况

咨询轮次	问卷发放数	问卷回收数	回收率	有效问卷	有效率
第一轮	11	10	91%	10	100%
第二轮	10	10	100%	10	100%
第三轮	10	10	100%	10	100%

2.专家意见集中程度分析

关于专家意见的集中程度，本研究主要采用专家咨询问卷中各项指标得分的平均数和满分率来表示，均数和满分率得分越大，说明专家们意见的集中程度越高[③]。利用 SPSS 软件对问卷结果进行统计分析（表 3–6），最终得出两轮德尔菲专家咨询问卷中各项指标评分的平均值分别为 4.87 和 4.96，满分率分别为 50%—100%、60%—100%，表明专家们对指标的重要性认可度整体较高、意见比较集中。

① 盖洋.我国青少年体育政策评估研究 [D].上海体育学院，2019，70.
② 叶宜根，陈渊青，罗红，等.深圳市社区中医药工作评价指标的德尔菲法筛选 [J].药物评价研究，2014，37（04）：355–358.
③ 王艺芳.我国普惠性学前教育公共服务发展水平的监测研究 [D].华东师范大学，2021，120.

表 3-6　德尔菲专家意见集中程度

指标	第一轮咨询结果			第二轮咨询结果		
	平均值	中位数	满分率（%）	平均值	中位数	满分率（%）
A1	4.9	5	90%	4.9	5	90%
A2	5	5	100%	5	5	100%
A3	4.9	5	90%	5	5	100%
B1	4.9	5	90%	5	5	100%
B2	4.8	5	80%	4.9	5	90%
B3	4.9	5	90%	5	5	100%
B4	5	5	100%	5	5	100%
B5	4.9	5	90%	4.9	5	90%
B6	4.9	5	90%	5	5	100%
B7	5	5	100%	5	5	100%
B8	5	5	100%	5	5	100%
B9	4.9	5	90%	5	5	100%
B10	4.9	5	90%	5	5	100%
B11	4.7	5	70%	4.7	5	70%
C1	5	5	100%	5	5	100%
C2	5	5	100%	5	5	100%
C3	5	5	100%	5	5	100%
C4	5	5	100%	5	5	100%
C5	4.3	4.5	50%	5	5	100%
C6	4.9	5	90%	4.7	5	70%
C7	4.6	5	70%	4.9	5	90%
C8	4.4	4.5	50%	4.9	5	90%
C9	4.7	5	90%	4.8	5	80%
C10	4.9	5	90%	5	5	100%
C11	4.4	4.5	50%	5	5	100%

（续表）

指标	第一轮咨询结果			第二轮咨询结果		
	平均值	中位数	满分率（%）	平均值	中位数	满分率（%）
C12	4.8	5	80%	4.9	5	90%
C13	5	5	100%	4.9	5	90%
C14	4.7	5	90%	5	5	100%
C15	4.8	5	90%	5	5	100%
C16	4.8	5	80%	5	5	100%
C17	5	5	100%	5	5	100%
C18	4.7	5	70%	5	5	100%
C19	5	5	100%	5	5	100%
C20	5	5	100%	5	5	100%
C21	5	5	100%	4.9	5	90%
C22	5	5	100%	5	5	100%
C23	5	5	100%	5	5	100%
C24	4.5	5	60%	5	5	100%
C25	4.7	5	70%	5	5	100%
C26	5	5	100%	5	5	100%
C27	5	5	100%	5	5	100%
C28	5	5	100%	5	5	100%
C29	4.8	5	80%	5	5	100%
C30	4.7	5	80%	5	5	100%
C31	4.8	5	90%	5	5	100%
C32	5	5	100%	5	5	100%
C33	5	5	100%	5	5	100%
C34	5	5	100%	5	5	100%
C35	5	5	100%	5	5	100%
C36	4.8	5	80%	5	5	100%

（续表）

指标	第一轮咨询结果			第二轮咨询结果		
	平均值	中位数	满分率（%）	平均值	中位数	满分率（%）
C37	5	5	100%	5	5	100%
C38	4.9	5	90%	5	5	100%
C39	5	5	100%	5	5	100%
C40	5	5	100%	5	5	100%
C41	5	5	100%	5	5	100%
C42	5	5	100%	5	5	100%
C43	4.9	5	90%	5	5	100%
C44	5	5	100%	5	5	100%
C45	5	5	100%	5	5	100%
C46	4.9	5	90%	5	5	100%
C47	5	5	100%	5	5	100%
C48	5	5	100%	5	5	100%
C49	4.7	5	70%	5	5	100%
C50	4.8	5	80%	4.9	5	90%
C51	4.7	5	70%	4.9	5	90%
C52	4.7	5	70%	4.9	5	90%
C53	4.8	5	80%	5	5	100%
C54	4.6	5	60%	4.6	5	60%
C55				4.7	5	70%

3. 专家权威程度分析

本研究对专家权威程度（Cr）主要采用专家自评的方法进行分析，由专家对评价指标体系评分时的学术水平（C）、判断依据（Ca）和熟悉程度（Cs）三方面共同决定[1]，其算数平均数即为专家权威程度 Cr =（C+Ca+Cs）/3。其

[1] 吴巧媚，张利娟，郑静霞.基于 Delphi 法 ICU 患者误吸风险评估体系的构建 [J]. 护理学报，2018，25（02）：1-6.

中，学术水平（C）是主要以专家的职称等级为判断依据，职称越高表示专家相应的学术水平就相对越高，发表的意见就越有价值[①]；赋值情况为：正高级（1.0）、副高级（0.9）、中级（0.8）、其他（0.5）。Ca 分为理论分析、实际工作经验、同行了解、直觉判断，并分别赋值[②]，理论分析赋值 0.3、0.2、0.1，实际工作经验赋值 0.5、0.4、0.3，同行了解赋值 0.1、0.1、0.1，直觉判断赋值 0.1、0.1、0.1[③]。Cs 分为很熟悉、较熟悉、一般、不太熟悉、完全不熟悉，分别赋值 1.0、0.8、0.6、0.4、0[④]。Cr 一般应在 0.7 以上，且分值越高，表明专家评价结果越可信。由表 3-7 可见，专家的 Cr 值都超过 0.7，均值为 0.87，表明本研究的专家权威程度符合要求。

表 3-7 专家权威程度统计表

专家	学术水平 C	判断依据 Ca	熟悉程度 Cs	权威程度 Cr
1	0.8	0.9	0.8	0.83
2	0.8	0.8	0.6	0.73
3	1	1	0.8	0.93
4	1	0.9	0.8	0.9
5	1	1	0.8	0.93
6	0.9	0.9	0.8	0.87
7	0.8	0.7	0.8	0.77
8	0.9	0.9	0.8	0.87
9	0.9	0.9	0.8	0.87
10	1	1	1	1

① 叶宜根，陈渊青，罗红，等．深圳市社区中医药工作评价指标的德尔菲法筛选 [J]．药物评价研究，2014，37（04）：355-358.

② Landeta J. Current validity of the Delphi method in social sciences[J]. Technological Forecasting & Social Change, 2005, 73(5).

③ 杜爽，孟开．北京市公立医院运行病历质量评价指标体系研究 [J]．中国医药导报，2017，14（31）：152-156.

④ 刘师佺，周玉碧，李启恩，等．基于德尔菲法的藏药"蒂达"药用资源和临床应用专家共识 [J]．中国药房，2021，32（12）：1416-1420.

4. 专家意见离散程度分析

本研究主要通过标准差和变异系数来判断专家意见的离散程度，若变异系数小于 25%，表明离散程度可接受[①]。从表 3–8 可知，两轮德尔菲专家咨询中各项指标的标准差都较小，同时变异系数都小于 25%，证明专家意见的离散程度可以接受，指标的协调程度也较高[②]。

表 3–8　德尔菲专家意见离散程度

指标	第一轮		第二轮	
	标准差	变异系数（%）	标准差	变异系数（%）
A1	0.3	0.06	0.3	0.06
A2	0.0	0.00	0.0	0.00
A3	0.3	0.06	0.0	0.00
B1	0.3	0.06	0.0	0.00
B2	0.4	0.09	0.3	0.06
B3	0.3	0.06	0.0	0.00
B4	0.0	0.00	0.0	0.00
B5	0.3	0.06	0.3	0.06
B6	0.3	0.06	0.0	0.00
B7	0.0	0.00	0.0	0.00
B8	0.0	0.00	0.0	0.00
B9	0.3	0.06	0.0	0.00
B10	0.3	0.06	0.0	0.00
B11	0.5	0.10	0.5	0.10
C1	0.0	0.00	0.0	0.00
C2	0.0	0.00	0.0	0.00
C3	0.0	0.00	0.0	0.00

---

① 王艺芳. 我国普惠性学前教育公共服务发展水平的监测研究 [D]. 华东师范大学，2021，123.

② 同上。

（续表）

指标	第一轮		第二轮	
	标准差	变异系数（%）	标准差	变异系数（%）
C4	0.0	0.00	0.0	0.00
C5	0.9	0.22	0.0	0.00
C6	0.3	0.06	0.5	0.10
C7	0.7	0.15	0.3	0.06
C8	0.7	0.16	0.3	0.06
C9	0.9	0.20	0.4	0.09
C10	0.3	0.06	0.0	0.00
C11	0.7	0.16	0.0	0.00
C12	0.4	0.09	0.3	0.06
C13	0.0	0.00	0.3	0.06
C14	0.9	0.20	0.0	0.00
C15	0.6	0.13	0.0	0.00
C16	0.4	0.09	0.0	0.00
C17	0.0	0.00	0.0	0.00
C18	0.5	0.10	0.0	0.00
C19	0.0	0.00	0.0	0.00
C20	0.0	0.00	0.0	0.00
C21	0.0	0.00	0.3	0.06
C22	0.0	0.00	0.0	0.00
C23	0.0	0.00	0.0	0.00
C24	0.7	0.16	0.0	0.00
C25	0.5	0.10	0.0	0.00
C26	0.0	0.00	0.0	0.00
C27	0.0	0.00	0.0	0.00
C28	0.0	0.00	0.0	0.00
C29	0.4	0.09	0.0	0.00

（续表）

指标	第一轮		第二轮	
	标准差	变异系数（%）	标准差	变异系数（%）
C30	0.7	0.14	0.0	0.00
C31	0.6	0.13	0.0	0.00
C32	0.0	0.00	0.0	0.00
C33	0.0	0.00	0.0	0.00
C34	0.0	0.00	0.0	0.00
C35	0.0	0.00	0.0	0.00
C36	0.4	0.09	0.0	0.00
C37	0.0	0.00	0.0	0.00
C38	0.3	0.06	0.0	0.00
C39	0.0	0.00	0.0	0.00
C40	0.0	0.00	0.0	0.00
C41	0.0	0.00	0.0	0.00
C42	0.0	0.00	0.0	0.00
C43	0.3	0.06	0.0	0.00
C44	0.0	0.00	0.0	0.00
C45	0.0	0.00	0.0	0.00
C46	0.3	0.06	0.0	0.00
C47	0.0	0.00	0.0	0.00
C48	0.0	0.00	0.0	0.00
C49	0.5	0.10	0.0	0.00
C50	0.4	0.09	0.3	0.06
C51	0.5	0.10	0.3	0.06
C52	0.5	0.10	0.3	0.06
C53	0.4	0.09	0.0	0.00
C54	0.5	0.11	0.5	0.11
C55			0.5	0.10

第二节　普惠性学前教育政策县域实施效果评价工具的编制与检验

经三轮德尔菲专家咨询修订后，普惠性学前教育政策县域实施效果评价指标体系最终由 3 个一级维度、11 个二级维度和 54 个三级指标构成。以此为依据，本节编制了相应的评价工具。根据数据的可获得性和权威性，评价工具主要包括普惠性学前教育政策县域实施效果政府层面的客观统计数据表和家长、教师等利益相关者的主观满意度调查问卷及深度访谈提纲，旨在综合全面地对县域普惠性学前教育政策的真实实施效果进行多层次、系统的评价，并对利益相关者的主观满意度调查问卷进行信效度、探索因子等分析。

一、普惠性学前教育政策县域实施效果评价工具的编制

编制综合、全面的评价工具是获取真实、可靠的县域普惠性学前教育发展水平的根本前提。根据前面章节的分析与阐述，本研究中评价工具的编制主要包括个案县政府 5 年间（2017—2021）学前教育发展变化的客观统计数据表和家长等利益相关者满意度调查问卷和访谈提纲，都围绕已经设定的指标体系来设计。

（一）政府客观统计量表的编制

统计量表数据年限的设计。为解决学前教育"入园难、入园贵"等问题，国家自 2010 年起大力实施普惠性学前教育，陆续出台各类与学前教育改革和发展相关的政策文件，对县域发展学前教育的目标内容作了具体的规定。尤其是 2018 年颁发的《若干意见》，这是自 1949 年以来，首次以中

共中央、国务院名义专门印发的学前教育工作的政策文件[①]。该文件明确规定了 2020 年和 2035 年学前教育的发展目标，如"到 2020 年，三年毛入园率和普惠园覆盖率分别达 85% 和 80%；到 2035 年，全面普及学前三年教育，为幼儿提供更加普惠、更加优质的学前教育"。因此，本研究意在调查了解《若干意见》颁布前后县域学前教育各项指标数据的变化及发展情况。同时，基于实际的调研时间限制，本研究决定将统计量表统计的数据时间段选取为 2017—2021 年这 5 年。

统计量表内容的设计。普惠性学前教育政策县域实施效果的客观统计量表主要以自编的评价指标体系为参照，围绕普及普惠、保教质量、政府保障 3 个一级维度，学前教育资源总量、普惠园覆盖率等 11 个二级维度，幼儿园总数、在园幼儿总数等 54 个三级指标进行编制，共包含 40 个项目。每个项目的答案都通过具体客观的统计数据呈现。

统计量表调查对象的设计。普惠性学前教育政策县域实施效果客观统计量表的调查对象主要是市、县层面政府中提供普惠性学前教育服务、保障的相关职能部门，包括教育局、财政局等，旨在调查 2017—2021 年 5 年间个案县政府相关部门对市、县政府在普惠性学前教育普及普惠、政府保障等方面的服务变化情况，为后续的政策实施效果分析提供依据。

综合上述分析，本研究将具体的普惠性学前教育政策县域实施效果政府层面的客观统计量表设计如下（表 3-9）：

---

① 顾高燕，张姝玥.中国共产党发展学前教育的百年历程、成就及经验 [J].教育理论与实践，2021，41（31）：29-35.

表 3-9 普惠性学前教育政策县域实施效果客观统计量表（初稿）

一级维度	二级维度	三级指标	2017 年	2018 年	2019 年	2020 年	2021 年
普及普惠	学前教育资源总量	幼儿园总数					
		在园幼儿总数					
		学前三年毛入园率					
	普惠园覆盖率	公办幼儿园数					
		公办园在园幼儿数					
		普惠性民办园数					
		普惠性民办园在园幼儿数					
	小区配套园建设情况	小区配套园数量					
		小区配套办园性质	公办园 所；普惠性民办园 所				
	收费情况	公办园收费标准	（省优园、市优园、合格园） 元/生/月				
		普惠性民办园收费标准	（省优园、市优园、合格园） 元/生/月				
		民办园收费标准	（省优园、市优园、合格园） 元/生/月				
保教质量	办园条件	班级规模	小班 中班 大班 混合班				
		保教人员配备					
		建筑面积					
		活动室面积					
		图书册数					
		玩教具量					
		运动场地面积					
		绿化用地面积					
	师资质量	优质园数量	省优园 个；市优园 个				
		幼儿教师的学历情况	研究生 人，本科 人，专科 人，专科以下 人				
		专任教师职称情况	正高级 人，副高级 人，中级 人，助理级 人，员级 人，未定级 人				

（续表）

一级维度	二级维度	三级指标	2017 年	2018 年	2019 年	2020 年	2021 年
		专任教师持幼师资格证数					
		园长、教师参加培训人次 / 年					
	财政投入	学前教育经费总投入					
		学前教育财政性经费投入					
		生均教育事业经费投入					
		学前教育专项经费投入					
		教师培训经费投入					
		幼儿生均公用经费标准	元 / 年 / 生				
政府保障		普惠性民办园补助标准	元 / 年 / 生				
		企事业单位、高校等社会办幼儿园财政补助标准					
		贫困等特殊家庭的资助标准					
		公办园在编教师的月工资标准					
		公办园非在编教师的月工资标准					
		民办园（包括普惠性民办园）教师的月工资标准					
	师资投入	幼儿园专任教师总数					
		公办园在编教师数					
		公办园教师的各级职称比例					

（二）利益相关者满意度调查问卷的编制

问卷调查的目的。依据第四代评估理论，评估应以"回应"利益相关者的"主张""焦虑""争议"为出发点，只有利益相关者全过程参与政策评估，才能发挥政策实施的最佳效果，在这期间利益相关者之间不断协商、建构[①]，持续优化政策的制度与实施。普惠性学前教育政策县域实施过程，离不开家长、幼儿园园长、教师等利益相关者的互动参与，只有深入了解其对学前教育普及普惠、保教质量、政府保障等多方面政策实施效果的主观感受和实际评价（对普惠性学前教育服务的满意度），才能为政策改革提出新的改进措施和方案。

问卷调查的方式。普惠性学前教育政策县域实施中利益相关者的满意度调查问卷包括基本信息和满意度调查两大部分，基本信息主要包含调查对象个人及孩子或幼儿园的基本情况，满意度调查包括对不同维度指标内容的满意度评分。考虑到数据收集和分析的可操作性，问卷中主要的满意度调查部分采用李克特等级赋分方式，对普惠性学前教育政策县域实施效果各项指标内容的满意度情况进行等级评价（很满意、满意、一般、不满意、很不满意，分别赋值为 5—1 分），旨在了解县域学前教育快速发展的进程中，作为利益相关者的家长、教师对相关学前教育政策的实施效果是否真正感到满意。

问卷调查的内容。自编的普惠性学前教育政策县域实施中利益相关者的满意度调查问卷内容以前面章节建立的评价指标体系为依据，围绕普及普惠、保教质量、政府保障 3 个一级维度，收费情况、办园条件等 11 个二级维度，54 个三级指标进行。家长问卷包括 37 个题目，园长教师问卷包括 39 个题目。

问卷调查的对象。政府的教育行政人员、家长和幼儿园的园长、教师是普惠性学前教育政策县域实施中极其关键和重要的利益相关者，由于本研究以县域为研究单位，教育行政人员的人数较少，故对其的调查主要是通过政府的客观统计数据和一对一的深度访谈进行。因此，本研究的自编问卷主要涉及《普惠性学前教育政策县域实施效果家长满意度调查问卷》和《普惠性学前教育政策县域实施效果教师满意度调查问卷》。

初步编制的《普惠性学前教育政策县域实施效果家长满意度调查问卷》《普惠性学前教育政策县域实施效果教师满意度调查问卷》样例如下所示（表

---

① 孙科技，朱益明. "双一流"建设评估的现实困境及其超越：第四代评估理论视角 [J]. 复旦教育论坛，2021，19（04）：100–106.

3-10、3-11）：

表 3-10　《普惠性学前教育政策县域实施效果家长满意度调查问卷》样例

题项	1	2	3	4	5
1.您对家附近可供选择幼儿园（含公办和民办）数量的满意情况					
2.您对家附近公办幼儿园数量的满意情况					
3.您对接送孩子时间与您上下班时间相匹配的满意情况					
4.您对孩子所在幼儿园离家距离远近的满意情况					
……					

1 很不满意；2 不满意；3 一般满意；4 满意；5 很满意

表 3-11　《普惠性学前教育政策县域实施效果教师满意度调查问卷》样例

题项	1	2	3	4	5
1.您对本地区可供选择幼儿园（含公办和民办）数量的满意情况					
2.您对本地区公办幼儿园和普惠性民办园数量的满意情况					
3.您对本地区政府缓解幼儿园入园难问题的满意情况					
4.您对所在区域小区配套园建设的满意情况					
……					

1 很不满意；2 不满意；3 一般满意；4 满意；5 很满意

（三）利益相关者访谈提纲的编制

访谈的目的。访谈是通过与相关调查对象进行深入交流获取研究资料的质性研究方法之一。普惠性学前教育政策县域实施效果的调查研究除了通过政府的客观数据统计和家长等利益相关者的满意度调查，还需要与利益相关者就相关调查维度进行深入访谈，一是可以更好地验证统计数据和问卷的调查结果，相互佐证、相互支持；二是有助于研究的进一步深入，为县域学前教育的可持续发展提供改革依据。如：政府在加大对学前教育经费的投入过程中，家长、教师等利益相关者在实践中能够成为受益者，但经费投入的结构、使用的效率是否科学合理、是否均衡分配等，就需要通过系列访谈来进一步了解投入的经费在使用过程中的相关问题和建议。

访谈的内容。访谈之前需要编制访谈提纲，本研究中的访谈提纲内容主要以普及普惠、保教质量、政府保障3个一级维度和11个二级维度、54个三级指标为依据，结合不同的访谈调查对象编制围绕指标体系的访谈内容。其中，政府行政人员访谈提纲包括5道题，教育行政人员访谈提纲包括9道题，园长、教师访谈提纲包括7道题，家长访谈提纲包括7道题。

访谈的对象。依据第四代评估理论，本研究中的访谈对象主要包括个案县政府、教育行政人员及园长、教师、家长等不同利益相关者，对其实施半结构式访谈，包括一对一和座谈等形式，主要围绕访谈提纲了解当前县域普惠性学前教育政策实施的效果，包括政策落实现状如何、存在哪些问题、影响政策实施效果的因素有哪些和期望的改进方向等。

初步编制的《普惠性学前教育政策县域实施效果教育行政人员访谈提纲》《普惠性学前教育政策县域实施效果园长、教师访谈提纲》《普惠性学前教育政策县域实施效果家长访谈提纲》等样例如下所示：

《普惠性学前教育政策县域实施效果教育行政人员访谈提纲》样例

1.县里县域学前教育普及普惠督导评估启动情况？

2.目前县里学前教育发展取得哪些成绩？ 2010年以来有哪些变化？（普及普惠、保教质量、政府保障等方面）

……

《普惠性学前教育政策县域实施效果园长、教师访谈提纲》样例

1.对国家普惠性学前教育政策和县域学前教育普及普惠督导评估的了解情况如何？

2.您所在幼儿园在政府经费投入、办园条件、教师队伍建设等方面发展现状如何？ 还有哪些困难？

3.2010年以来幼儿园发展取得哪些成绩？最大的支持和保障因素是什么？

……

《普惠性学前教育政策县域实施效果家长访谈提纲》样例

1. 目前您的孩子在哪个学段？您是否听过或者知道普惠性学前教育？您的孩子得到过哪些政策资助与扶持？

2. 您当初基于什么原因选择孩子现在就读的幼儿园？

3. 您孩子幼儿园的学费是多少？您觉得收费高吗？

……

《普惠性学前教育政策县域实施效果政府行政人员访谈提纲》样例

1. 2010 年以来县、镇（街道）学前教育发展取得哪些成绩？政府具体采取了哪些举措？（普及普惠、保教质量、政府保障等方面）

2. 县、乡镇（街道）对学前教育发展布局专项规划有哪些？

3. 县、乡镇（街道）政府与县政府、教育局等上级政府部门的沟通协调机制如何？内部各部门之间的沟通协调情况又是怎么样？

……

二、普惠性学前教育政策县域实施效果评价工具的检验

普惠性学前教育政策县域实施效果相关评价工具编制完成后，需要对其进行试测、检验、修订，确保评价工具的科学性，从而在正式实证调查中获取科学、有效的调查信息。

（一）客观统计量表的检验

在正式调查收集数据之前，研究者与教育行政等相关部门工作人员就客观统计量表的内容进行了逐题分析，秉着 5 年调查数据的真实、有效原则，对相关数据调查的内容进行了微调，如：个案县截至 2021 年没有对玩教具的数量进行过专门统计，也没有企事业单位、高校等社会办幼儿园，且没有设置专门的学前教育专项经费。因此，决定将这三项统计内容予以删除，具体如下（表 3-12）：

表 3-12　普惠性学前教育政策县域实施效果的客观统计量表（定稿）

一级维度	二级维度	三级指标	2017 年	2018 年	2019 年	2020 年	2021 年
普及普惠	学前教育资源总量	幼儿园总数					
		在园幼儿总数					
		学前三年毛入园率					
	普惠园覆盖率	公办幼儿园数					
		公办园在园幼儿数					
		普惠性民办园数					
		普惠性民办园在园幼儿数					
	小区配套园建设情况	小区配套园数量					
		小区配套办园性质	公办园　所；普惠性民办园　所				
	收费情况	公办园收费标准	（省优园、市优园、合格园）　元 / 生 / 月				
		普惠性民办园收费标准					
		民办园收费标准					
保教质量	办园条件	班级规模	县城班级　个，乡镇班级　个				
		保教人员配备	专任教师和保育员数量				
		建筑面积					
		活动室面积					
		图书册数					
		运动场地面积					
		绿化用地面积					
		优园数量	省优园　个；市优园　个				
	师资质量	幼儿教师的学历情况	研究生　人，本科　人，专科　人，专科以下　人				
		专任教师职称情况	正高级　人，副高级　人，中级　人，助理级　人，员级　人，未定级　人				

（续表）

一级维度	二级维度	三级指标	2017 年	2018 年	2019 年	2020 年	2021 年
		专任教师持幼师资格证数					
		园长、教师参加培训人次 / 年					
	财政投入	学前教育经费总投入					
		学前教育财政性经费投入					
		生均教育事业经费投入					
		教师培训经费投入					
		幼儿生均公用经费标准			元 / 年 / 生		
政府保障		普惠性民办园补助标准			元 / 年 / 生		
		贫困等特殊家庭的资助标准					
		公办园在编教师的月工资标准					
		公办园非在编教师的月工资标准					
		民办园（包括普惠性民办园）教师的月工资标准					
	师资投入	幼儿园专任教师总数					
		公办园在编教师数					
		公办园教师的各级职称比例					

（二）利益相关者满意度调查问卷的检验与修订

研究者对初步编制完成的《普惠性学前教育政策县域实施效果满意度调查问卷》（家长和教师）分别进行了试测。《普惠性学前教育政策县域实施效果家长满意度调查问卷》的题数为 37 道，《普惠性学前教育政策县域实施效果教师满意度调查问卷》的题数为 39 道，采用问卷星的方式进行试测调查，问卷向全国发放，最终收到江苏、甘肃、上海、湖北、西藏、浙江等地家长和教师问卷各 862 份和 512 份。在删除答题时间小于 100 秒、答题不全以及答案重复率过高的问卷后，最终获得家长有效问卷 800 份，教师有效问卷 466 份，有效回收率分别为 92.8% 和 91%，均符合试测调查的样本数量和数据分析要求。

试测结束后，研究者对回收的《普惠性学前教育政策县域实施效果满意度调查问卷》（家长和教师）分别进行项目、探索性因素和验证性因素分析，并根据检验结果对具体题项进行修订，最终对修订后的两份问卷分别进行信度和效度检验，以确保最终测评问卷科学可靠。

1. 项目分析

项目分析是检验问卷各题项是否适切和可靠的重要方法，也是对个别题项进行筛选或修订的重要依据[①]。项目分析又称区分度分析，其目的在于研究数据是否可以有效地区分出高低水平，从而评价某个具体题项的好坏。本研究对试测的《普惠性学前教育政策县域实施效果满意度调查问卷》（家长和教师）分别进行高低分组，并计算各题项总分值，总分排名前 27% 的样本为高分组，排名后 27% 的样本为低分组[②]。

运用独立样本 t 检验来检验高低分组在各题目分数的平均值，最终得出是否存在显著差异（$p < 0.05$）及 t 值。若呈显著性，则表明该题目具有鉴

---

① 吴明隆．问卷统计分析实务——SPSS 操作与应用 [M]．重庆：重庆大学出版社，2010：158；
　　徐峰．高职辅导员职业能力评价与提升策略研究 [D]．华东师范大学，2022．

② 吴明隆．问卷统计分析实务——SPSS 操作与应用 [M]．重庆：重庆大学出版社，2010：160．

别度，应保留①；反之，则说明题项无区分度，应删除②。当 $t \geq 3$，说明题目鉴别力良好，应保留；当 $t < 3$，说明鉴别力较差，则应删除③。

《普惠性学前教育政策县域实施效果满意度调查问卷》（家长和教师）的高低分组的检验结果如表 3-13、3-14 所示，包括每题高分组和低分组的平均值、标准差和独立样本 t 值。以《普惠性学前教育政策县域实施效果家长满意度调查问卷》的 Q1 为例，高分组在该题得分的平均值为 4.39、标准差为 0.79；低分组的平均值为 2.98、标准差为 0.84。两个组别的个案数相等，均为 216。此时 t 值为 18.04，满足 $t \geq 3$，说明鉴别力良好，应保留 Q1。以此类推，可知两份问卷所有题目的 t 值均远超过 3.00，$p < 0.001$，说明所有题目都具有较好的鉴别力，均不用调整④。

表 3-13 《普惠性学前教育政策县域实施效果家长满意度调查问卷》
高分组与低分组 t 检验结果

题项	高分组 (n=216)	低分组 (n=216)	t	题项	高分组 (n=216)	低分组 (n=216)	t
Q1	4.39±0.79	2.98±0.84	18.04	Q20	4.91±0.28	3.61±0.65	26.89
Q2	4.06±1.03	2.57±0.91	15.92	Q21	4.91±0.28	3.56±0.63	28.85
Q3	4.00±0.91	2.88±0.88	13.00	Q22	4.89±0.34	3.47±0.65	28.64
Q4	4.49±0.77	3.49±0.88	12.55	Q23	4.92±0.27	3.44±0.60	33.25
Q5	4.14±0.98	2.75±0.87	15.59	Q24	4.90±0.33	3.51±0.65	28.26
Q6	4.46±0.66	3.18±0.81	18.11	Q25	4.92±0.27	3.60±0.65	27.43
Q7	4.84±0.44	3.45±0.75	23.50	Q26	4.87±0.39	3.41±0.64	28.54
Q8	4.62±0.78	3.29±0.76	17.99	Q27	4.91±0.28	3.38±0.62	32.99
Q9	4.91±0.29	3.72±0.68	23.56	Q28	4.91±0.28	3.48±0.63	30.34

① 高倩.中学物理教师教学反思能力评价指标体系构建及应用研究 [D].西南大学，2022.
② 付畅.基于使用者需求的通辽地区中学校园景观设计研究 [D].沈阳农业大学，2020.
③ 邱皓政.量化研究与统计分析 –SPSS 中文视窗版数据分析范例解析 [M].重庆：重庆大学出版社，2009：301.
④ 王艺芳.我国普惠性学前教育公共服务发展水平的监测研究 [D].华东师范大学，2021，134.

（续表）

题项	高分组 （n=216）	低分组 （n=216）	t	题项	高分组 （n=216）	低分组 （n=216）	t
Q10	4.91±0.29	3.58±0.67	26.65	Q29	4.89±0.31	3.51±0.60	30.05
Q11	4.82±0.41	3.30±0.66	28.93	Q30	4.94±0.24	3.40±0.62	33.91
Q12	4.72±0.59	3.05±0.65	27.96	Q31	4.95±0.22	3.33±0.61	36.61
Q13	4.85±0.41	3.31±0.57	32.19	Q32	4.91±0.32	3.38±0.62	32.35
Q14	4.88±0.33	3.23±0.62	34.80	Q33	4.91±0.32	3.53±0.60	29.73
Q15	4.94±0.25	3.67±0.67	26.17	Q34	4.70±0.53	3.05±0.71	27.56
Q16	4.96±0.19	3.60±0.68	28.30	Q35	4.69±0.55	3.01±0.67	28.61
Q17	4.90±0.32	3.37±0.80	26.02	Q36	4.65±0.63	2.92±0.77	25.64
Q18	4.95±0.21	3.72±0.69	24.98	Q37	4.66±0.61	2.92±0.74	26.58
Q19	4.80±0.50	3.56±0.67	21.64				

表 3-14　《普惠性学前教育政策县域实施效果教师满意度调查问卷》
高分组与低分组 t 检验结果

题项	高分组 （n=125）	低分组 （n=125）	t	题项	高分组 （n=125）	低分组 （n=125）	t
T1	4.97±0.22	3.17±0.82	23.71	T21	5.00±0.00	3.42±0.72	24.58
T2	4.98±0.15	3.16±0.85	23.61	T22	5.00±0.00	3.42±0.71	24.97
T3	4.98±0.13	3.28±0.81	23.26	T23	5.00±0.00	3.43±0.80	22.01
T4	4.98±0.13	3.15±0.85	23.77	T24	5.00±0.00	3.34±0.75	24.61
T5	4.98±0.13	3.39±0.87	20.25	T25	5.00±0.00	3.26±0.78	24.75
T6	4.98±0.15	3.22±0.84	23.09	T26	5.00±0.00	3.32±0.74	25.52
T7	4.97±0.36	3.15±0.97	19.68	T27	5.00±0.00	3.38±0.74	24.48
T8	4.99±0.09	3.24±0.78	25.06	T28	5.00±0.00	3.38±0.74	24.48
T9	4.96±0.30	3.10±0.87	22.61	T29	5.00±0.00	3.38±0.73	24.85
T10	4.98±0.13	3.24±0.80	24.16	T30	4.79±0.41	3.54±0.76	16.33

（续表）

题项	高分组 （n=125）	低分组 （n=125）	t	题项	高分组 （n=125）	低分组 （n=125）	t
T11	5.00±0.00	3.28±0.82	23.48	T31	4.75±0.43	3.58±0.68	16.39
T12	4.99±0.09	3.30±0.84	22.47	T32	4.74±0.44	3.62±0.66	15.80
T13	4.98±0.13	3.23±0.79	24.35	T33	4.77±0.42	3.59±0.67	16.53
T14	4.99±0.09	3.26±0.79	24.35	T34	4.74±0.44	3.61±0.63	16.49
T15	4.98±0.13	3.34±0.79	22.96	T35	4.86±0.35	3.10±0.86	21.08
T16	4.98±0.13	3.02±0.67	32.19	T36	4.99±0.09	2.76±0.81	30.73
T17	5.00±0.00	3.08±0.75	28.74	T37	4.95±0.22	3.41±0.79	20.99
T18	4.98±0.18	3.17±0.69	28.39	T38	5.00±0.00	3.42±0.77	22.87
T19	5.00±0.00	3.21±0.74	26.94	T39	5.00±0.00	3.18±0.70	29.00
T20	5.00±0.00	3.38±0.76	23.78				

2. 因素分析

因素分析涵盖探索性和验证性因素分析两部分，探索性因素分析主要通过数据运算将多个因素合并为少数几个因素[1]，验证性因素分析主要是确认数据模型是否与研究者的预期一致[2]。本研究将全部样本数据进行了分半处理，一半数据用于探索性因素分析获得因子结构，另一半数据进行验证性因素分析[3]。

（1）家长问卷分析

①因素分析适切性检验

为了验证量表是否适合做因素分析，首先要对其取样适切性量数 KMO

---

① 邵志芳. 心理统计学第 2 版 [M]. 北京：中国轻工业出版社，2012：382.
② 邱皓政. 结构方程模型的原理与应用 [M]. 北京：中国轻工业出版社，2009：92；
王艺芳，姜勇. 普惠性学前教育公共服务监测模型与指标的构建——基于"以人民为中心"的视角 [J]. 学前教育研究，2021，（07）：41-57.
③ 杨丹. 探索性因子分析与验证性因子分析比较研究 [C]// 全国统计科学讨论会.2005；
王艺芳. 我国普惠性学前教育公共服务发展水平的监测研究 [D]. 华东师范大学，2021，138.

值进行判断，当 KMO 值 ≥ 0.9 时，则表示很适合做因素分析；而当 KMO 值 < 0.6 时，则表示不适合[1]。对《普惠性学前教育政策县域实施效果家长满意度调查问卷》中的 37 道题进行探索性因素分析，得出 KMO 系数为 0.971，巴特利特（Bartlett）球形检验的 x^2 值为 18715.476（自由度为 666），达显著（< 0.001），表明家长问卷的数据样本非常适宜做因素分析（见表 3-15）。

表 3-15 《普惠性学前教育政策县域实施效果家长满意度调查问卷》
KMO 和巴特利特检验结果

KMO 取样适切性量数		0.971
巴特利特球形度检验	近似卡方	18715.476
	自由度	666
	显著性	.000

②探索性因子分析

因子抽取与旋转。探索性因素分析主要运用主成分分析方法，对原变量进行初步因子结构分析[2]。主要依据 5 个标准来确定因素数目：（1）因子特征值大于等于 1[3]；（2）因子符合陡坡图检验法；（3）因子的方差解释率；（4）每个因子包含 3 个及以上题项[4]；（5）因子较好命名。从表 3-16 中选取了《普惠性学前教育政策县域实施效果家长满意度调查问卷》特征值大于 1 的因子，结合陡坡图（图 3-1）和方差累积贡献率可知，量表可以抽取 4 个因子，其方差累积解释率为 75.482%（社科领域公共因素累积解释贡献率在 60% 以上，即可认为可靠）。[5]

① 吴明隆.问卷统计分析实务 –SPSS 操作与应用 [M].重庆：重庆大学出版社，2010：181.
② 同上。
③ 陈云凤.中学生学习责任心与学习成绩的关系研究 [D].宁波大学，2011.
④ 张国华，雷雳，王薇.青少年乐观的因素结构及特点分析 [J].心理研究，2015，8（03）：51-56，67.
⑤ 吴明隆.问卷统计分析实务 –SPSS 操作与应用 [M].重庆：重庆大学出版社，2010：199；
王艺芳.我国普惠性学前教育公共服务发展水平的监测研究 [D].华东师范大学，2021，139.

表 3-16　《普惠性学前教育政策县域实施效果家长满意度调查问卷》总方差解释

成分	初始特征值			提取载荷平方和			旋转载荷平方和		
	总计	方差%	累积%	总计	方差%	累积%	总计	方差%	累积%
1	22.649	61.213	61.213	22.649	61.213	61.213	12.894	34.850	34.850
2	2.723	7.359	68.572	2.723	7.359	68.572	5.565	15.039	49.889
3	1.433	3.873	72.445	1.433	3.873	72.445	4.787	12.938	62.827
4	1.124	3.038	75.482	1.124	3.038	75.482	4.682	12.655	75.482

提取方法：主成分分析法。

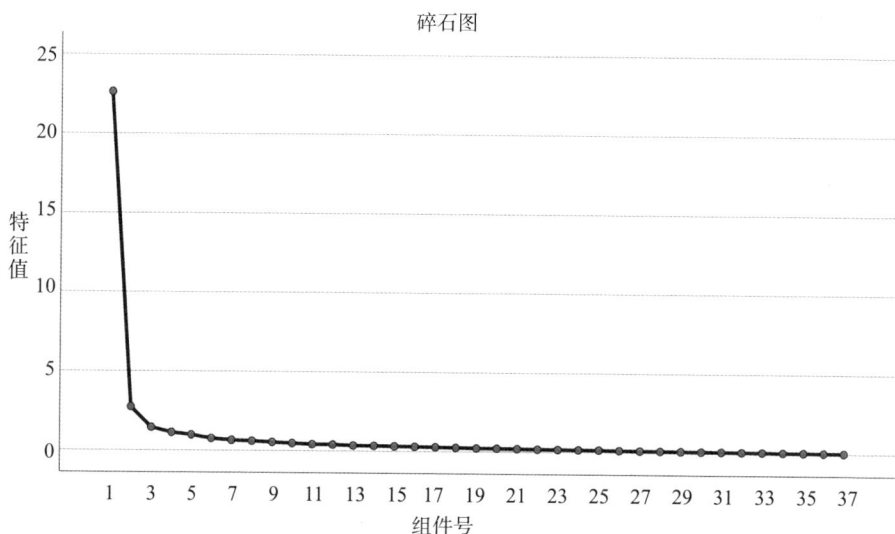

图 3-1　《普惠性学前教育政策县域实施效果家长满意度调查问卷》陡坡图

　　因子取舍与命名。因素分析结果显示（表 3-17），各题项均在单个因子上载荷系数较高，因此暂时不用删题。其中，因子 1 包括题项 Q15、Q18、Q16、Q20、Q22、Q21、Q17、Q23、Q25、Q33、Q29、Q30、Q19、Q24、Q32、Q28、Q31、Q27、Q26、Q10、Q9、Q7；因子 2 包括题项 Q12、Q13、Q11、Q14、Q8；因子 3 包括题项 Q35、Q36、Q34、Q37；因子 4 包括题项 Q5、Q4、Q2、Q1、Q3、Q6。

　　本研究维度因子命名主要遵循两个标准：（1）参考负荷值高的题项内涵；（2）根据因子内各题项的内涵特征①。第一个维度因子的方差解释率为34.85%，所包含的22个因素负荷介于0.615—0.865之间，全部是来自保教质量维度的题项，主要指向师资质量、保教水平，故依旧将维度因子命名为保教质量；第二个维度因子的方差解释率为15.039%，所包含的5个因素负荷介于0.502—0.703之间，主要指向办园条件内容，也是来自保教质量维度，依然命名为保教质量。同时根据维度因子命名标准，第一维度因子和第二个维度因子指向的内容师资质量、保教水平、办园条件都属于保教质量，故将其合并为一个维度，命名为保教质量；第三个维度因子的方差解释率为12.938%，所包含的4个因素负荷介于0.77—0.793之间，来自政府保障维度，故依旧将维度因子命名为政府保障；第四个维度因子的方差解释率为12.655%，所包含的6个因素负荷介于0.541—0.763之间，来自普及普惠维度，主要指向学前教育资源总量、普惠园覆盖率、小区配套园情况，因此维度因子依旧命名为普及普惠。综上分析，本研究维度因子包括3个，命名分别是普及普惠、保教质量和政府保障三个维度。

　　在数据分析的基础上，本研究还邀请了同门的2名学前教育方向博士生和4名学前教育专业硕士生对数据分析结果进行了小组讨论，对《普惠性学前教育政策县域实施效果家长满意度调查问卷》的题目和选项进行逐题协商，删除有争议、歧义、不合主观因素构想的题目后，最后确定Q1、Q2、Q3、Q4、Q5为维度一普及普惠水平；Q12、Q19、Q23、Q25、Q28、Q29、Q30、Q32、Q33为维度二保教质量水平；Q34、Q35、Q36、Q37为维度三政府保障水平。

---

① 高永金，王晓庆，张瑜.初中生数学焦虑量表的编制 [J].中小学心理健康教育，2009（01）：17-19.

表 3-17 《普惠性学前教育政策县域实施效果家长满意度调查问卷》
探索性因素分析结果

	成分			
	1	2	3	4
Q15	.865			
Q18	.861			
Q16	.844			
Q20	.784			
Q22	.775			
Q21	.763			
Q17	.763			
Q23	.744			
Q25	.724			
Q33	.720			
Q29	.705			
Q30	.689			
Q19	.688			
Q24	.675			
Q32	.658			
Q28	.655			
Q31	.653			
Q27	.638			
Q26	.629			
Q10	.628			
Q9	.626			
Q7	.615			
Q12		.703		
Q13		.691		

（续表）

	成分			
	1	2	3	4
Q11		.682		
Q14		.660		
Q8		.502		
Q35			.793	
Q36			.777	
Q34			.772	
Q37			.770	
Q5				.763
Q4				.761
Q2				.730
Q1				.716
Q3				.704
Q6				.541

提取方法：主成分分析法。
旋转方法：凯撒正态化最大方差法。
a. 旋转在 7 次迭代后已收敛。

③验证性因子分析

验证性因素分析主要是为了确认量表因素结构的模型[①]。通过前面探索性因子分析结果可知，《普惠性学前教育政策县域实施效果家长满意度调查问卷》共有 3 个因子，由 18 个变量数构成。其中，普及普惠维度包含 5 个题、保教质量维度包含 9 个题、政府保障维度包含 4 个题，样本数 400 个，符合验证性因子分析基本数据要求（表 3-18）。

---

① 吴明隆. 结构方程模型：AMOS 的操作与应用 [M]. 重庆：重庆大学出版社，2009：212.

表 3-18 《普惠性学前教育政策县域实施效果家长满意度调查问卷》
验证性因子样本信息

因子	数量
普及普惠水平	5
保教质量水平	9
政府保障水平	4
汇总	18
分析样本量	400

利用 Amos23.0 软件计算拟合指数和各路径系数的参数估计发现：各题项的标准化因子载荷系数取值在 0.636—0.986 之间，都＞0.6，且都达到了显著水平（表 3-19），可见《普惠性学前教育政策县域实施效果家长满意度调查问卷》的因子结构良好。[1]

表 3-19 《普惠性学前教育政策县域实施效果家长满意度调查问卷》
模型因子载荷系数

因子	变量	非标准载荷系数	标准化载荷系数	z	S.E.	P
普及普惠水平	Q1	1	0.846	—	—	—
	Q2	1.098	0.827	19.138	0.057	＜ 0.001***
	Q3	0.77	0.636	13.53	0.057	＜ 0.001***
	Q4	0.729	0.648	13.834	0.053	＜ 0.001***
	Q5	0.981	0.78	17.704	0.055	＜ 0.001***
保教质量水平	Q12	1	0.71	—	—	—
	Q19	0.829	0.702	13.897	0.06	＜ 0.001***
	Q23	1.007	0.894	17.741	0.057	＜ 0.001***
	Q25	0.952	0.87	17.27	0.055	＜ 0.001***
	Q28	1.03	0.909	18.048	0.057	＜ 0.001***
	Q29	1.013	0.942	18.699	0.054	＜ 0.001***
	Q30	1.098	0.933	18.523	0.059	＜ 0.001***
	Q32	1.074	0.905	17.96	0.06	＜ 0.001***
	Q33	0.985	0.901	17.881	0.055	＜ 0.001***

[1] 王艺芳，姜勇. 普惠性学前教育公共服务监测模型与指标的构建——基于"以人民为中心"的视角 [J]. 学前教育研究，2021（07）：41-57.

（续表）

因子	变量	非标准载荷系数	标准化载荷系数	z	S.E.	P
政府保障水平	Q34	1	0.969	—	—	—
	Q35	1.024	0.986	61.959	0.017	< 0.001***
	Q36	1.009	0.897	35.6	0.028	< 0.001***
	Q37	1.006	0.882	33.332	0.03	< 0.001***

注：***、**、* 分别代表 1%、5%、10% 的显著性水平

　　本研究采用拟合程度指标对模型进行了评价，其中，x^2/df 值越小，表示模型拟合效果越好；当其小于 5 时，则表明拟合效果可以接受。在实际研究中，若大多数指标拟合效果较好，则可认为该模型较为合理[①]。通过《普惠性学前教育政策县域实施效果家长满意度调查问卷》的模型拟合指数表可知，本研究中 x^2/df 为 3.842，残差 RMSEA 的值为 0.084，CFI 的值为 0.953，IFI 的值为 0.953，TLI 的值为 0.945（见表 3–20）。

表 3–20　《普惠性学前教育政策县域实施效果家长满意度调查问卷》模型拟合指数

x^2	df	x^2/df	GFI	IFI	TLI	CFI	RMSEA
507.193	132	3.842	0.876	0.953	0.945	0.953	0.084

　　验证性因素分析的结果表明，由普及普惠水平、保教质量水平、政府保障水平三个维度构成的《普惠性学前教育政策县域实施效果家长满意度调查问卷》具有较好的结构效度，符合统计学要求。

---

① 王艺芳. 我国普惠性学前教育公共服务发展水平的监测研究 [D]. 华东师范大学，2021，145.

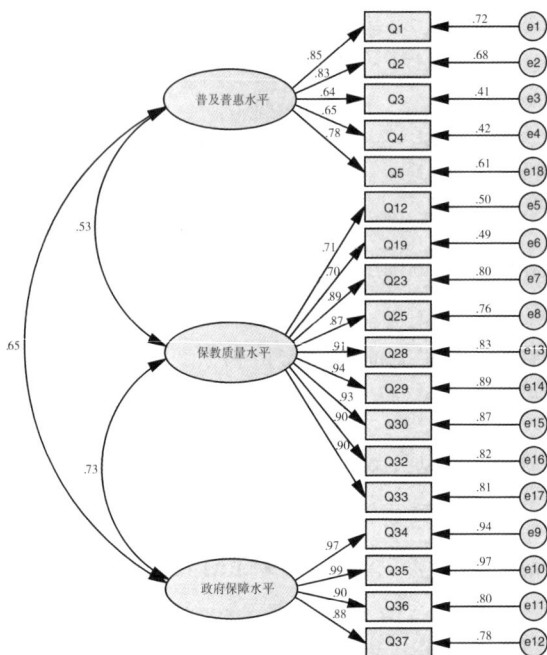

图 3-2 《普惠性学前教育政策县域实施效果家长满意度调查问卷》
验证性因素分析标准化结果

（2）教师问卷分析

①因素分析适切性检验

在对《普惠性学前教育政策县域实施效果教师满意度调查问卷》中的
39题进行探索性因素分析后，得出 KMO 系数为 0.958，巴特利特（Bartlett）
球形检验 x^2 值为 18071.035（自由度为 741），达显著（＜0.05），表明教师
问卷的数据适宜作因素分析（表 3-21）。

表 3-21 《普惠性学前教育政策县域实施效果教师满意度调查问卷》
KMO 和巴特利特检验结果

KMO 取样适切性量数		.958
巴特利特球形度检验	近似卡方	18071.035
	自由度	741
	显著性	.000

②探索性因子分析

因子抽取与旋转。本部分采用主成分分析法通过提取变量中的共同因子,与因子特征值≥1、碎石图和方差解释率相结合来确定保留因子的数量。从表3-22中选取了特征值>1的4个因子,方差累积率为86.057%(>60%)。

表3-22 《普惠性学前教育政策县域实施效果教师满意度调查问卷》总方差解释

成分	初始特征值			提取载荷平方和			旋转载荷平方和		
	总计	方差%	累积%	总计	方差%	累积%	总计	方差%	累积%
1	28.767	73.762	73.762	28.767	73.762	73.762	13.907	35.658	35.658
2	2.196	5.632	79.394	2.196	5.632	79.394	7.172	18.391	54.049
3	1.448	3.713	83.107	1.448	3.713	83.107	6.879	17.638	71.687
4	1.151	2.950	86.057	1.151	2.950	86.057	5.605	14.371	86.057

提取方法:主成分分析法。

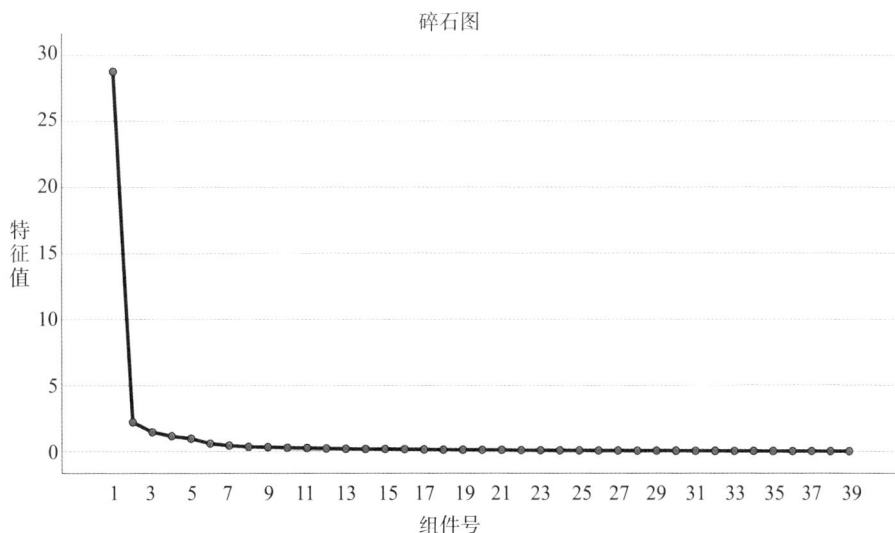

图3-3 《普惠性学前教育政策县域实施效果教师满意度调查问卷》陡坡图

　　因子取舍与命名。参照《普惠性学前教育政策县域实施效果教师满意度调查问卷》因素分析的结果，在确定抽取的因素之后，依据如下原则对题项进行了取舍：（1）逐一删题并反复进行因子分析，直到出现理想的因子结构；（2）删除在两因子上均具有较高负荷的题项（大于 0.5）；（3）删除单个因子上题项过少的题（小于 3 个）；（4）删除无法合理解释及归属欠妥的题项。最终删除了 T11、T13、T10、T12、T38、T9、T17、T5、T16；T36、T35；T39 等题项，剩余 3 个因子，即因子 1 包括题项 T24、T23、T25、T20、T21、T22、T27、T28、T26、T15、T29、T19、T14、T18、T8、T7；因子 2 包括题项 T1、T2、T3、T6、T4；因子 3 包括题项 T31、T32、T34、T33、T30、T37（见表 3-23）。

　　依据前面所述维度因子命名的两个标准，且在因子取舍中，第 4 个因子中因题项过少不符合保留标准予以删除。第一个维度因子的方差解释率为 35.658%，所包含的 16 个因素负荷介于 0.565—0.815 之间，全部是来自保教质量维度的题项，主要指向师资质量、保教水平，故依旧将维度因子命名为保教质量；第二个维度因子的方差解释率为 18.391%，所包含的 5 个因素负荷介于 0.779—0.821 之间，全部是来自普及普惠维度，主要指向学前教育资源总量、普惠园覆盖率、小区配套园情况，故依然命名为普及普惠；第三个维度因子的方差解释率为 14.371%，所包含的 6 个因素负荷介于 0.511—0.882 之间，来自政府保障维度，主要指向财政投入，因此维度因子依旧命名为政府保障。综上分析，本研究维度因子包括 3 个，命名分别是普及普惠、保教质量和政府保障三个维度。

　　依据师门内部小组讨论，对《普惠性学前教育政策县域实施效果教师满意度调查问卷》的题目和选项进行最终商定，最后确定 T1、T2、T3、T4、T6 为维度一普及普惠水平；T23、T18、T15、T14、T8 为维度二保教质量水平；T30、T31、T32、T33、T37 为维度三政府保障水平。

表 3-23 《普惠性学前教育政策县域实施效果教师满意度调查问卷》
探索性因素分析结果

题项	成分		
	1	2	3
T24	.815		
T23	.795		
T25	.787		
T20	.784		
T21	.782		
T22	.782		
T27	.778		
T28	.762		
T26	.761		
T15	.760		
T29	.755		
T19	.729		
T14	.718		
T18	.696		
T8	.650		
T7	.565		
T1		.821	
T2		.804	
T3		.804	
T6		.784	
T4		.779	
T31			.882
T32			.866
T34			.800

（续表）

题项	成分		
	1	2	3
T33			.796
T30			.775
T37			.511

提取方法：主成分分析法。
旋转方法：凯撒正态化最大方差法。
a. 旋转在 7 次迭代后已收敛。

③验证性因子分析

依据前面探索性因子分析结果，《普惠性学前教育政策县域实施效果教师满意度调查问卷》共有 3 个因子，15 个变量。其中，普及普惠维度包含 5 个题、保教质量维度包含 5 个题、政府保障维度包含 5 个题，样本数 233 个，满足验证性因子分析基本数据要求（表 3-24）。将三个维度进行验证性因子分析，共有因子数 3 个，变量数 15 个，样本数 233 个，满足验证性因子分析基本数据要求（见图 3-4）。

表 3-24 《普惠性学前教育政策县域实施效果教师满意度调查问卷》
验证性因子样本信息

因子	数量
普及普惠水平	5
保教质量水平	5
政府保障水平	5
汇总	15
分析样本量	233

研究利用 Amos23.0 软件计算拟合指数和各路径系数的参数估计。结果发现：各题项的标准化因子载荷系数取值在 0.634—0.989 之间，都＞0.6，

且都达显著水平（表 3-25），表明《普惠性学前教育政策县域实施效果教师问卷》的因子结构良好。

表 3-25　《普惠性学前教育政策县域实施效果教师满意度调查问卷》
模型因子载荷系数

因子	变量	非标准载荷系数	标准化载荷系数	z	S.E.	P
普及普惠水平	T1	1	0.974	—	—	—
	T2	0.996	0.971	44.152	0.023	< 0.001***
	T3	0.93	0.953	38.279	0.024	< 0.001***
	T4	0.99	0.943	35.585	0.028	< 0.001***
	T6	0.942	0.938	34.547	0.027	< 0.001***
保教质量水平	T23	1	0.917	—	—	—
	T18	1.068	0.898	22.961	0.047	< 0.001***
	T15	1.069	0.968	29.514	0.036	< 0.001***
	T14	1.106	0.954	27.981	0.04	< 0.001***
	T8	1.004	0.882	21.806	0.046	< 0.001***
政府保障水平	T30	1	0.870	—	—	—
	T31	1.041	0.989	25.663	0.041	< 0.001***
	T32	0.996	0.975	24.763	0.04	< 0.001***
	T33	1.002	0.853	18.178	0.055	< 0.001***
	T37	0.882	0.634	11.26	0.078	< 0.001***

注：***、**、* 分别代表 1%、5%、10% 的显著性水平

通过《普惠性学前教育政策县域实施效果教师满意度调查问卷》模型拟合指数表可知，本研究的 x^2/df 值为 4.773，残差 RMSEA 值为 0.082，CFI 值为 0.940，IFI 值为 0.940，TLI 值为 0.928（见表 3-26）。

表 3-26　《普惠性学前教育政策县域实施效果教师满意度调查问卷》模型拟合指数

x^2	df	x^2/df	GFI	IFI	TLI	CFI	RMSEA
415.273	87	4.773	0.802	0.940	0.928	0.940	0.082

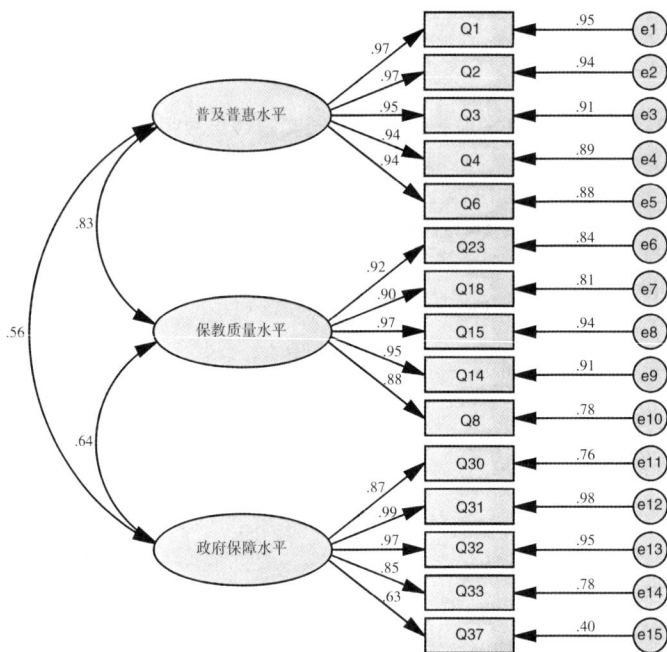

图 3-4　《普惠性学前教育政策县域实施效果教师满意度调查问卷》
验证性因素分析标准化结果

综上，验证性因子分析结果表明，由普及普惠水平、保教质量水平、政府保障水平三个维度构成的《普惠性学前教育政策县域实施效果教师满意度调查问卷》具有较好的结构效度。

3. 信度检验

运用 SPSS 软件对试测问卷数据分析得出，《普惠性学前教育政策县域实施效果家长满意度调查问卷》的整体克隆巴赫系数为 0.951，普及普惠、保教质量、政府保障三个维度内部一致性系数分别为 0.866、0.961、0.966（表3-27）；《普惠性学前教育政策县域实施效果教师满意度调查问卷》的整体系数是 0.972，三个维度内部一致性系数分别为 0.981、0.966、0.931（表 3-28），说明用于试测的《普惠性学前教育政策县域实施效果满意度调查问卷》（家长和教师）的信度都非常高。

表 3-27　《普惠性学前教育政策县域实施效果家长满意度调查问卷》信度分析

因子	克隆巴赫系数	项数
普及普惠水平	.866	5
保教质量水平	.961	9
政府保障水平	.966	4
总量表	.951	18

表 3-28　《普惠性学前教育政策县域实施效果教师满意度调查问卷》信度分析

因子	克隆巴赫系数	项数
普及普惠水平	.981	5
保教质量水平	.966	5
政府保障水平	.931	5
总量表	.972	15

4. 效度检验

聚合效度和区分效度是判断量表结构效度的重要指标。

（1）聚合效度

聚合效度主要用来判断量表中测量同一因子的题项是否彼此聚合。题项间的组合信度是判断聚合效度的指标之一；题项间的组合信度在 0—1 之间，若组合信度＞0.7，则表明量表中测量该因子的题项彼此聚合[1]。通过表 3-29、3-30 可见，《普惠性学前教育政策县域实施效果家长满意度调查问卷》3 个因子平均差萃取量（Average Variance Extracted，AVE）值分别为 0.575、0.735、0.866，均大于 0.5，组合信度 CR 值分别是 0.868、0.961、0.963，均大于 0.7；《普惠性学前教育政策县域实施效果教师满意度调查问卷》3 个因子平均差萃取量（AVE）值分别是 0.914、0.853、0.716，均大于 0.5，组合

---

① 王映朝，周开济，兰春梅，等.考试绩效自评量表的初步编制 [J].心理技术与应用，2018，6（03）：177—192.

信度 CR 值分别是 0.981、0.967、0.926，均大于 0.7，说明两份自编问卷因子内的测量指标提取度优秀，量表均具有优秀的聚合效度。

表 3-29 《普惠性学前教育政策县域实施效果家长满意度调查问卷》聚合效度

因子	平均方差萃取 AVE 值	组合信度 CR 值
普及普惠水平	0.575	0.868
保教质量水平	0.735	0.961
政府保障水平	0.866	0.963

表 3-30 《普惠性学前教育政策县域实施效果教师满意度调查问卷》聚合效度

因子	平均方差萃取 AVE 值	组合信度 CR 值
普及普惠水平	0.914	0.981
保教质量水平	0.853	0.967
政府保障水平	0.716	0.926

（2）区分效度

区分效度是比较两个构念的个别平均方差萃取量（AVE）与两个构念间的相关系数，如果因子的 AVE 的平方根大于其所对应的因子间的相关系数，则表明量表中的因子具有区分效度[1]。通过表 3-31、3-32 可知，《普惠性学前教育政策县域实施效果满意度调查问卷》（家长和教师）因子的 AVE 的平方根均大于其他因子的 Pearson 相关系数值，说明其均具有良好的区分效度[2]。

---

[1] 姚静静 . 社交网络用户过度使用到理性使用的实证研究 [D]. 中国科学技术大学，2018，55.
[2] 刘能毓 . 吉林省农业产业化龙头企业技术创新影响因素及动力机制研究 [D]. 吉林大学，2020，50.

表 3-31 《普惠性学前教育政策县域实施效果家长满意度调查问卷》区分效度

	区分效度：Pearson 相关与 AVE 根值		
因子	普及普惠水平	保教质量水平	政府保障水平
普及普惠水平	0.758		
保教质量水平	0.503	0.857	
政府保障水平	0.604	0.709	0.931

注：***、**、* 分别代表 1%、5%、10% 的显著性水平，斜对角线数字为该因子 AVE 的根号值

表 3-32 《普惠性学前教育政策县域实施效果教师满意度调查问卷》区分效度

	区分效度：Pearson 相关与 AVE 根值		
因子	普及普惠水平	保教质量水平	政府保障水平
普及普惠水平	0.956		
保教质量水平	0.819	0.924	
政府保障水平	0.657	0.733	0.846

注：***、**、* 分别代表 1%、5%、10% 的显著性水平，斜对角线数字为该因子 AVE 的根号值

（三）利益相关者访谈提纲的检验

研究者在调研阶段，按照访谈提纲与 1 名教育行政人员、2 名幼儿教师、2 名园长、3 名家长进行半结构式访谈。在访谈中，发现了一些问题，如有些访谈时间较长，有些时间较短；有些信息较有针对性，有些则太零散。

后期对收集到的访谈内容进行整理，总结出以下经验：一是要控制好访谈时间。因为访谈提纲都是半开放性的问题，受访者的自由发挥空间较大，对善于言谈的受访者来说，谈到感兴趣的点，会针对某个问题阐述很多个人的想法和观点，有些内容会偏离访谈的主题。所以，在后续的访谈中要控制好访谈时间，依据不同的访谈对象的不同量的访谈内容合理分配时间，尽量将总时间控制在 1-1.5 小时之间。二是学会合理追问。对于不

善言谈的受访对象，访谈过程中应尽量对每道半开放性问题给予引导提示，并合理利用追问和设问的方式，让受访对象有话可讲、有针对性地讲。如在教师访谈中，当问到教师对当前所在地区幼儿教师队伍建设还存在哪些迫切需要解决的困难和需求时，可以从身份地位、编制、招聘、考核、工资待遇、社会保障、培养、培训、职称评审等方面引导教师有针对性地畅谈。

第四章 普惠性学前教育政策县域实施效果的实证调查研究

第一节 个案县情况介绍与调查实施过程

一、个案县情况介绍

在社会生产力和科学技术迅猛发展的今天，学前教育的发展水平与所在区域经济的关系日益紧密。同时，普惠性学前教育政策县域实施效果个案调查中个案县的选择既要考虑样本的代表性，又要考虑经济有效。基于"省市统筹、以县为主"的学前教育管理体制和调研数据的可获得性，本研究选取了江苏省 A 市经济社会发展等各方面较好的 S 县为研究对象。

（一）S 县县情概要

S 县位于 A 市西南方向，是全市经济、文化、教育中心，至今已有 2100 多年历史。现辖区内有 8 个乡镇、4 个街道，1 个国家级高新技术开发区、1 个国家级创业园和 1 个省级度假区，总面积 1015 平方千米[①]，户籍人口 70.65 万。

[①] 虞雷 . A 市 S 区农村集体"三资"管理问题研究 [D]. 吉林大学，2020.

　　S县地形呈东西宽、南北窄的不规则长条形。全县地势平坦，河流众多。长期以来由于海洋沉积程度的不同，以及人类对河道、水利等生产活动的影响，使得地表出现一些丘陵和凹陷，形成了部分地面的起伏。该县属于里下河地区的地形单元，还保留着古代"沙冈"的残存古沙堤。

　　区域内河流湖泊众多，水土丰美，水土资源十分充足，适合农、林、牧、副、渔等多种产业的综合发展。据《统计局2020年统计年鉴》记载，全县国土总面积为1015平方千米，其中有56467亩耕地。境内湖泊众多，河道纵横，物产丰饶，被誉为"鱼米之乡"。已探明有黄沙、砖土、高硅土等多种矿物，还有大量的野生动物资源，如鲤鱼、鳃鱼、乌鱼等30多种鱼类动物，野鸭、野鸡、鹰等30多种鸟类动物，龟、鳖、蛇等20多种爬行类动物，野兔、刺猬等10多种哺乳类动物，以及数十种野生无脊椎动物。野生植物资源种类繁多，多达数百个品种，主要分布在农田、河流和滩涂上，对农业、渔业生产、治病等方面具有重要作用[①]。

（二）S县学前教育发展情况

　　2010年国家实施普惠性学前教育政策以来，S县积极推进学前教育转型发展，围绕"优质、普惠"目标，扩大资源与内涵建设并举，解决群众急需和追求入园方便公平并行，强势推进学前教育高质量发展。在学前教育体制管理、普及普惠资源配置、幼教师资队伍建设、课程改革质量提升等诸多方面都取得了长足的发展。2015年，S县被表彰为全省第二批学前教育改革发展示范县。

　　一是优化财政投入结构，完善学前管理体制。S县依据地方实际，努力实现学前教育普及普惠目标。1.重视政策统领。以实施学前教育行动计划、幼儿教育教学内涵建设和质量提升为契机，出台一系列政策。2010年率先实施《S县第一期学前教育五年行动计划》，提出以公共财政投入为主的学前教育成本分担机制；2016年又实施了《S县第二期学前教育五年行动计

---

① S县年鉴编撰委员会.S县年鉴2021[M].南京：江苏人民出版社，2021：25.

划》《S县学前教育发展质量提升行动方案》，按照"公益普惠、政府主导、内涵发展、创新推动"的原则，努力推动学前教育发展战略转型。2.强化经费保障。S县在加大财政经费投入的同时，还积极落实学前教育经费预算有科目、增量有倾斜、投入有比例、拨款有标准、资助有制度等政策[①]。坚持"县级统筹、县镇共建"的体制，落实县、镇（街道）两级学前教育投入主体责任，探索建立普惠性民办园经费管理机制，区域学前教育发展经费、公办人员工资，镇（街道）公办园非在编人员工资由各地财政予以托底保障。先后出台《S县学前教育综合奖补资金管理办法》《S县学前教育奖补资金分配细则》等政策文件，在加强奖补过程监管中，注重对奖补资金使用情况进行检查与审计，确保专款专用。

二是扩大普惠资源供给，健全学前教育公共服务体系。面对城市扩容、学龄前幼儿增多等实际情况，积极解决学前教育资源供需矛盾，努力构建"广覆盖、保基本、多元化、高质量"的学前教育公共服务体系[②]。1.省标园增量工程。根据区域出生人口变化和城镇化发展趋势，对"十四五"期间全县学前教育资源需求情况进行预警分析，将研判情况作为构建未来幼儿园规划的重要参照，所有新、改、扩建项目按幼儿园建设标准和江苏省优质园的硬件标准设计建设。2.优质园创评工程。积极鼓励幼儿园争创省、市优质园，扩大区域学前教育优质资源总量，缩小城乡之间、区域之间和园际差距。截至2021年底，59所幼儿园中有44所省优园和11所市优园。3.普惠园认促工程。修订下发《S县普惠性民办幼儿园认定管理办法》，截至2022年，62所幼儿园中普惠园有58所，其中公办园31所，普惠性民办园27所。

三是推进课程游戏化建设，促进学前教育高质量发展。以学前教育课程改革为依托，修订完善《S县课程游戏化建设成效考核方案》《S县学前教育发展质量提升行动方案》，建立起"行政推动、教研引领、专家指导、

① 佘国均."快、优、活"助力学前教育跨入新境界 [N].江苏教育报，2014-09-19.
② 林琼，夏双辉.重庆市贫困县学前教育三年行动计划实施成效分析 [J].现代中小学教育，2015，31（02）：98-104.

典型示范、监督考核"的课程游戏化推进机制。1.夯实软硬件"底座"。认真履行"以县为主、县镇共建"的学前教育管理体制，加大投入，帮助幼儿园改善办园条件、创设游戏环境、购买游戏器材。在幼儿园课程游戏化室内、外环境布设上共安排项目近百个。2.分层推进，整体提高。依据幼儿园发展水平，将全县幼儿园分成不同层次的课程游戏化建设目标园。第一层次是课程游戏化项目推进以来的项目园、共建园及经验丰富的省优质园；第二层次是具备实施课程游戏化的基础条件，但尚未形成系列化、课程化的幼儿园；第三层次是新建园及基础薄弱的民办园。3.多措并举抓落实。以《3—6岁儿童学习与发展指南》为指导，构建教研三级组织架构，遵循"区域统筹、责任划片、整体推进"的原则，从建设成果展示、专家引领、典型引路、驻点指导等多方面着力，整体推进项目建设。

四是优化幼师队伍建设，提高学前教育服务能力。围绕新时代幼儿教师队伍建设总体目标，全力打造"四有"幼儿教师队伍。1.加大教师培训投入。设立学前教育教师培训专项经费，以"入职培训、师徒结对、跟岗研修、送教下乡"等培训方式，围绕幼儿园管理、专业发展等内容，开展专题研讨、交流分享等，帮助园长、教师提高管理能力、业务水平和个人专业素质。2.优化师资队伍建设路径。在扩大公办幼儿教师招聘的基础上，严格教师管理。创新幼儿教师编制管理，鼓励各镇（街道）自主招聘具有资质的教师；健全幼儿教师绩效考核机制，优化非在编教师收入分配结构，按照"多劳多得、优绩优酬"原则，保障教师各项待遇。3.创新教研形式。建立学前教育教研责任区制度，组建男幼师发展联盟，常态化开展片区学前教育教研活动。

五是聚焦规范管理，做强学前教育品牌。1.规范核查管理。严格落实幼儿园审批、年检制度，将幼儿园人员资质、日常管理、卫生保健、收费和经费使用等作为审批和年检的重要内容。2.规范安全管理。切实加强物防、人防，抓紧抓实园舍管理重点，确保区域内各园监控全覆盖；建立健全教育、公安等部门处置联动机制，落实幼儿园日常巡查、法治副园长等一些系列安全制度，切实保护幼儿安全。3.规范家园社管理。以园为主导，组织开展"幼小衔接""家庭教育指导"等活动，帮助社区与家庭树立科学教育的观念，实现"1+1+1＞3"的协同管理目标。

六是强化评估督导力度，保障保教质量健康发展。根据国家相关评估文件要求，通过实地调研、查阅材料等形式开展对《3—6岁儿童学习与发展指南》等政策落实情况的考察。1.实行幼儿园动态监管。修订出台《S县幼儿园办园质量督导评估标准（试行）》等文件，将全县幼儿园分成4个责任区，每个责任区设定一所领衔幼儿园，领衔园园长任组长，同时配备3名兼职教研员，每所幼儿园配备1名常驻责任督学；由兼职教研员和责任督学对责任区内的各幼儿园日常管理、队伍建设、发展成效进行跟踪监督，引导其实施科学保教。2.创新名园帮扶机制。探索"名园＋领航"模式，让优质园结对帮扶乡镇园、民办园。采取跟岗交流培训，利用中心园到村园支教等方法，组织不同层次的幼儿园管理人员走进领衔园，不断引发观念转变，形成集群效应，实现洼地到高地的蜕变。3.借力智库推动提升。聘请省内外学前专家为区域的"智囊团"，帮助幼儿园及教师更新观念，理清思路，解决实践问题。

二、调查研究的实施过程

为了全面、深入地了解个案县普惠性学前教育政策实施的现状，本研究采用自编的调查工具（政府5年的学前教育客观数据、利益相关者满意度调查问卷和利益相关者访谈），对S县开展了系统的调查研究。

（一）政府学前教育客观数据的收集

基于前面章节对普惠性学前教育政策县域实施效果调查工具的编制与分析，本节中，研究者利用已编制好的政府5年（2017—2021）学前教育客观数据统计量表对S县的学前教育发展变化数据进行客观统计。具体内容主要包括：S县5年间的幼儿园总数、在园幼儿数、学前三年毛入园率等相关普及普惠数据，班级规模、保教人员配备、各类面积、幼儿教师的学历等相关保教质量数据和学前教育经费总投入、财政性经费投入、生均教育事业经费投入等相关政府保障数据。数据主要来源于个案县教育局、财政局、市基础教育处等部门和相关科室。

（二）利益相关者满意度问卷调查的实施

1. 问卷调查的抽样方法

由于本研究是普惠性学前教育政策县域实施效果的个案调查研究，故编制检验后的调查问卷仅针对个案县 S 县进行全县发放，调查对象包括全县的园长、教师和幼儿家长。基于 S 县分为 4 个教研区的现实情况，调查问卷请 4 个教研区的带头园长帮忙在本教研区内组织发放。问卷调查采用问卷星的形式进行，数据收集的时间为 2022 年的 11 月 15 日—12 月 15 日，最终得到教师问卷 423 份，家长问卷 3468 份。在对答题时间过短（小于100 秒）或者存在明显"天花板或地板"效应的问卷进行清理筛选后，最终保留教师有效问卷 412 份，家长有效问卷 3155 份，有效率分别为 97.4%、91%。

2. 问卷调查的样本构成

通过表 4-1、4-2 可知，在问卷调查的样本构成中，性别层面，女性人数较多，分别占家长和教师问卷总量的 77.9% 和 94.4%；区域层面，家长问卷中县城和乡村人数比较接近，分别占比 50.5% 和 49.5%，教师问卷中县城人数少于乡村，占比分别是 31.1% 和 68.9%；园所性质层面，两类问卷调查结果比较相似，都是公办园受访家长和教师较多，家长和教师问卷分别占比 79.9%、73.5%；对家长的调查发现，个案县在普惠性学前教育政策实施的普及普惠维度上收费标准相对不高，入园远问题也得到有效解决，受访的 3000 多位家长表示月保教费用在 1000 元及以下占比 82.9%，上学路上花费时间在 20 分钟及以内的占比 97.8%；对教师的调查发现，个案县在普惠性学前教育政策实施保教质量维度上教师的第一学历层次有待进一步提高，职称水平比较低，其中第一学历为本科及以上的占比 11.6%，未评职称的受访教师占比 75.2%；政府保障维度上教师的编制配比较低，无编制教师占比

75.0%，教师的工资待遇不高，受访教师中每月实发基本工资＋岗位津补贴＋绩效工资等收入水平在 3000 元及以下的占比 52.4%。

表 4-1　问卷调查中家长样本人口学特征表（N=3155）

类别	选项	频数	百分比（%）	类别	选项	频数	百分比（%）
性别	男	696	22.1	家庭年收入	2 万元以下	221	7
	女	2459	77.9		2—5 万元	438	13.9
年龄	20—30 岁	563	17.8		5—10 万元	1044	33.1
	31—40 岁	2212	70.1		10—20 万元	1024	32.5
	41—50 岁	331	10.5		20 万元以上	428	13.5
	50 岁以上	49	1.6	园所性质	公办园	2520	79.9
孩子年龄班	小班	1164	36.9		小区民办园	342	10.8
	中班	904	28.7		非小区民办园	293	9.3
	大班	1076	34.1	月保教费	500 元以下	1512	47.9
	混龄班	11	0.3		500—1000 元	1104	35.0
区域	县城	1593	50.5		1000—2000 元	304	9.6
	乡镇	1365	43.3		2000 元以上	235	7.4
	农村	197	6.2	班级规模	25 人以下	649	20.6
文化程度	初中及以下	600	19.0		25—30 人	1033	32.7
	中专（高中）	897	28.4		31—35 人	1281	40.6
	大专	850	26.9		35 人以上	192	6.1
	本科及以上	808	25.6	上学路上时间	15 分钟以内	2700	85.6
					15—20 分钟	385	12.2
					20—25 分钟	44	1.4
					25 分钟以上	26	0.8

注：表中百分比采用四舍五入，保留一位小数

表 4-2　问卷调查中教师样本人口学特征表（N=412）

类别	选项	频数	百分比（%）	类别	选项	频数	百分比（%）
性别	男	23	5.6	专业背景	学前教育	328	79.6
	女	389	94.4		师范（非学前专业）	26	6.3
身份	专任教师	268	65		非师范（非学前专业）	58	14.1
	年级组长	21	5.1	编制情况	有编	103	25
	中层（保教或教研主任等）	27	6.6		无编（备案制）	69	16.7
	园长	18	4.4		无编（园所自主聘用）	240	58.3
	其他	78	18.9	工资待遇	2000 元以下	31	7.5
年龄	25 岁及以下	78	18.9		2000—3000 元	185	44.9
	26—30 岁	110	26.7		3001—4000 元	84	20.4
	31—40 岁	133	32.3		4001—5000 元	15	3.6
	41—50 岁	74	18.0		5001—6000 元	39	9.5
	50 岁以上	17	4.1		6000 元以上	58	14.1
教龄	5 年及以下	149	36.2	职称	助理级	62	15
	6—10 年	148	35.9		中级	31	7.5
	11—15 年	41	10.0		副高级	9	2.2
	16—20 年	27	6.5		正高级	0	0
	20 年以上	47	11.4		未定级	310	75.2
第一学历	初中及以下	9	2.2	行政区域	县城	128	31.1
	中专（高中）	145	35.2		乡镇	274	66.5
	大专	210	51.0		农村	10	2.4
	本科及以上	48	11.6	园所性质	公办园	303	73.5
					普惠性民办园	71	17.2
					其他民办园	38	9.2

（续表）

类别	选项	频数	百分比（%）	类别	选项	频数	百分比（%）
最高学历	初中及以下	6	1.5	园所级别	省优园	350	85.0
	中专（高中）	43	10.4		市优园	37	9.0
	大专	148	35.9		合格园	19	4.6
	本科及以上	215	52.2		其他	6	1.4

注：表中百分比采用四舍五入，保留一位小数

3. 调查问卷的质量评价

对正式施测的《普惠性学前教育政策县域实施效果满意度调查问卷》（家长和教师）进行信效度检验是保证调查结果科学性和有效性的重要环节。信度检验包括内部一致性信度、折半信度，效度检验包括聚合效度、区分效度和内容效度。

（1）信度检验

信度指调查量表所测结果的稳定性和一致性，信度越大表明测量标准误差越小[1]。本研究主要对《普惠性学前教育政策县域实施效果满意度调查问卷》（家长和教师）的内部一致性信度和折半信度进行了分析[2]。

①内部一致性信度

如表4-3、4-4所示，经过信度检验，《普惠性学前教育政策县域实施效果满意度调查问卷》（家长和教师）的克隆巴赫系数分别为0.974和0.977，且各维度的系数都在0.9以上，可见两类调查问卷经过前期的修订和完善，已具有较高的信度。

① 吴明隆.问卷统计分析实务——SPSS操作与应用[M].重庆：重庆大学出版社，2010：237；
刘有为.农村公共服务基础设施运行维护机制完善研究[D].中南财经政法大学，2020.
② 王艺芳，姜勇.我国普惠性学前教育公共服务发展水平的测评与分析[J].湖南师范大学教育科学学报，2022，21（04）：16-24.

表4-3 《普惠性学前教育政策县域实施效果家长满意度调查问卷》内部一致性信度

维度	克隆巴赫系数	平均值（M）	标准差（SD）
普及普惠水平	0.918	4.00	0.80
保教质量水平	0.979	4.33	0.66
政府保障水平	0.978	4.15	0.78
整体信度	0.974	4.20	0.66

表4-4 《普惠性学前教育政策县域实施效果教师满意度调查问卷》内部一致性信度

维度	克隆巴赫系数	平均值（M）	标准差（SD）
普及普惠水平	0.978	4.47	0.76
保教质量水平	0.980	4.54	0.65
政府保障水平	0.976	4.40	0.75
整体信度	0.977	4.47	0.66

②折半信度

折半信度是将量表中各题项按前后或奇偶对半等方式进行分组，得到两组的总得分，并计算其积差相关系数及折半信度系数[1]。折半信度系数在0.9以上说明信度非常好，在0.7以上表示信度可以接受[2]。如表4-5、4-6所示，经过检验，《普惠性学前教育政策县域实施效果满意度调查问卷》（家长和教师）的整体 r 系数分别为 0.88 和 0.84，各维度 r 系数都在 0.80 以上；r_s 系数和 r_g 数也都在 0.85—0.98 之间。可见两份问卷各级维度的信度也都很高。

---

[1] 王艺芳. 我国普惠性学前教育公共服务发展水平的监测研究 [D]. 华东师范大学，2021，167.
[2] 吴明隆. 问卷统计分析实务——SPSS 操作与应用 [M]. 重庆：重庆大学出版社，2012：244.

表 4-5　《普惠性学前教育政策县域实施效果家长满意度调查问卷》折半信度

维度	r	r_s	r_g	M_1（SD）	M_2（SD）
普及普惠水平	0.83	0.91	0.85	3.96（0.86）	4.07（0.81）
保教质量水平	0.93	0.96	0.96	4.34（0.66）	4.33（0.68）
政府保障水平	0.93	0.96	0.96	4.16（0.78）	4.14（0.81）
整体信度	0.88	0.93	0.93	4.15（0.68）	4.25（0.68）

表 4-6　《普惠性学前教育政策县域实施效果教师满意度调查问卷》折半信度

维度	r	r_s	r_g	M_1（SD）	M_2（SD）
普及普惠水平	0.94	0.97	0.94	4.47（0.76）	4.46（0.80）
保教质量水平	0.96	0.98	0.94	4.54（0.66）	4.55（0.65）
政府保障水平	0.94	0.97	0.93	4.40（0.76）	4.40（0.76）
整体信度	0.84	0.91	0.91	4.45（0.68）	4.44（0.69）

注：r 为积差相关系数；r_s 为 Sperman-Brown 系数；r_g 为 Guttman 折半系数

（2）效度检验

效度是衡量测量结果是否正确、有效的重要指标[1]。本研究主要通过对量表的结构效度和内容效度进行分析来检验正式施测问卷的效度。

结构效度是检验测量结果能够解释理论结构的程度[2]。本研究运用 SPSS22.0 对《普惠性学前教育政策县域实施效果满意度调查问卷》（家长和教师）进行因素分析，如表 4-7、4-8 所示，各因子涵盖的题项与量表编制初期设想一致，设定的模型因子负荷达到了显著水平，并表现为较好模型拟合效果，可见经过修订的《普惠性学前教育政策县域实施效果满意度调查问卷》（家长和教师）具有良好的结构效度。

---

① 吴明隆.问卷统计分析实务——SPSS 操作与应用 [M].重庆：重庆大学出版社，2018：244.
② 同上。

表 4-7 《普惠性学前教育政策县域实施效果家长满意度调查问卷》模型拟合指数

x^2	df	x^2/df	GFI	IFI	TLI	CFI	RMSEA
573.500	116	4.944	0.980	0.994	0.993	0.994	0.035

表 4-8 《普惠性学前教育政策县域实施效果教师满意度调查问卷》模型拟合指数

x^2	df	x^2/df	GFI	IFI	TLI	CFI	RMSEA
374.897	84	4.463	0.897	0.974	0.967	0.974	0.092

内容效度是衡量量表能否测到所期望测量的内容的指标，可由专家咨询打分获得①。《普惠性学前教育政策县域实施效果满意度调查问卷》（家长和教师）是通过自编评价指标，并邀请10位专家进行三轮德尔菲访谈咨询，经过一轮一轮的咨询与修订、再咨询与再修订，最终得到专家们较高的认可度，才进行施测，这充分表明自编的两份问卷具有较好的内容效度。

（三）利益相关者访谈的实施

1. 访谈对象的抽样方法

访谈对象的选择使用目的抽样方法，主要基于以下几个方面的依据：一是要涵盖所有与 S 县普惠性学前教育发展相关的各类利益相关者，以保证研究对象的全面性，具体包括教育行政人员、政府社事办、财政局（所）工作人员、幼儿园园长、幼儿园教师、家长等。二是从 S 县不同的利益相关者群体中各选取 2—3 名访谈对象，确保调查对象的广泛性、代表性，具体包括市、县学前教育相关行政人员，S 县社事办、财政所相关行政人员，城市、乡镇幼儿园园长、教师，家长，在编、非在编（备案制、园聘制）教师，公办园与普惠性民办园园长等。三是访谈的形式基本是以一对一的谈话为主，仅个别幼儿家长采取了集中座谈的形式，从而确保受访者在轻

---

① 王艺芳. 我国普惠性学前教育公共服务发展水平的监测研究 [D]. 华东师范大学，2021，168.

松、自在的环境中交谈。

2. 访谈对象的样本分析

根据以上抽样依据，同时基于访谈对象的个人意愿和研究者的时间、精力考虑，最终有 46 位不同利益相关者参与了访谈，具体访谈对象的信息如表 4-9 所示。

表 4-9　访谈样本的人口学特征表（N= 46 ）

类别	选项	频数	百分比（%）	类别	选项	频数	百分比（%）
性别	男	12	26	行政区域	县城	13	28.3
	女	34	74		乡镇	33	71.7
身份	行政人员	4	8.7				
	园长	10	21.7	工作年限	5 年及以下	2	4.3
	教师	12	26.1		6—10 年	11	23.9
	家长	20	43.5		11—15 年	19	41.3
年龄	20—30 岁	2	4.3		16—20 年	8	17.4
	31—40 岁	35	76.1		20 年以上	6	13
	41—50 岁	6	13				
	50 岁以上	3	6.5				

注：表中百分比采用四舍五入，保留一位小数

第二节　普惠性学前教育政策县域实施效果总体成效分析

自 2010 年《教育规划纲要》"国十条"下发以来，从国家到省市县各级政府都高度重视学前教育，以县为单位连续实施四期学前教育行动计划，尤其 2018 年中共中央、国务院重磅推出的《若干意见》，加速推动了学前教育的发展。在党中央、国务院的决策部署下，各级政府始终坚持公益、

普惠的学前教育发展方向，普惠性学前教育资源持续扩大，财政投入不断增加，教师队伍建设逐步加强，保教质量稳步提高，有效缓解了"入园难、入园贵"等问题，正努力建设高质量的普惠性学前教育公共服务体系[①]。

为了全面反映国家实施普惠性学前教育政策以来县域学前教育事业的发展概况，本章对个案县普惠性学前教育的实施效果进行了系统深入的研究，主要通过政府 5 年客观统计数据、利益相关者的满意度调查和深度访谈等方法，围绕普惠性学前教育政策实施的普及普惠、保教质量、政府保障三个方面的情况进行全方位的调研与分析，以期了解县域学前教育的发展现状，探索县域学前教育发展的变化趋势，总结普惠性学前教育政策实施的有效经验，找出存在的问题，从而为进一步深入推进学前教育的发展和政策制定提供参考依据。

一、县域普惠性学前教育普及普惠情况成效分析

学前教育的普及普惠程度是衡量县域学前教育发展水平的重要指标，也是评价学前教育可获得性以及"入园难""入园贵"等问题缓解情况的实效性指标[②]。本研究中的普及普惠情况主要从学前教育资源总量、普惠园覆盖率、小区配套园情况、收费情况等方面对个案县域的学前教育现状进行分析研究。结果显示，实施普惠性学前教育政策以来，个案县学前教育规模和普及程度快速提高，学前教育资源迅速增加。

（一）学前教育普及水平持续扩大，基本实现全面普及

"国十条"《若干意见》等政策文件颁布实施以来，S 县不断加大学前教育的发展改革力度。截至 2021 年底，全县共有幼儿园 59 所，在园幼儿 1.56 万多名，专任教师 1140 名，学前三年毛入园率达 99.1%，与全国同期学前

①　一起回首.2019 年学前教育领域大事记 [J]. 幼儿 100（教师版），2019（12）：5.
②　霍力岩，孙蔷蔷，龙正渝.中国高质量学前教育指标体系建构研究 [J].华东师范大学学报（教育科学版），2022，40（01）：1-18.

教育 88.1% 毛入园率相比，超出 11 个百分点；自 2017 年以来，县学前三年毛入园率呈逐年上升趋势，基本实现了学前教育的全面普及，超前完成了《江苏省"十四五"学前教育发展提升行动计划》中提出的目标任务，即到 2025 年，全省学前三年毛入园率达到 98% 以上（图 4-1）。通过访谈，家长、教师等利益相关者也表示除因身体疾病等特殊原因无法入园外，所在地区没有适龄幼儿不入园的情况。由此可见，个案县学前教育的普及水平较高，基本实现全面普及，保障了学前教育的入园机会公平。

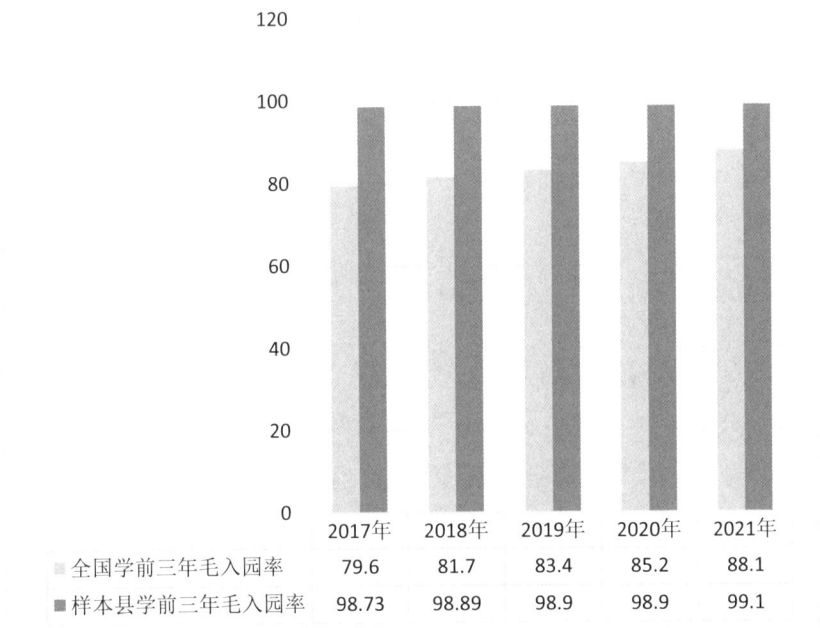

	2017年	2018年	2019年	2020年	2021年
全国学前三年毛入园率	79.6	81.7	83.4	85.2	88.1
样本县学前三年毛入园率	98.73	98.89	98.9	98.9	99.1

图 4-1　2017—2021 年全国和个案县学前三年毛入园率（单位：%）

数据来源：全国学前三年毛入园率来自全国教育事业发展统计公报，个案县数据由县教育局学前办提供（下同）。

（二）学前教育普惠程度大幅提高，普惠性民办园增加明显

普惠性幼儿园的数量是普惠性学前教育公共服务资源的核心支柱，对保障学前教育的公益普惠发展、平抑幼儿园收费具有重要的意义[1]。截至

---

① 　教育部发布《学前教育专题评估报告》[J]. 教育导刊（下半月），2016（01）：89-92.

2021 年底（图 4-2），S 县共有幼儿园 59 所，其中公办园 27 所，民办园 32 所（含 27 所普惠性民办园），公办园与普惠性民办园占幼儿园总数比均约为 45.8%，普惠性民办园占民办园比约为 84.4%；在园幼儿 15633 名，公办在园幼儿 7610 名，占总数比约为 48.7%，普惠性民办在园幼儿 6922 名，占民办园在园幼儿（8023 名）比约为 86.3%，公办园和普惠性民办园在园幼儿占比约为 92.96%，可见学前教育普惠程度大幅提升，尤其普惠性民办园的在园幼儿数量提升明显。这种发展趋势，充分显示出 S 县政府对国家、省市学前教育政策的有效落实。在大力发展公办幼儿园的同时，S 县政府探索和制定普惠性民办园认定管理办法等政策，积极鼓励和支持民办园提供普惠性服务，让普惠性民办园逐渐成为普惠性学前教育服务的重要力量，公益普惠的学前教育公共服务网络建设初见成效。

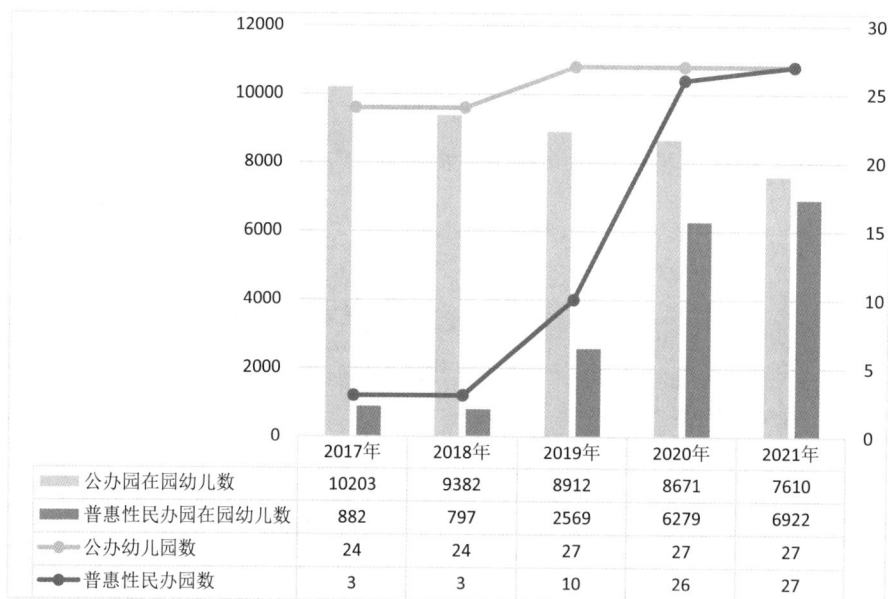

	2017年	2018年	2019年	2020年	2021年
公办园在园幼儿数	10203	9382	8912	8671	7610
普惠性民办园在园幼儿数	882	797	2569	6279	6922
公办幼儿园数	24	24	27	27	27
普惠性民办园数	3	3	10	26	27

图 4-2 2017—2021 年个案县普惠园及在园幼儿数情况

（三）小区配套园数量持续增加，治理效果显著

小区配套园是县域扩大普惠性学前教育资源的重要途径。2019 年国务院办公厅印发的《关于开展城镇小区配套幼儿园治理工作的通知》要求对

城镇小区配套园进行全面摸底排查，对存在的规划、配建、移交、使用等问题，通过补改、新建、置换等措施来确保小区配套园提供普惠性服务①。多年以来，S 县政府根据国家、省市政策文件要求，认真制定有针对性的小区配套园整改措施，按照"一事一议""一园一案"的要求，不断加强小区配套园的建设和普惠性幼儿园的认定管理工作。截至 2021 年底，S 县共有23 所小区配套园，其中公办园 1 所，普惠性民办园 17 所，普惠性幼儿园占比 78.3%（图 4-3）。同时，在与利益相关者访谈中，有家长说道："我们一家都是外地人，没有老人帮忙照看孩子，入园前比较了小区周边的好几家幼儿园，最终还是觉得小区这家幼儿园好。这里离家近、不存在乱收费现象，老师责任心比较强。平时跟老师聊天过程中，能发现老师对孩子挺用心的，他们知道孩子的习惯、特点。"有老师表示："我们幼儿园现在一学期总共收费 5000—6000 元左右，因为有政府补贴，在我们城区这一片周围，我们幼儿园收费还是蛮低的。基本上每学期都是满员，现有 290 个幼儿，小区人比较多，生源没有什么竞争，只有在我们这边上不了的才会考虑周边的其他幼儿园。"可见 S 县小区配套园的建设、治理成效明显。

	2017年	2018年	2019年	2020年	2021年
小区配套园数量	14	16	17	17	23
小区配套普惠园数量	1	1	4	4	18

图 4-3　个案县 2017—2021 年小区配套园建设情况（单位：所）

① 孙梦爽，张维炜. 学前教育：要继续上紧普惠"发条"[J]. 中国人大，2019（17）：50-51.

（四）幼儿园收费合理，家长满意度高

学前教育属于非义务教育，凡依法设立的幼儿园在科学测算生均成本等费用的基础上，可收取保育教育费（保教费）和服务性收费（伙食费、托管费、校车费）等。S县的各类幼儿园收费标准严格按照省市相关幼儿园收费文件执行，并于2021年发布了区域《关于进一步规范幼儿园收费管理有关事项的通知》，指出非驻城公办园中省优、市优、市合格园的保教费收费标准分别为380、280、240元/生/月，驻城公办园的收费标准分别为500、380、300元/生/月；普惠性民办园的收费标准要求与同类别公办园相同，非普惠性民办园的收费由财政局、市场监管局审批，依据办园成本、服务内容、服务质量、社会承受能力及市场状况等合理制定收费标准，一园一价。

从访谈和问卷调查中，可知不同类型幼儿园的家长作为普惠性学前教育最主要的利益相关者，对孩子所在幼儿园的收费情况满意度较高（图4-4），3000多名受调查的家长中有90.51%的家长认为幼儿园收费正常，表示满意。访谈中，普惠园的家长和教师等利益相关者也认为现在幼儿园的收费和物价比实属不高，基本没有涨过价，但是现在孩子所享受到的教育质量、伙食、安全等学前教育服务水平却比以前提高很多，大家越来越放心。甚至有一位家长说道："目前我们孩子上的这个镇中心幼儿园是免费的，政府给的补贴。领导为民办实事，使得幼儿园不仅惠及本地孩子，还吸引了相邻乡镇的孩子前来就读。"

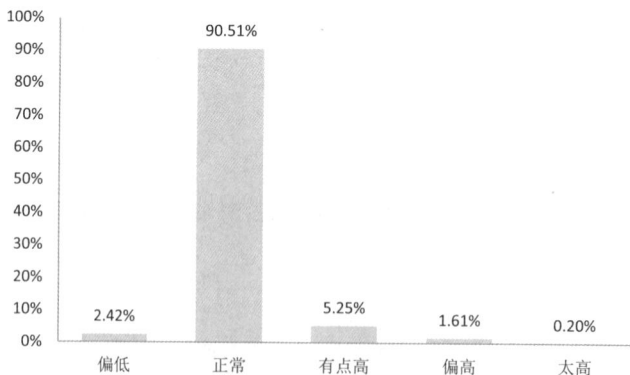

图4-4　家长对孩子幼儿园收费情况调查

（五）利益相关者对地区学前教育普及普惠程度满意度较高

　　学前教育是重要的社会公益事业，关系着千家万户的切身利益。家长和幼儿园园长、教师是我国学前教育事业发展的重要利益相关者。通过《普惠性学前教育政策县域实施效果满意度调查问卷》（家长和教师）调查发现，家长和教师对地区普惠性学前教育普及普惠水平的发展情况整体满意度（满意与很满意之和）较高，分别达68%—82%和85%—88%（表4-10、4-11）。其中，家长对入园近最为满意（占比82.03%），其次分别是幼儿园总量（占比74.92%）、入离园时间匹配度（占比71.82%）、小区配套园建设（占比71.04%）、公办园数量（占比68.92%）；教师对幼儿园总量最为满意（占比88.65%），其次分别是入园难问题缓解情况（占比88.42%）、普惠性民办园数量（占比87.71%）、小区配套园建设（占比87.47%）、入园贵缓解情况（占比85.11%）。

表4-10　家长对地区学前教育普及普惠情况满意度整体评价

题目	很不满意	不满意	一般	满意	很满意
您对家附近可供选择幼儿园（含公办和民办）总数量	70（2.02%）	85（2.45%）	715（20.62%）	1324（38.18%）	1274（36.74%）
您对家附近公办幼儿园的数量	105（3.03%）	195（5.62%）	778（22.43%）	1214（35.01%）	1176（33.91%）
您对接送孩子时间与您上下班时间相匹配情况	84（2.42%）	170（4.90%）	723（20.85%）	1301（37.51%）	1190（34.31%）
您对孩子所在幼儿园离家距离远近情况	41（1.18%）	28（0.81%）	554（15.97%）	1449（41.78%）	1396（40.25%）
您对所在区域小区配套园建设情况	92（2.65%）	126（3.63%）	786（22.66%）	1232（35.52%）	1232（35.52%）

注：表中数据采用四舍五入法，保留两位小数

表 4-11　教师对地区学前教育普及普惠情况满意度整体评价

题目	很不满意	不满意	一般	满意	很满意
您对本地区可供选择的幼儿园（含公办和民办）总数量	15（3.55%）	3（0.71%）	30（7.09%）	125（29.55%）	250（59.10%）
您对本地区公办幼儿园和普惠性民办园数量	16（3.78%）	3（0.71%）	33（7.80%）	125（29.55%）	246（58.16%）
您对本地区缓解幼儿园入园难问题	16（3.78%）	2（0.47%）	31（7.33%）	123（29.08%）	251（59.34%）
您对所在区域小区配套园建设情况	16（3.78%）	2（0.47%）	35（8.27%）	118（27.90%）	252（59.57%）
您对本地区缓解幼儿园入园贵问题	18（4.26%）	2（0.47%）	43（10.17%）	109（25.77%）	251（59.34%）

注：表中数据采用四舍五入法，保留两位小数

二、县域普惠性学前教育保教质量情况成效分析

（一）幼儿园办园条件改善明显，硬件软件双提升

幼儿园办园条件的改善是提升学前教育保教质量的基本保障，重点涉及幼儿园的班级规模、人员配备、活动场地等各类面积和图书玩教具等配备情况。从调查的数据可知，近几年随着幼儿园总数的增加，S县幼儿园班级总数也呈逐年上升趋势。如图表所示（表 4-12、图 4-5），2021 年 S 县幼儿园班级总量达 575 个，比 2017 年增加了 86 个；保教人员配备逐渐完善，从 2017 年的 1029 名专任教师、283 名保育员增加到 2021 年的 1140 名专任教师、479 名保育员，保教人员配备从两教、两教半保增加到逐步增加配齐；随着幼儿园的新、改、扩建，整体活动室、运动场地等各类面积逐渐增加，2021 年全县幼儿园建筑面积达 226439 平方米，运动场地面积达 150993 平方米，绿化用地面积达 97704 平方米；图书和玩教具配备也更加齐全，图书总量达 313164 册。

根据《江苏省优质幼儿园评估标准及评价细则》，S县省、市优质园数量也在不断增加，优质幼儿园的获批数量从 2017 年的 29 个省优园、3 个市

优园增加到 2021 年的 43 个省优园、12 个市优园。访谈中，与园长、教师们谈到普惠性学前教育政策实施以来幼儿园的最大变化时，大部分园长首先会提到幼儿园的硬件改善和保育员配备，有园长谈到："我们幼儿园在 2011 年前后，一个班级 70 个小朋友是常态，没有保育员，就两个老师，啥都干。2018 年之后就出现了极大的变化，从 2018 年开始镇政府投资 6000 万异地新建了一所幼儿园，同时又扩招了保育员，每个班都按省优标准达到两教一保。2018 年之后，慢慢地我们人员到位了、地方到位了，啥都到位了，幼儿园进入了良性的循环。"可见，经过几年的发展，S 县学前教育资源不断扩大，幼儿园办园条件明显改善，硬件和软件提升显著。

表 4-12　2017—2021 年个案县各类面积及图书等办园条件变化情况

各类设施	2017 年	2018 年	2019 年	2020 年	2021 年
建筑面积（平方米）	126890	145841	186824.72	226439	226439
活动室面积（平方米）	42569	59646	71143.5	84267	84267
图书册数（册）	203691	293756	302252	313164	313164
运动场地面积（平方米）	82695	107596	130883.5	150993	150993
绿化用地面积（平方米）	68963	74661	85990.9	97704	97704

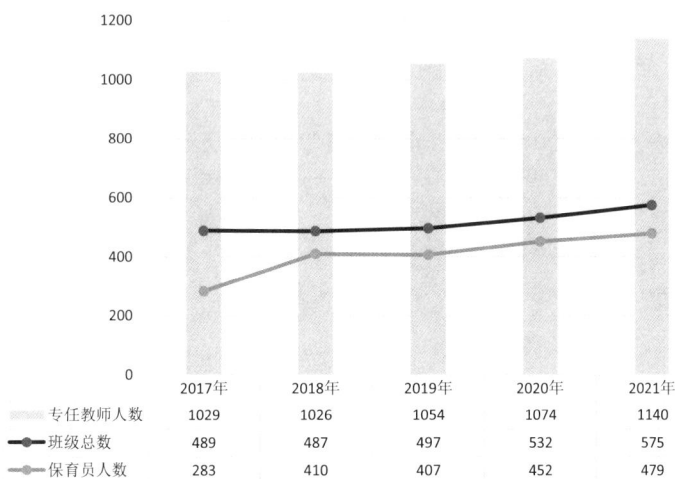

	2017年	2018年	2019年	2020年	2021年
专任教师人数	1029	1026	1054	1074	1140
班级总数	489	487	497	532	575
保育员人数	283	410	407	452	479

图 4-5　2017—2021 年个案县班级规模与人员配备等办园条件变化情况

（二）教师的学历和职称结构变化显著，教师队伍质量逐渐提升

2012 年国家颁布的《幼儿园教师专业标准（试行）》对我国幼儿教师专业素养和准入标准进行了总体规范。通过对个案县幼儿教师的学历、职称进行调查发现，幼儿园教师的学历层次在不断提高，职称也在逐渐提升，师资质量总体状况改善明显。

幼儿教师的学历是评价其专业素养和能力的重要衡量标准之一。从图中可见（表 4-13），S 县本科学历的教师数量比例不断提升，专科及以下学历教师比例逐渐下降。本科学历教师人数从 2017 年的 292 人，占比 26.3%，增加到 2021 年的 519 人，占比 45.5%，增长了 19.2 个百分点；专科以下学历教师人数从 2017 年的 129 人，占比 11.6%，减少到 2021 年的 30 人，占比 2.6%，下降了 9 个百分点。幼儿教师的职称结构也是衡量幼儿教师素质情况的指标之一，它能够反映国家和地方幼儿教师评奖评优渠道的科学性和完备性。随着幼儿教师队伍总量的逐渐增加，教师的各级职称人数也在逐年增加。2017 年 S 县高级、中级、初级教师分别有 7 人、190 人、28 人，分别占比 0.7%、18.5%、2.7%；2021 年高级、中级、初级教师有 30 人、281 人、60 人，分别占比 2.6%、24.6%、5.3%，5 年来，各级职称分别增长了 1.9、6.1、2.6 个百分点。S 县高学历、高职称幼儿教师逐渐增多说明了其幼儿教师队伍素养建设呈良好发展趋势，同时也体现了地方政府对中央、省市关于教师准入、培养标准的有效实施。

表 4-13　2017—2021 年个案县教师的学历和职称变化情况

		2017 年	2018 年	2019 年	2020 年	2021 年
幼儿教师的学历	本科及以上	292	367	405	487	519
	专科	691	625	617	555	591
	专科以下	129	34	32	32	30
专任教师的职称	初级	28	38	41	47	60
	中级	190	230	251	262	281
	高级	7	10	16	27	30
	无职称	804	748	746	738	769

（三）教师的专业背景和培训频次逐渐增强，专业水平不断提升

幼儿园师资队伍是学前教育可持续发展的基本保障，更是影响学前教育保教质量的重要因素。在新时代，随着学前教育的不断发展，对教师的学前教育专业背景要求和职后培训频次、稳定性等不断强化，这些都是反映和提升幼儿园教师专业素养和职业素养的重要指标，同时也是为幼儿提供最优质的教育资源和指导，提升学前教育质量的重要保障。

通过利益相关者满意度调查可知（图4-6、4-7），S县接受调查的专任教师中，学前教育专业背景的教师比率较高，占比79.9%；对教师队伍的稳定满意度高，占比91.96%。同时，从该县幼儿教师岗位招聘的要求（35周岁以内，学前教育专业，大专及以上学历并持有幼儿园教师资格证书）也可见一斑，这些一定程度上反映了该县幼儿教师队伍的专业性和高稳定性，能够保证幼儿园一以贯之的教育质量和幼儿身心健康发展。据政府的统计数据显示（图4-8），2021年专任教师持幼师资格证数为723人，占专任教师总人数（1140人）的63.4%，比2017年的492人，占比47.8%高出15.6个百分点；每年参加县级以上培训（线上＋线下）人次呈现逐渐增加趋势。以上均说明个案县对教师的专业背景要求愈发规范严格，对教师的职后培训覆盖面持续加大，全员参培，助推幼儿教师的专业水平不断提升。

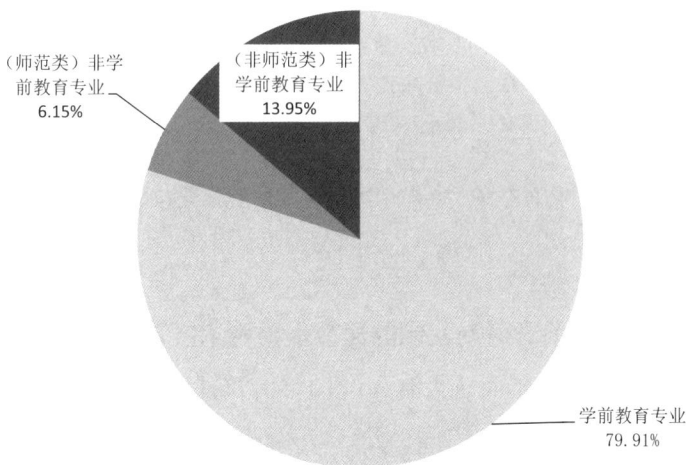

图4-6　幼儿教师的专业背景情况调查

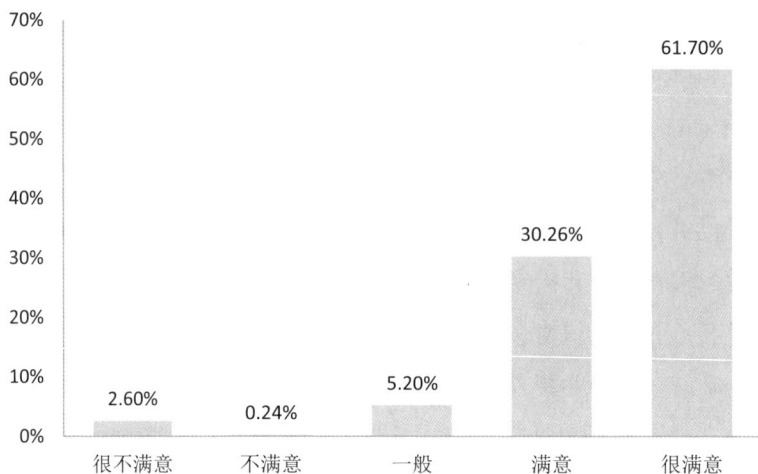

图 4-7　教师队伍稳定性满意情况调查

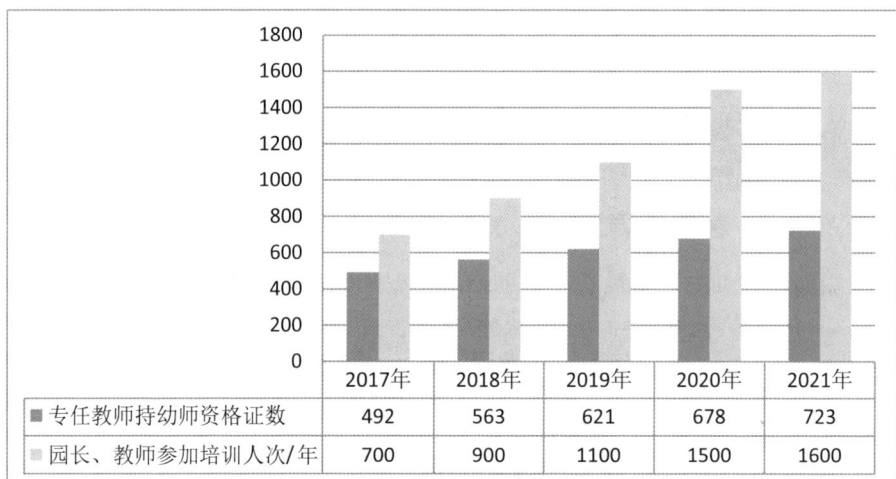

	2017年	2018年	2019年	2020年	2021年
■ 专任教师持幼师资格证数	492	563	621	678	723
▨ 园长、教师参加培训人次/年	700	900	1100	1500	1600

图 4-8　2017—2021 年个案县教师的资格证和培训情况调查

（四）利益相关者对幼儿园的保教水平满意度较高

随着"十四五"的全面开局，我国学前教育进入新发展阶段，发展的重点从资源供给逐步转向内涵提升，着力建设高质量的学前教育体系。本研究主要通过调查《普惠性学前教育政策县域实施效果家长满意度调查问卷》中家长对幼儿园硬件设施，营养配餐（午餐和早午点），活动宣传和开展，幼儿语言表达、身体发展，家园互动等方面的满意情况，《普惠性学前教育政策县域实施效果教师满意度调查问卷》中教师对学习培训、幼儿园玩教具和图书满足幼儿需要、幼儿园游戏活动开展的满意情况，并结合访谈，最终了解到利益相关者对幼儿园的保教质量满意度较高。

由表可知，家长和教师对地区学前教育保教质量的满意度较其他维度总体最高，各指标满意度分别在85.58%—90.2%和90.3%—92.9%之间（表4-14、4-15）。其中，家长对幼儿园教育方式符合幼儿年龄和认知特点情况最为满意（占比90.2%），其次分别是幼儿入园后的语言表达（占比89.62%）、幼儿园回应家长反映问题（占比89.61%）、孩子身体发展（占比89.36%）、幼儿园活动宣传（占比89.1%）、幼儿园的硬件设施（占比88.46%）、幼儿园反馈孩子在园生活（占比87.92%）、家长参与幼儿园活动（占比85.98%）以及幼儿园营养配餐（占比85.58%）；教师对幼儿园以游戏为基本活动开展教育情况最为满意（占比92.9%），其次分别是玩教具（占比91.01%）、图书配备满足幼儿发展阅读需要情况（占比90.54%）和参加幼儿园组织的各类培训活动（占比90.3%）。

表 4-14　家长对地区学前教育保教质量满意情况调查

题目	很不满意	不满意	一般	满意	很满意
您对孩子幼儿园硬件设施（室内外设备、场地）情况	35（1.01%）	14（0.4%）	351（10.12%）	1397（40.28%）	1671（48.18%）
您对孩子幼儿园营养配餐（午餐和早午点）情况	32（0.92%）	22（0.63%）	446（12.86%）	1379（39.76%）	1589（45.82%）
您对孩子幼儿园开展相关活动信息宣传情况	31（0.89%）	6（0.17%）	341（9.83%）	1441（41.55%）	1649（47.55%）
您对孩子入园后在语言表达方面发展	32（0.92%）	10（0.29%）	318（9.17%）	1453（41.9%）	1655（47.72%）
您对孩子入园后在身体运动方面发展	29（0.84%）	5（0.14%）	335（9.66%）	1476（42.56%）	1623（46.8%）

（续表）

题目	很不满意	不满意	一般	满意	很满意
您对幼儿园教育方式符合幼儿年龄和认知特点（如用游戏等途径开展活动）情况	30（0.87%）	5（0.14%）	305（8.79%）	1488（42.91%）	1640（47.29%）
您对幼儿园及时反馈孩子在园学习、生活情况	38（1.1%）	24（0.69%）	357（10.29%）	1420（40.95%）	1629（46.97%）
您对幼儿园让家长参与幼儿园教育活动（如家长开放日、亲子活动、家长助教等）情况	33（0.95%）	26（0.75%）	427（12.31%）	1388（40.02%）	1594（45.96%）
您对幼儿园及时回应家长反映问题的情况	33（0.95%）	15（0.43%）	312（9%）	1481（42.7%）	1627（46.91%）

表 4-15　教师对地区学前教育保教质量满意情况调查

题目	很不满意	不满意	一般	满意	很满意
您对所在幼儿园教师队伍稳定情况	11（2.6%）	1（0.24%）	22（5.2%）	128（30.26%）	261（61.7%）
您对所在幼儿园玩教具满足幼儿发展需要情况	13（3.07%）	3（0.71%）	22（5.2%）	130（30.73%）	255（60.28%）
您对所在幼儿园班级图书满足幼儿阅读需要情况	14（3.31%）	2（0.47%）	24（5.67%）	125（29.55%）	258（60.99%）
您对参加幼儿园组织的各类学习培训频次	13（3.07%）	1（0.24%）	27（6.38%）	130（30.73%）	252（59.57%）
您对所在幼儿园以游戏为基本活动的教育情况	12（2.84%）	1（0.24%）	17（4.02%）	127（30.02%）	266（62.88%）

三、县域普惠性学前教育政府保障情况成效分析

（一）出台实施各类制度，推动普惠性学前教育政策有效实施

普惠性学前教育实施的这十余年中，国家和省市先后出台了"国十条"《若干意见》等"国字头"和江苏省《关于学前教育深化改革规范发展的意

见》《江苏省学前教育条例》《关于开展幼儿园课程游戏化建设的通知》《"十四五"学前教育发展提升行动计划》等"省字头"以及 A 市《关于加快学前教育改革发展的意见》《学前教育奖补资金管理办法（试行）》《关于印发全市学前教育五年行动计划攻坚年活动实施方案的通知》等"市字头"各类有关学前教育普惠性发展的政策文件。在此背景下，为落实国家、省市普惠性学前教育发展的方针政策，S 县在结合县域发展实际的基础上也随之出台了如《S 县第一期学前教育五年行动计划》《S 县学前教育综合奖补资金管理办法》《S 县学前教育奖补资金分配细则》《S 县学前教育发展质量提升行动方案》等多份学前教育改革发展的制度文件，保障了各类学前教育改革发展政策落地、落实、落细。

　　本研究除了关注个案县普惠性学前教育政策制度的制定情况，还通过《普惠性学前教育政策县域实施效果家长满意度调查问卷》了解家长对地区学前教育政策宣传和实施效果的满意情况。从图 4-9、4-10 可知，家长对地区学前教育政策的宣传和实施效果比较满意，分别是 79.87% 和 79.99%。

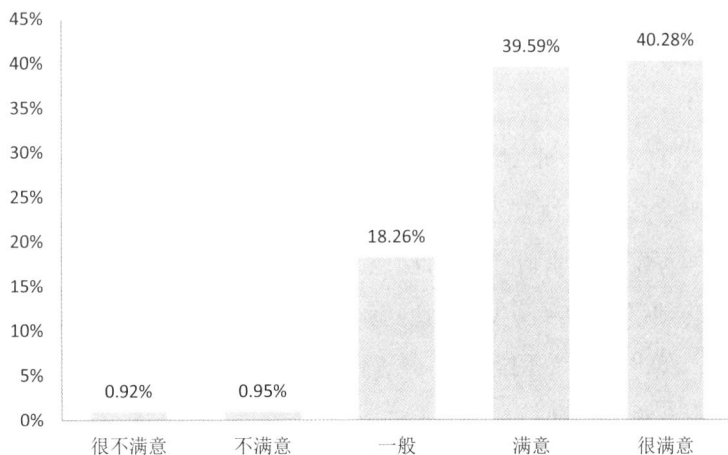

图 4-9　家长对学前教育政策信息宣传满意情况

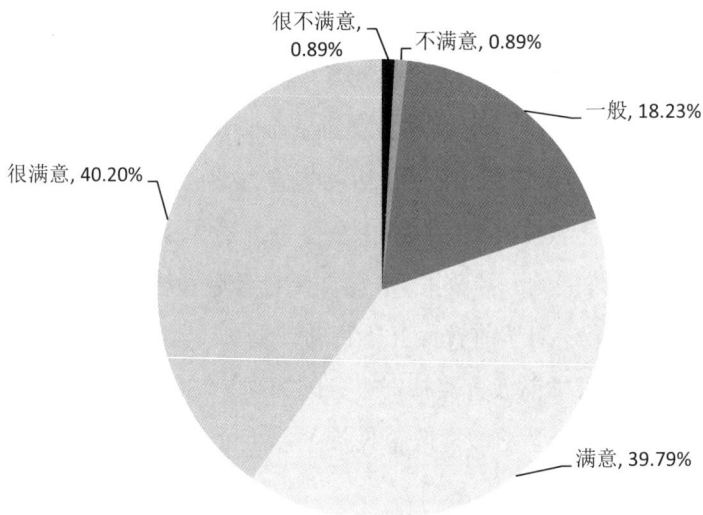

图 4-10　家长对学前教育政策实施效果满意情况

（二）持续增加各类财政性资金投入，保障学前教育可持续发展

学前教育是重要的社会公益事业。2010 年，教育部"国十条"有关负责人就学前教育财政投入答记者问时，提出了"预算有科目、新增有倾斜、支出有比例、拨款有标准、资助有制度"的学前教育财政投入"五有"要求。2011 年的《关于加大财政投入支持学前教育发展的通知》又提出"政府主导、社会参与，地方为主、中央奖补，因地制宜、突出重点"等财政支持学前教育发展的原则。基于此，S 县不断强化政府对学前教育的主体责任，探索与地区社会经济发展相适应的学前教育生均教育事业经费、教师培训经费、幼儿生均公用经费、普惠性民办园补助、贫困等特殊家庭的资助等各类财政投入机制。

通过 5 年的政府统计数据可知，S 县的学前教育总经费、财政性经费、生均经费等各类学前教育经费总体都呈现上升趋势（表 4-16）。学前教育经费总投入从 2017 年的 7079 万增加到 2020 年的 9736 万，净增加了 2657 万，增长了 37.5%。即使在 2021 年整个社会经济发展较慢的情况下，S 县的学前教育经费总投入也达到 7999 万，较 2017 年增长率约为 13%。财政性经费投入占学前教育总投入的比例也在逐渐上升，2017—2021 年财政性学前教育经费占比分别是 89.7%、92.3%、95%、96.3%、97%。教师培训经费的投入也在逐年递增，从 2017 年的 144 万增加到 2021 年的 152 万，增长了约 5.6 个百分点，培训的人次和覆盖面不断增大。为保障地区各类幼儿园的可持续发展，政府对公办园的生均公用经费和普惠性民办园补助标准一致财政投入中，从 2017 年的 325 元 / 年 / 生增加到 2020 年、2021 年的 650 元 / 年 / 生。生均教育事业经费总量也随之增长，从 2017 年的 360 多万增加到 2021 年的 944 多万，增长 1.62 倍。教师的待遇也呈增长态势，2021 年公办园在编教师的月工资基本标准为 5300 元，相比 2017 年的 4000 元，增长了约 32.5%；公办园非在编教师的月基本工资标准为 2800 元，相比 2017 年的 2400 元，增长了约 16.7%；民办园（包括普惠性民办园）教师的月工资基本标准为 2500 元，相比 2017 年的 2000 元，增长了 25%。

表 4-16　2017—2021 年个案县学前教育各类经费投入和教师待遇情况调查

各类经费投入	2017 年	2018 年	2019 年	2020 年	2021 年
学前教育经费总投入（万元）	7079	7842	8801	9736	7999
学前教育财政性经费投入（万元）	6347	7236	8361	9379	7760
生均教育事业经费投入（万元）	360.2625	330.8175	373.1325	971.75	944.58
教师培训经费投入（万元）	144	146	148	150	152
幼儿生均公用经费标准（元 / 年 / 生）	325	325	325	650	650
普惠性民办园补助标准（元 / 年 / 生）	325	325	325	650	650
公办园在编教师月工资标准（元）	4000	4300	4500	5000	5300
公办园非在编教师月工资标准（元）	2400	2500	2700	2750	2800
民办园（包括普惠性民办园）教师月工资标准（元）	2000	2200	2300	2400	2500

（三）重视师资队伍建设，确保幼儿教师队伍的稳定性和积极性

幼儿教师队伍的建设除了保障提升基本的工资收入之外，教师的总量、编制量、不同性质的教师福利、职称比例等也是影响幼儿教师队伍稳定性和积极性的重要因素。这些因素影响着幼儿园的保教质量和管理。由图 4-11 可知，在近几年 S 县学前教育发展进程中，新教师招聘、编制数等都在不断增长。教师总量从 2017 年的 1029 人增长到 2021 年的 1140 人，增长率为 10.8%。在编教师数从 2017 年的 272 人增长到 2021 年的 371 人，增长率为 36.4%。可见该地区政府对学前教育中师资队伍建设的重视，尤其对公办学前教育资源的高投入。访谈中，教师也表示公办园中在编与非在编教师福利情况基本一致，包括过节福利一致，绩效虽然分不同部门发，但也都有，五险一金齐全。民办园（包括普惠性民办园）教师的福利情况也都有体现。《关于印发江苏省幼儿园教师专业技术资格条件的通知》《A 市关于做好 2022 年全市中小学和中等职业学校教师职称申报评审工作的通知》文件指出，"各学校（单位）根据人社部门核准的岗位设置方案，结合教师岗位空缺数量和工作需要，坚持'评聘结合、按岗申报'的原则，在空岗数内组织推荐申报（其中副高级空岗数＝人社部门核准的副高级及以上岗位数－已聘用高级及以上职称人数－获评未聘高级及以上职称人数）"。在编教师的职称比例分别是副高 15%、一级 55%、二级 30%。

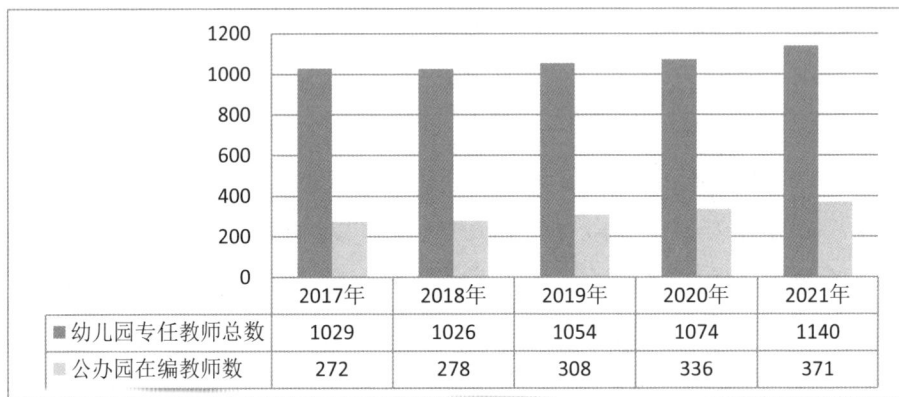

	2017年	2018年	2019年	2020年	2021年
■ 幼儿园专任教师总数	1029	1026	1054	1074	1140
▨ 公办园在编教师数	272	278	308	336	371

图 4-11　2017—2021 年个案县幼儿园教师总量和在编教师数变化情况

（四）积极落实国家贫困资助政策，关注帮扶弱势群体

《中华人民共和国学前教育法草案》（征求意见稿）指出："国家要建

立学前教育资助制度，为家庭经济困难儿童接受普惠性学前教育提供资助，保障孤儿、残疾儿童等接受免费学前教育。[①]"《江苏省学前教育条例》第四十一条规定："地方各级人民政府要对经济困难学龄前儿童和学龄前孤儿入园给予资助，鼓励各类社会组织、个人通过多种形式资助经济困难学龄前儿童和学龄前孤儿入园。"根据《S县家庭经济困难学生认定工作实施办法（试行）》《S县学生资助管理办法（试行）》等相关政策要求，按照认定汇总贫困等特殊困难的幼儿，分别给予一般困难、比较困难、特别困难的家庭每年1000元、1500元、4000元的贫困补助。访谈中获悉，除了县政府给予贫困补助之外，幼儿园还会以工会的名义定期看望、关心特殊儿童的生活、学习等情况，对特殊家庭的父母等成人进行家庭教育指导。

（五）利益相关者对政府的兜底保障情况满意度较高

《中华人民共和国学前教育法草案》（征求意见稿）指出："学前教育实行政府投入为主，地方各级政府应当逐步提高学前教育财政投入和支持水平。地方各级编制部门依据基本标准和配备标准核定公办园教职工编制并进行动态调整[②]；幼儿教师在职称评定、岗位聘任等方面与中小学教师同等待遇。"本研究主要通过家长问卷调查中家长对政府学前教育政策宣传、政策实施效果、缓解"入园难、入园贵"等方面的满意情况，教师问卷中教师对政府财政经费、人员经费、生均教育经费投入、普惠性民办园政府财政补助政策以及民办园教师工资收入水平等满意情况，并结合访谈，最终了解到利益相关者对政府的兜底保障情况满意度较高。

由表可知，家长和教师对地区学前教育政府保障的满意度较高，各指标满意度分别在78.66%—79.99%和82.98%—85.58%之间（表4-17、4-18）。其中，家长对政府学前教育政策实施效果最为满意（占比79.99%），

① 杨婷，吴遵民.终身教育背景下学前教育发展的路径与机制——读《中华人民共和国学前教育法（草案）》[J].现代远距离教育，2020（05）：18-25.

② 秦田田，刘善槐，殷美娜，等.乡村振兴背景下学前教师编制标准研究[J].华东师范大学学报（教育科学版），2022，40（06）：57-81.

其次分别是学前教育相关政策宣传（占比 79.87%）、政府缓解入园难问题
（占比 79.35%）、政府缓解入园贵问题（占比 78.66%）；教师对政府财政补
助政策最为满意（占比 85.58%），其次分别是政府对生均教育经费投入（占
比 84.87%）、财政经费投入（占比 84.16%）、民办园教师的工资保障（占比
83.21%）和政府人员经费投入（占比 82.98%）。

表 4-17　家长对地区学前教育政府保障满意情况调查

题目	很不满意	不满意	一般	满意	很满意
您对政府相关学前教育政策的信息宣传情况	32（0.92%）	33（0.95%）	633（18.25%）	1373（39.59%）	1397（40.28%）
您对政府相关学前教育政策实施效果	31（0.89%）	31（0.89%）	632（18.22%）	1380（39.79%）	1394（40.2%）
您对本地区政府缓解幼儿园入园贵问题	41（1.18%）	58（1.67%）	641（18.48%）	1338（38.58%）	1390（40.08%）
您对本地区政府缓解幼儿园入园难问题	40（1.15%）	41（1.18%）	635（18.31%）	1373（39.59%）	1379（39.76%）

表 4-18　教师对地区学前教育政府保障满意情况调查

题目	很不满意	不满意	一般	满意	很满意
您对贵园政府财政经费投入	12（2.84%）	3（0.71%）	52（12.29%）	125（29.55%）	231（54.61%）
您对贵园政府人员经费投入	12（2.84%）	6（1.42%）	54（12.77%）	119（28.13%）	232（54.85%）
您对贵园政府生均教育经费投入	13（3.07%）	3（0.71%）	48（11.35%）	126（29.79%）	233（55.08%）
您对企事业单位、高校等公办性质幼儿园和普惠性民办园政府财政补助政策	12（2.84%）	5（1.18%）	44（10.4%）	128（30.26%）	234（55.32%）
您对地区民办园教师工资收入水平参照公办园教师标准落实保障情况	13（3.07%）	6（1.42%）	52（12.29%）	125（29.55%）	227（53.66%）

第三节　普惠性学前教育政策县域实施成效的典型案例分析

一、普及普惠：X 街道持续扩大普惠性学前教育资源

（一）X 街道社区情况

X 街道是 S 县新城中心、市国家高新区核心板块，区域面积 52.63 平方千米，下辖 12 个居委会、3 个村委会，常住人口 6.6 万人，户籍人口 4.9 万人，集聚规上工业企业 94 家。近年来，以打造全国文明、平安、生态街道"三个品牌"为抓手，以"全员、全民、全域"为支撑，全力服务区域"产业超千亿、挺进五十强"目标。

X 街道坚持群众就业导向，全员参与区域电子信息、高端装备、新能源三大主导产业和"3+5"产业链招商，持续提供各类工作岗位。15 个村（居）集体总资产累计 37752.36 万元，所有村（居）通过成立劳务公司承接绿化养护、公路管护、河道管理、企业招工等业务，解决千余人剩余劳动力，创造年集体收入约 570 万元。此外，X 街道还积极推进村（居）扩大闲置资金、资源、资产出租收益，2022 年，15 个村（居）集体经营性收入全部达 100 万元。在社会治理方面，X 街道建立了"大安全""大政法""大执法"统筹管理机制，有效实现人、物、环境风险同防，创文工作位居全市同类板块前列，"28+1"安全监管工作机制有效运行，成立街道法律咨询委员会，派出所荣获"全国优秀公安基层单位"荣誉，社会大局和谐稳定。在民生服务方面，村（居）图书室实现了全覆盖，建成 3 个市、县图书馆分馆。老年人日间照料中心构建起街道、社区联动的助餐、娱乐等养老服务体系。帮扶关爱慰问活动、农村合作医疗保险补贴、集体资金奖励大学新生等举措扎实开展。X 街道还深入推进村（社区）书记"家家到""户户访"，积极开展基层党组织建设专项整顿行动，走访摸排多名困难学生。同时，支持社区挖掘红色资源价值，成立物业管理公司，聚力打造"红色物

业、幸福邻里"品牌，在每年创造 35 万元集体收入的同时，帮助 20 名困难群众实现就业，进一步巩固了基层治理中的群众优势。

（二）X 街道多举措提高学前教育普及普惠水平

A 市《关于加快学前教育改革发展的意见》中明确指出，"建立县级统筹、县镇（街道）共建的管理机制。各县（市、区）政府负责本区域学前教育发展规划、布局调整，落实学前教育经费，统筹管理城乡各类学前教育机构。镇政府、街道办事处承担发展农村和社区学前教育的责任，负责幼儿园规划、征地、建设等工作，规范管理区域内各类幼儿园，积极筹措办园经费，努力改善办园条件，切实维护幼儿园的安全稳定"。遵循这一要求，近年来，X 街道不断扩大普惠性学前教育资源，满足适龄儿童有园上、就近上等需求，持续加强学前教育项目建设，科学合理规划布局，新建多所小区幼儿园，多渠道扩大学前教育资源供给，让幼儿在家门口享受优质学前教育资源。同时，X 街道还在不断完善社区学前教育的公共服务体系，强化推动政府履行发展教育职责，持续提高学前教育普及普惠水平。截至 2021 年，X 街道共有 6 所幼儿园正常招生，其中 3 所为普惠性民办园，3 所为公办园，还有 1 所幼儿园正在建设中。

1. 异地增建公办园

X 街道规模最大的幼儿园是 G 幼儿园，该园实行"一园两区"的办园模式，共有教职员工 117 名，27 个班级。其中，东园始建于 1983 年，全园占地面积 6391 平方米，建筑面积为 3515 平方米，于 2009 年创建成江苏省优质幼儿园，现设 12 个班级，在园幼儿 327 名。西园是按省优标准新建的一所高起点、高标准、高品位的现代化乐园，全园占地面积 10124 平方米，建筑面积为 5835 平方米，2015 年 1 月投入使用，于 2016 年创建成江苏省优质幼儿园，现设 15 个班级，在园幼儿 522 名。幼儿园以"幼儿喜爱 家长信任 员工幸福 社会赞誉"为办园宗旨，以提高保教质量为中心，注重幼儿素质培养和潜能开发，致力于让每个孩子体验丰富的多元生活，培养他们优秀的品质和创造力。G 幼儿园先后获得省优质园、省平安校园、市体育特色园、教育工作先进集体、示范性 A 级食堂、依法治校示范校、巾帼文明示范岗、全国足球特色幼儿园等多项荣誉称号。

2. 全面认定普惠性民办园

X 街道原有民办园 2 所，都是市优园的办园标准，分别是拥有 7 个班、215 名幼儿、13 名专任教师的 B 幼儿园和拥有 9 个班、269 名幼儿、19 名专任教师的 T 幼儿园。在学前教育普惠性发展背景下，根据《S 县普惠性民办幼儿园认定与管理实施细则（试行）》《S 县普惠性民办幼儿园认定管理办法的通知》等文件要求，街道两所民办园陆续依据认定标准被认定为普惠性民办园，接受县政府按照公办园生均公用经费标准的补助，补助资金全部用于改善办园条件、添置保教设施和提高教师待遇，确保办园投入，教师的福利待遇等合法权益得到有效保障[①]。有幼儿园园长说道："普惠性民办园的铜牌既是对园所工作的认可，也是对今后走好普惠发展之路的监督，我们一定按协议要求，办好人民满意的普惠性幼儿园。"

3. 建成小区配套园

为彻底解决"入园难、入园贵"问题，确保幼有所育、幼有优教，推动学前教育普及普惠发展，县政府积极开展"为民办实事"活动，专门出台《城镇小区配建幼儿园实施意见》，指出在 2020 年全面完成既有小区配套园规范治理的基础上，明确今后新建小区配套园将全部办成公办园，加速助推全省乃至全国学前教育普及普惠示范区建设。截至 2022 年，X 街道的两所小区配套园——Y 幼儿园和 D 幼儿园都被建成公办园。其中，Y 幼儿园占地面积 1182.72 平方米，建筑面积 3439.6 平方米，规划办学 4 轨 12 个班，于 2021 年 9 月 1 日正式开园。D 幼儿园是由小区开发商代建，街道按照江苏省优质幼儿园标准投资设计装修，是 S 县新建小区配套园由属地政府投资举办成公办园的成功典范。该幼儿园围绕"只因幼儿而改变"的办园理念，以"乐玩科技"的科学启蒙教育为引领，努力打造"我在玩，我不只是在玩"的园所文化，力求让每一名幼儿都能得到全面和谐而有个性

---

① 门鑫玥. 普惠性民办幼儿园认定标准政策的内容分析 [D]. 沈阳师范大学，2019，48.

的发展。D幼儿园占地面积688平方米，建设面积约2000平方米，办学规模为2轨6个班，可容纳近200名幼儿入学。

二、保教质量：P幼儿园深入实施课程游戏化项目

（一）P幼儿园简介

P幼儿园创办于1984年，坐落于人文历史悠久、文化底蕴丰厚的Y街道上，占地面积5400平方米，建筑面积2500平方米，现有班级8个，幼儿224名，教职员工55位[①]。幼儿园拥有省、市、县级骨干名师15名，有全县唯一的学前教育名师工作室、市"四有"好教师团队；是江苏省优质公办园、课程游戏化项目园，也是多所高校的实践基地。幼儿园先后获得省平安校园、省教科研先进单位、市特色幼儿园等称号，多次为省学前教育学术年会、国培班、省培班学员开放活动现场。P幼儿园是个案县创建全省区域课程游戏化的项目区，它以《3—6岁儿童学习与发展指南》文件精神为引领，以"智慧爱、诗性美、游戏精神"为核心理念，在探寻课程游戏化建设的过程中，充分挖掘富有个性的课程文化，彰显"爱心教育""审美体验""游戏精神"的办园特色，2017年《基于美育的课程游戏化》项目终结评估获优秀等次，2019年出版园本课程《审美体验，快乐生活》，2022年成功申报江苏省基础教育前瞻性教学改革与实验项目1项。

（二）P幼儿园审美体验式游戏化课程实施过程

P幼儿园地处个案县城乡连接区域，周边有着丰富的自然、社会和人文资源，这些乡土资源都是进行课程开发的好素材。幼儿园积极开展园所、家庭、社区三方合作，从"自然美、社会美、艺术美"三个方面，充分探索乡镇幼儿园美育体验式游戏化课程建设模式。

1.创设审美游戏化育人环境

作为省级课程游戏化项目建设园，P幼儿园积极创设以幼儿为本、园所

---

① 吴丽娟.幼儿园区域的探索与打造[J].华人时刊（校长），2021（04）：28-29.

文化为基的审美育人环境①。

首先，创设"美"的物化环境。幼儿园极力打造处处体现自然美、生态美的户外环境。一是在幼儿园户外角落创设了户外生态园，设置灌木、种植、饲养等区域。灌木区种植柿子树、玉兰、樱花等花草树木，是幼儿探索发现、嬉戏玩耍的"野趣园"；种植区播种豆角、黄瓜等易于生长的蔬菜，幼儿在这里既可以了解蔬菜的生长过程，又能体会到劳动与收获的乐趣②；饲养区内养殖鸡、兔、鹅等动物，幼儿可通过饲养、观察、记录感知动物的生活习性。二是在幼儿园门厅处摆放丰富的自然物，造型不同的树桩、树枝、石头与周围的自然景物交相辉映，充满着田园气息。三是选麻布、棉绳等自然材料作为室内环境创设的材料，如：报纸造型的小鸟、枯树编制的鸟窝，废旧的轮胎当花盆，种上各种各样的花草，幼儿置身其中，对一花一草、一木一石的呵护之情油然而生。

其次，营造"美"的人文氛围。幼儿园注重创设充满美与爱的文化氛围，积极为幼儿构建健康、和谐的人文环境。如：在楼梯口摆放温馨的藤制沙发和报刊架，在过道走廊上张贴"爱与美"的主题图画、设置"爱的信箱"，鼓励幼儿通过信箱传递想对老师说的话和自己的心声③。在楼梯和走廊处，采取以时间为线索的方式，配合时令和节日设置不同系列的欣赏主题，营造浓郁的传统艺术文化氛围。各班级根据幼儿的兴趣与经验设置曲艺说唱、剪纸、绘画等特色活动区，让幼儿亲身感受民俗风情的魅力，加深对民俗文化的认识与理解，树立民族自信心，传承家乡文化。

最后，建构"美"的多元空间。以《3—6岁儿童学习与发展指南》（简称《指南》）为指导，首选艺术作品展示作为幼儿园审美环境教育的内容。如幼儿园的外墙和墙壁上呈现《生命树》《向日葵》等画面温馨、色彩柔和的名画；操场墙面上半部分布置米罗的系列作品，给孩子们美的视觉享

---

① 杨淑英，邵冰洁.创设"由和致美"幼儿园美术教育环境[J].画刊（学校艺术教育），2015（04）：45-47.

② 杜春霞.如何布置幼儿园生活环境[N].中国教育报，2013-09-08（001）.

③ 刘雪.爱，教育的根本——对幼儿园实施"爱的教育"的几点思考[J].好家长，2014（41）：80-81.

受，下半部分做涂鸦墙，让幼儿自主选材、自由作画。幼儿园还创设了富有艺术情趣和美感的艺术体验室，开辟专门的艺术鉴赏和互动空间，通过艺术空间给儿童以美的感受和体验，为儿童提供多种可供选择鉴赏的审美材料①，让他们大胆地表达和表现自己的内心情感世界。如美劳创意工作坊，展示着教师、幼儿及家长制作的手工艺品；戏剧工作坊为幼儿设置了专门的戏剧空间，围绕特定的主题，师幼共同创作戏剧的角色、情节和情景，发展幼儿的想象力和创造力。

2.构建美育游戏化课程体系

美育课程游戏化建设的过程，是园本化、科学化的探寻过程，是儿童、教师、家长共同经历、共同成长的过程。

一是强化引领美育课程游戏化的理念。通过多次的研讨学习，不断深化全园教师对美育课程游戏化建设需要关注幼儿的体验性、主动性，需要采用生活的、游戏的方式来实施，需要将审美因素渗透于课程实施的始终等理念。组织教师反复研读课程游戏化专家的相关理论研究成果，如《课程游戏化的意义和实施路径》《六个支架的解读》，与省里其他同类幼儿园开展课程游戏化建设专题研讨、经验分享等，引领教师树立科学的儿童观、游戏观和课程观。

二是构建游戏化的美育课程框架。课程游戏化建设突破了以艺术教育为载体的审美教育模式的局限性，强调以游戏为基本活动，一日生活各个环节自然渗透、融合审美教育元素，采用多样化的审美体验方式，丰富幼儿审美经验，促进幼儿身心和谐健康发展。P幼儿园美育课程体系以自然之美、社会之美、艺术之美为目标②；以将儿童的学习与生活轨迹按照幼儿园、家庭、社区三个维度展开，让课程线索与审美文化相融合，唤起幼儿、教师、家长内心深处对自然、社会、艺术的热爱与感悟为实施路径③（图4-12）。

---

① 谢超香.基于内隐学习的学前儿童绘画活动研究[D].西南大学，2016，127.
② 孙兰凤.融入审美体验的幼儿园课程游戏化探索实践[J].好家长，2019（45）：48-49.
③ 孙兰凤.融入审美体验的农村幼儿园课程建设[J].早期教育（教育教学），2020，943（01）：14-15.

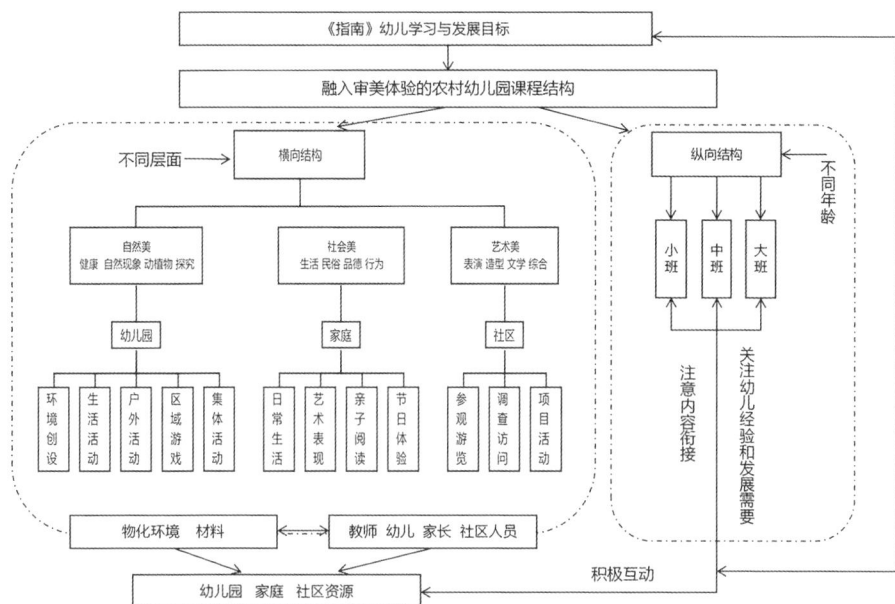

图 4-12　幼儿园美育课程游戏化建设框架图

三是丰富美育课程游戏化的内容。在课程设计和实施中，P 幼儿园教师、家长、幼儿全员参与，整合幼儿园、家庭、社区等多方资源，从自然、社会、人文等方面，采取实地走访、调查访问的方式收集各类信息资源，进行整理和分类，梳理设计出适合孩子的、可开展的各类游戏化课程活动内容（图 4-13）。

3. 助推师幼自主共成长

课程游戏化建设的过程实质上是一种变革的过程，它不仅是 P 幼儿园课程变革，更是幼儿和教师的发展变革。

一是促进教师的专业化成长。在课程实践中，教师通过学习感悟、实践反思，学会了用课程游戏化的理念来审视自己的教育行为，从被动的实践者逐步成为积极自觉的研究者。围绕"课程游戏化""审美教育"等专题，有针对性地选择经验性文章强化教师学习；将文章以"菜单"的方式提供

自然资源

花草	树木	农作物	动物	沙水泥石	多种地形
儿童通过观察、比较、测量发现花卉的生长变化，感知生命的多样性。	幼儿测量树干的粗细，围绕树木开展独木桥、跷跷板等游戏，树枝、树叶可作分类和创作游戏的材料。	在自然角、种植园开展品种多样的种植活动，让幼儿体验播种、照料、成长、收获的过程。	接触自然角、饲养角里的动物，让幼儿感受到生命成长的变化，萌发热爱自然的情感。	幼儿在玩沙水泥石中感知自然材料的特征，体验探究的乐趣。	土坡、山洞、草坪、平地等多样的地形，可以满足不同种类的活动需要。

社会资源

教职工	家长	不同职业人群	社会基础设施	主要公共场所
幼儿园的园长、教师、保育员、厨师、保安等都可随时参与到幼儿的活动中来。	积极发挥家长的专业和资源优势，请进幼儿园，走进幼儿的活动中。促进亲子感情，增强家园合力。	邀请周边社区内不同职业的人群来园活动，如民警、社区医生、中小学教师等，都是重要的人力资源。	带幼儿有目的地探索周围生活的高楼、公园、路、桥等基础设施，丰富拓展幼儿的经验。	结合幼儿感兴趣的小吃店、超市、银行、快递公司等场所，开展相关参观游览、角色游戏等活动，促进幼儿社会性发展。

图 4-13 幼儿园美育课程游戏化各类课程资源内容

给教师，让其按需"点菜"，学会自主学习[1]，吃透和理解课程游戏化精神。定期开展教研活动，设立美育活动、环境创设等专题研究项目组，鼓励教师担任教研活动主持人，提高其设计组织能力和课程的实施水平。还邀请擅长美育研究的名师及专家来园指导，通过开设讲座、现场剖析等方式，引领教师美学理论水平的提高。

二是培养求真向美的完整儿童。在美育课程游戏化实施的过程中，用游戏的方式，引导幼儿爱运动、知礼仪、乐交往、善学习、会审美。整体规划幼儿一日生活。将一日生活的美育元素有机融合成一个整体，渗透到

---

① 钱琴.提升教师园本课程实施能力的行动研究 [D].辽宁师范大学，2011，25.

幼儿生活、游戏、学习等多个环节中。如伴随着轻松悦耳的早安音乐，幼儿自主入园签到；区域游戏自主选区，渗透美术、音乐等艺术元素的材料；主题活动融入多种形式的艺术体验。创设特色园本活动。以"乐乐"为原型创设幼儿园"乐乐"吉祥物，开展系列"乐乐"主题活动。如与世界阅读日相结合的"乐乐阅读节"，幼儿和家长自发参与图书漂流、阅读打卡、亲子阅读等活动，打造浓郁的书香校园和书香家庭；与植树节相融合的"乐乐种植节"，为幼儿参与种植、观察植物生长、感知周围环境提供多种渠道；"乐乐艺术创想节"开展亲子创意文化衫、环保时装秀等活动，为幼儿创设感受美、表现美、创造美的机会。

三、政府保障：G 镇政府保障学前教育人民满意发展

G 镇学前教育按照"省市统筹、以县为主、县乡（街道）共建"的管理体制，县和乡镇两级政府在学前教育布点规划与实施、经费保障、教师编制及工资待遇等方面持续落实主体责任，始终把提升乡镇学前教育普及普惠、安全优质发展作为社会民生的重要环节，以改善硬件设施为抓手，着力提升学前教育办园环境，逐步扩大普惠优质学前教育资源，做强做优乡镇学前教育，全力让幼儿享受到更优质的教育资源，全力提升乡镇家长、教师等群体对学前教育的幸福感和满意度。

（一）G 镇镇情和园情简介

1. 乡镇情况简介

G 镇总面积 43 平方千米，人口近 4 万，下辖 10 个村（社区），是国家级生态镇、卫生镇，江苏省文明镇，市首批城乡统筹试点示范镇。

2022 年全年实现地区生产总值约 30.37 亿元，城镇居民可支配收入51636 元，同比增长 5.0%；农村居民可支配收入 31651 元，同比增长 6.6%。固定资产投资增长 18%。全镇现有工业企业 84 家，拥有国家级"专精特新小巨人"企业 2 家、国家高企 23 家、院士工作站 1 家、国家驰名商标 2 个，

实现年税收 4000 多万元，发展动能不断增强。依托"全国文明村""全国乡村旅游重点村""中国最美休闲乡村"，发展家庭农场 17 家，连续 4 年举办全国乡村优秀曲艺节目交流展演活动、7 年举办美食节活动，新上青少年研学项目，实现多年接待游客超百万人次，旅游总收入超亿元，富民步伐不断加快。建设农村公路 210 千米，打造森林村庄 7 个、主题公园 4 个、室外运动广场 2 个；集镇区扩至 6 平方千米，建成 9 个现代小区，集镇集聚人口近 2 万人；拥有全国教育系统先进集体——GM 实验学校、省级优质幼儿园、全国群众满意乡镇卫生院、省三星级敬老院，民生福祉持续增进。

2.幼儿园情况简介

截至 2022 年，G 镇拥有一所公办幼儿园，分两个校区办学。老校区镇中心幼儿园创建于 1983 年，2009 年建成江苏省优质园，占地面积 5695 平方米，绿化面积 1674 平方米，活动场地 2110 平方米。截至 2021 年，共有 8 个班（7 个小班、1 个托班）、198 名幼儿、36 名教职工。专任教师全部持证上岗，大专学历达成率 100%。幼儿园曾获得"江苏省优质幼儿园""江苏省平安校园""江苏省巾帼文明岗""江苏省餐饮质量安全示范食堂""县教育工作先进集体"等荣誉称号。新校区 X 幼儿园于 2019 年 8 月投入使用，2021 年 11 月被评为江苏省优质幼儿园。全园占地面积 16666 平方米，建筑面积 15884 平方米，共计 15 个班、457 名幼儿、62 名教职工。幼儿园曾获得"江苏省餐饮质量安全示范食堂""县教育工作先进集体""县宣传工作先进集体"等荣誉称号。

（二）G 镇政府多途径提升学前教育的满意度

1.领导思想重视，始终关注学前教育发展

G 镇政府重视学前教育，切实履行学前教育主体责任。政府工作人员说："我是 2010 年从小学借用到政府的，来这十几年，感觉镇政府对学前教育投入非常大，孩子们很幸福。一般乡镇财政紧张时，不一定舍得投资学前教育，因为短期内看不到明显的成效，但我们政府就不图什么回报。曾经上级政府承诺地方建设幼儿园，会给予一定的奖励，但是这些奖励与最终建幼儿园投入的钱比，都是杯水车薪。所以，我们政府领导出发点不是为了要上级政府奖励或者什么政绩，就是纯粹的重视幼儿教育，希望孩子能在我们乡镇上幼儿园是幸福的。""现在乡镇财政比较吃紧，招商引资也比较难，很多非必须做的项目都搁浅、暂停了，但是我们领导始终坚持事关一老一小的问题政府必须全力支持的原则，哪怕是借钱。"

2.新建高标准幼儿园，改善办园环境

2017年，G镇政府在进一步深化学前教育高质量发展的进程中，开始规划在乡镇中心园继续保留的基础上，按照省优园的建设标准开工异地新建30个班级的X幼儿园，并于2019年8月正式投入使用。据幼儿园园长介绍："我是2011年到中心园工作，那时候幼儿园很拥挤，一个班级70个小朋友是常态，场地有限，没有固定的区域，没有保育员，只有2位老师。现在新建的幼儿园硬件环境改善了很多（图4-14），不仅室内外面积大，设计也很合理，每个班级的活动区和休息区都是分开的，中间连接墙还装了玻璃窗，方便教师备课办公时随时观察孩子的情况。同时，教室外走廊的设计也很科学（图4-15），很宽敞，下雨天孩子们可以直接在教室外的宽大走廊里自由活动，这是全县幼儿园中最大的走廊。"政府如此高标准投资建成的幼儿园，为当地幼儿营造了良好安全的就学环境，真正使适龄儿童在家门口享受到优质的学前教育资源，将教育惠民工程落到实处。

图4-14　幼儿园教室环境

图 4-15　幼儿园室内走廊

3. 财政性高投入，助推学前教育可持续发展

近些年，G 镇政府多途径加大学前教育的财政性投入，保障了乡镇学前教育可持续发展。一是政府买单，免费入园。2011 年，G 镇中心幼儿园不仅人数多，而且政府还实行了学前教育不收费政策，政府兜底学前教育的各类支出，鼓励所有适龄儿童应入尽入，保障了乡镇学前教育的全面普及。二是财政专项投入，新建幼儿园。2017 年，政府一次性投入 6000 万新建中心幼儿园的新园区，并按照省优质幼儿园的标准进行设计和建设，大大改善了幼儿园的办园环境，使幼儿园成为乡镇对外交流的亮丽名片，为学前教育的安全优质发展保驾护航。三是持续资助经费，支持园所改善环境。新建幼儿园投入使用后，政府积极响应省、市、县课程游戏化建设的号召，资助教师到浙江观摩学习安吉游戏活动开展，招标购买安吉游戏的积木、滚筒、木梯等各类游戏材料，支持园所逐渐改善办园环境。四是奖励性资金激励，改善无编教师待遇。由于编制有限，幼儿园内部分教师由地方政府聘用，工资待遇比县统一招聘的在编教师低。为调动无编教师的积极性，地方政府专门设立备案制教师绩效工资，根据年终考核每个月补贴 800—1000 元工资绩效奖励。同时，每年拿出 7 万元奖励性资金，用于奖励无编教师在提升学前教育保教质量方面作出的贡献，如参加各类比赛、论文获奖等。这些做法既改善了无编教师的待遇，也极大地调动了其工作的积极性。

4. 支持教师队伍建设，重视园方话语权

幼儿教师队伍数量的充足性、稳定性和专业化发展水平是影响幼儿园保教质量的关键因素[①]。近几年来，G镇政府支持幼儿园教师队伍建设成绩显著[②]。

一是配齐保育员。在政府的支持下，幼儿园按照省优标准持续招聘保育员，从2011年的2教0保，发展到每个班全部达到2教1保标准，有的小班甚至3教1保。截至2022年，两个校区幼儿园加起来有98名教职工，大大改变了教师的工作环境。园长说："从2018年9月份，我们幼儿园的人员到位了，地方到位了，啥都到位了，幼儿园进入了良性循环的发展轨道，几年前即使你想发展也发展不起来。"

二是教师教育理念和能力的变化。据园长介绍："之前学前教育不太受重视，2011年才来的时候最大的感受就是学前教育不开放，全县各家幼儿园都封闭式管理，自己家摸索。现在县里比较重视学前教育，开始分片区管理，每一个片区都设有一个龙头幼儿园，负责带动周边其他幼儿园共同发展，形成团队合力。"邀请优质园来园指导的同时，政府还定期支持选派教师带着园所发展的困惑"走出去"学习，再进一步结合园所发展实际在园所内进行交流、讨论、推广，这种教研区优质园带动普通园共同发展、"请进来""走出去"的互动学习模式，促进了幼儿教师教育理念和能力的提升，快速助推了幼儿园的保教质量提升。

三是重视园方的话语权。乡镇政府在支持学前教育各方面发展的过程中，非常重视与园方交流，在新园建设布置、资金使用、无编教师激励等方面充分征求园方的意见和建议，重视园方的专业话语权。"政府在幼儿园新园建设的时候基本全程让我们园方参与，很多镇政府就是幼儿园建好后直接交给园方，期间基本没有交流，但我们镇政府充分尊重我们的意见，说他们不懂教育，在幼儿园房子设计建设过程中，会咨询我们走廊要预留

---

① 柴葳，刘博智.学前教育毛入园率提前6年实现目标[N].中国教育报，2015-11-25（001）.

② 教育部发布《学前教育专题评估报告》[J].教育导刊（下半月），2016（01）：89-92.

多大、不同教室分别是什么用途、户外如何设计等，基本上都是让我们参与进来，采纳我们的建议。我们幼儿园现在的宽大走廊就是那个时候我们坐下来商量预留的，下雨天孩子们在室内走廊就可以活动。"W园长说道。

第五章　普惠性学前教育政策县域
实施效果的审思

　　基于理论基础中对政策过程理论的分析，并结合研究者的实际调研，本研究中关于普惠性学前教育政策县域实施效果的审思主要参照政策过程理论，分别从地方政府政策制定、地方政府政策执行、地方政府政策评估三个方面，对个案县普惠性学前教育政策的实施成效和存在的问题进行归因分析，并按研究维度对调查中发现的问题进行剖析。

第一节　普惠性学前教育政策县域实施成效的归因

　　从第四章对个案县普惠性学前教育发展的实证调查结果分析来看，总体上，个案县普惠性学前教育在普及普惠、保教质量和政府保障等方面整体发展水平较好，家长、教师等利益相关者满意度也较高，县域普惠性学前教育发展呈现良好的发展态势，这些都与地方政府政策的科学制定、有效执行和及时评估分不开。

一、政策制定层面：出台多类型政策，保障学前教育发展有章可循

2010 年之后，特别是党的十八大以来，我国学前教育开启了飞跃式发展模式。截至 2022 年，全国学前教育毛入园率达 89.7%，普惠性幼儿园占比 84.96%，普惠园在园幼儿占比 89.55%，学前专任教师中专科以上学历占比 90.30%；截至 2021 年底，个案县学前三年毛入园率为 99.1%，普惠园覆盖率（公办园和普惠性民办园在园幼儿园占比）为 92.96%，普惠性幼儿园占比 78.2%，专任教师中专科以上学历占比 93.37%。[①] 最明显的变化是，人民身边的幼儿园数量增加了、入园费用下降了、入园距离缩短了、孩子们入园更开心了，人民群众所关心的"入园难、入园贵、入园远"等学前教育棘手问题逐步得到了缓解，全社会形成了关心、支持、办好学前教育的良好氛围。

学前教育事业取得的发展成效与党和国家对其的高度重视密不可分。十余年来，上到党中央、国务院，下到省市县各级政府都高度重视学前教育事业发展。个案县结合本地实际积极贯彻落实中央等上级政府政策，出台了多类型政策，保障学前教育规范发展。在国家层面"国十条"《若干意见》《学前教育三年行动计划》等政策的基础上，江苏省先后出台了《关于加快学前教育改革发展的意见》《公办幼儿园机构编制标准（试行）》《关于编制实施学前教育五年行动计划的通知》《关于开展幼儿园课程游戏化建设的通知》《关于加强学前教育教研工作的意见》《江苏省"十四五"学前教育发展提升行动计划》等 20 多个学前教育政策性文件，不断促进江苏省学前教育普惠优质健康发展，建设更高质量的学前教育公共服务体系。S 县政府作为县域学前教育普及普惠安全优质发展的责任主体，在国家和省市政策的大背景下，积极实施"科教强县"战略。本着"还历史旧账、补现实短板"的要求，S 县于 2011 年在全市率先制定并实施了《学前教育第一期五年行动计划》，通过扩大优质资源、打造优质队伍、提供优质保教等举

---

① 薛二勇，傅王倩.发展公平而有质量的教育——中国教育改革和发展的形势与政策分析 [J].中国青年社会科学，2018，37（03）：22-30.

措，强势推进学前教育改革发展；后又持续出台了《S县普惠性民办园认定与管理实施细则》《S县学前教育奖补资金分配细则》《关于调整学前教育兼职教研员及教研责任区划分的通知》《关于开展全县幼儿园课程游戏化建设情况督查的通知》《S县幼儿园办园质量督导评估办法（试行）》《关于进一步规范幼儿园收费管理有关事项的通知》《S县学前教育发展质量提升行动方案的通知》《2023年度S县幼儿园教育工作评分考核细则》等有关普惠园发展、财政投入、保教质量提升方面的政策文件，保障了县域学前教育改革发展有章可循。S县还按照公办园生均公用经费标准对普惠性民办园进行补助[1]，相继出台《S县学前教育综合奖补资金管理办法》等政策文件，明确规定普惠性民办园所获得财政补助只能用于改善办园条件、提高教师待遇等方面[2]。

目前S县已形成"政府主导、社会参与、公民办并举"的多元化学前教育发展格局[3]，全县镇镇建成省优公办园、国标校车实现全覆盖、办学条件明显改善、教师结构持续优化、保教质量大幅提升，成为第二批"江苏省学前教育改革发展示范县"。

二、政策执行层面：多举措实施政策，保障学前教育普惠优质发展

S县围绕创建全国学前教育普及普惠县的目标，坚持做好顶层设计，多举措贯彻落实国家、省、市、县各类普惠性学前教育政策，不断扩大优质普惠学前教育资源供给，积极破解人民群众对优质学前教育需求与学前教育发展不平衡不充分之间的矛盾，重点抓好普惠园建设、省优园创建、课程游戏化推进、教师素养提升等工作，正努力构建"广覆盖、保基本、多元化、高质量"的县域学前教育公共服务体系。

[1] 本刊编辑.普惠落地　公办扩容——全国学前教育稳步发展[J].今日教育（幼教金刊），2021（01）：4-7.
[2] 李大林，王小亮，卞桂富.算好学前教育发展"三本账"[N].江苏教育报，2020-09-04（001）.
[3] 郭裕嘉，马德佳.献身教育矢志不渝　丹心化雨滋兰树蕙——记山丹县教育体育局党组书记、局长姜洪荣[J].甘肃教育，2019（02）：12-15.

（一）加大普惠园建设

一是认定与支持普惠性民办园的建设与发展。在加快公办园建设的同时，S县积极推动普惠性民办园认定工作，引导更多的民办园走普惠性发展之路，切实降低群众接受学前教育的负担。2017年出台的《普惠性民办幼儿园认定与管理实施细则》（简称《细则》）明确阐述了普惠性民办园的认定标准、管理机制和经费扶助等规定[1]。S县政府还与已认定的幼儿园签订了《普惠性民办幼儿园认定及服务委托协议》，以此明确双方的权利和义务。《细则》又规定普惠性民办园应不以营利为目的，保教质量、收费标准与同类公办园同步。截至2021年，S县32所民办园中有28所转为普惠园，普惠性幼儿园覆盖率达92.96%，已超省定85%的标准。

二是规范与开展小区配套园的建设与治理。S县政府专门出台《城镇小区配建幼儿园实施意见》，聚焦小区配套园存在的建设、移交、办园等突出问题，按照"依法依规、先易后难"的工作原则和"一园一案"的工作方式，与房地产开发商或幼儿园所有者充分协商，逐一进行整改。从2017年起，对已办有独立产权证、举办为高收费的小区配套园开展普及普惠评估认定工作，让老百姓真正享受"实惠"。"十四五"期间，S县将新建小区配套园8所，并全部办成公办园。

（二）大力创建省优质园

为加快推进学前教育普及普惠示范区的建设，S县全面加速省优园的创建进程，并列入属地政府工作考核内容，努力满足人民群众对幼有优育的需求。县教育局制定省优园创建规划，规定所有新建幼儿园必须按省优园标准规划、设计、建设，确保新建一所达标一所，2021年和2022年新建的6所幼儿园全部达到省优标准。对现有成型幼儿园逐园制定创建工作"一园一案"，明确达成年限、进行跟踪指导。同时还加大财政专项资金投入，建立奖补政策，对新建省优园奖补100万元资金，改扩建省优标准园奖补50

---

① 本刊编辑.普惠落地公办扩容——全国学前教育稳步发展[J].今日教育（幼教金刊），2021，（01）.

万元；凡新创成的省优质园，县政府一次性奖励 10 万元。

在此基础上，县教育局采取多举措、多途径等方式帮助幼儿园加强内涵建设，提升区域省优园创建的通过率。如：加大省优园创建指导。聘请华东师范大学、省幼特教研究所的专家学者组成专家智库，帮助幼儿园负责人和教师更新观念，理清思路，提供指导。组织结对帮扶。通过园际结对帮扶、跟岗交流培训、中心园到村园等方法，不断提升项目园创建水平。截至 2021 年，S 县 59 所幼儿园中有 44 所幼儿园通过省优质幼儿园认定。

（三）提升幼儿园保教质量

一是推进课程游戏化项目。近年来，S 县政府将推进课程游戏化作为重点内容写进政府工作报告。2020 年，S 县通过江苏省区域课程游戏化立项申报，建立起"行政推动、教研引领、专家指导、典型示范、监督考核"的课程游戏化推进机制，先后成功申报省课程游戏化项目园、省"幼小衔接"试点园校，并通过省区域课程游戏化项目区建设立项；修订完善《S 县课程游戏化建设成效考核方案》《S 县学前教育发展质量提升行动方案》，对区域课程游戏化建设工作进行总体把控和科学指导，确保了整体实施效果。

二是实施学前教育教研指导责任区制度。2018 年，S 县出台了《学前教育教研指导责任区制度》（简称《制度》），将全县所有幼儿园按发展现状和地域分布情况分为五个教研区，每个教研区配备兼职教研员 3 名，省优园园长兼任责任区教研组长。《制度》规定，教研指导工作应以《幼儿园工作规程》《3—6 岁儿童学习与发展指南》等政策文件为依据，以提升保教质量为目标，以提高教研工作覆盖性、有效性为抓手，通过培训、现场指导等形式培养业务骨干，深入调研、发现问题、提出合理化教研建议[①]，不断提高全县幼儿教师专业化水平。

三是推动公民办园一体化管理。S 县成立了名园工作群，组织省优质园与农村薄弱园、民办园开展结对帮扶活动，在办园规范、保教活动、区

---

① 本刊综合.速览 [J].福建教育，2018（16）：5.

域设计等方面进行一对一指导，推动各类幼儿园保教质量同步发展。同时，以五大学前教育责任区为载体，提供保育教育、活动设计等标准化指导，促进公办园、民办园保教质量稳步提升，为老百姓提供更多优质普惠资源。

（四）提升教师队伍综合素养

S 县采取分层推进、片区联动等措施优化学前教育师资，全面提升幼儿教师的整体素质和水平。一是加大师资培训投入。专门设立幼儿教师培训专项经费，以"入职培训、师徒结对、跟岗研修、送教下乡"等方式，在幼儿教师间开展专题研讨、交流分享等多元培训模式，帮助教师提高教学科研、保育教育等专项能力和素质。二是创新师资教研机制。建立常态化开展片区学前教育教研活动。以项目实施为抓手，强化教师正确的儿童观、游戏观和课程观，让"自主、自由、愉悦、创新"的游戏精神贯穿幼儿学习与生活的始终。三是创立名师工作室。为发挥名师队伍示范效应，2018年，S 县专门出台了《S 县名师培养工程行动计划》，截至 2022 年已有 1 位园长获批成立县级名师工作室。坚持"县级带动、专家指导、团队协作、整体提高"的原则，将扩大名师队伍、提升名师专业发展水平、发挥名师引领作用与培养骨干人才有机结合，工作室建设周期为 5 年，每个名师工作室每年安排 5 万元的活动经费。

三、政策评估层面：强化督导评估力度，保障学前教育可持续发展

教育政策实施的良好成效除了制定各类相关政策和多举措执行政策外，还离不开对政策实施的后续督导评估，这样才能保障普惠性学前教育可持续发展。2013 年，S 县成为第二批全国中小学校责任督学挂牌督导创新县（市、区），全县共选聘了学前教育专（兼）职责任督学 40 名，组建了 5 个工作中心，设立了 57 个责任督学工作室，以保障学前教育责任督学挂牌督导工作实现全覆盖。

根据国家相关评估文件要求，S 县通过实地调研、查阅材料等形式开展

《3—6岁儿童学习与发展指南》等政策落实情况的监督考察。S县对幼儿园实行动态监管，修订并出台《S县幼儿园办园质量督导评估标准（试行）》等文件。将全县幼儿园分成四个责任区，每个责任区设定一所领衔幼儿园，领衔园园长任组长，同时配备3名兼职教研员，每所幼儿园配备1名常驻责任督学；由兼职教研员和责任督学对责任区内的各幼儿园日常管理、队伍建设、发展成效进行跟踪监督，引导其实施科学保教。

督导过程中，S县政府始终要求督导室要围绕推进学前教育优质普及普惠发展，提升"督"的能力和"导"的水平，成为责任区的"片儿警"、学前教育决策的"参谋者"、教育管理的"督察员"和家园联系的"连心桥"，护航幼儿安全健康成长。据不完全统计，自开展幼儿园责任督学挂牌督导以来，共开展经常性督导450余次，组织综合督导和专项督导6次，发现和解决各类管理问题100余个，向教育行政部门和幼儿园提出合理化意见或建议100余条，有力推动了区域学前教育的高质量可持续发展。

第二节　普惠性学前教育政策县域实施中存在的问题

一、普及普惠方面：普惠性学前教育资源依然不足

2018年，《若干意见》提出到2020年全国学前教育"8050"的目标；接着，2020年的《县域学前教育普及普惠督导评估办法》要求各省市制定并报送县域学前教育普及普惠督导评估工作方案和总体规划，江苏省于同年出台《江苏省县域学前教育普及普惠督导评估实施方案的通知》，并指出："争取到2025年全省有60%的县通过国家督导评估认定，到2030年所有县全部通过国家认定。"这一系列政策措施有效推动了学前教育的持续、健康发展，各个县域的学前教育工作也在迎检评估中得到了改善，积极补

齐普惠性学前教育资源匮乏等短板，从而达到普及普惠的目的[①]。

从政府客观数据和各类调查来看，个案县这几年学前教育资源不断扩大，学前教育质量持续提升。但与党的二十大报告提出的要办好人民满意的教育，强化学前教育的普惠性发展目标相比，个案县的普惠性学前教育资源依然不足，主要表现在：

（一）公办园布局结构不够合理

在国家提出学前教育普惠性发展战略后，全国各县区在乡镇不断新、改、扩建公办园，在城区同步配套建设普惠性民办园，以缓解"入园难""入园贵"等民生问题。然而，由于经济社会的发展、城镇化水平的提高，造成人口向城区集中的趋势，加上城区教育土地规划滞后等原因，引发城区学前公办教育需求扩大而供给不足等一系列问题。

据调查，个案县驻城的 36 所幼儿园中，公办园只有 8 所，占比22.2%；乡镇的 23 所幼儿园中，有 19 所公办园，占比 82.6%。可见，公办园分布主要集中在人口减少的乡镇，城区公办学前教育资源短缺，公办幼儿园布局不够均衡，不能满足人民群众对公办学前教育资源的需要。"入园难"主要表现为"入城区公办园难"。在访谈中，教育行政工作人员表示："目前我们乡镇孩子的生源普遍偏少，而城市的孩子越来越多，城市的公办园容纳不下那么多幼儿。我们这边四个驻城街道中有三个街道完全达不到普及普惠县评估中公办园在园幼儿占比标准，要是把民办园算上，我们完全能够做到容纳所有孩子就近入园，而且所有乡镇、街道都有普惠园，还有满足家长个性化需求的国际园（非普惠性民办园）。但是大部分家长都想入公办园，目前我们是满足不了家长这个需求，这是比较突出的问题。"

---

① 方艳涛. 普及普惠性学前教育，促进乡村学前教育高质量发展——以绩溪县为例 [J]. 家教世界，2022（18）：38-39.

（二）公办园在园幼儿占比不足

据统计，截至 2021 年底，个案县公办园在园幼儿占比为 48.7%，离国家和省普及普惠县评估要求的公办园在园幼儿达 50% 和 65% 的指标还有一定的差距。随着经济社会的高速发展和三孩政策的实施，区域城镇化建设步伐不断加快，城区适龄幼儿逐年递增，乡镇适龄幼儿数反而呈下降趋势。在公办园布局不够均衡的现状下，城区逐渐增加的适龄幼儿只能被分散到普惠性民办园、非普惠性民办园就读，这直接导致公办园在园幼儿占比不达标。在访谈中，个案县学前办主任说道："这几年我们县学前教育发展成绩还是比较显著的，2012 年开始我们县就陆陆续续在乡镇新建公办园，目前基本上进行了一轮的新建，有的乡镇即使没有新建，也肯定经过一定程度的改造，大部分的乡镇中心园目前都是 2012 年以后新建的。2019 年以后，我们重点就在驻城街道小区配套园的建设上，要求配套园由开发商代建，建好了以后交付给政府，政府负责后期的装潢，办成普惠性民办园或者公办园。本来 2021、2022 年就开始筹备申报省普及普惠县工作的，但是目前没有申报是因为有几项硬指标还达不到，比如说公办园在园就读幼儿比例，省里要求达到 65%。我们公办园建设的数量很多，但大都集中在乡镇，目前乡镇人口陆续往城里跑，孩子也就随之到城里读书，城里公办园容纳不下，适龄幼儿就只能去非公办园就读，所以比例一直上不去。目前已经把相关情况向县政府和市里进行了汇报，接下来将逐步解决这些硬伤，计划 2024 年创成省普及普惠县。"

二、保教质量方面：内涵建设和师资专业水平有待进一步提升

"十四五"以来，我国学前教育发展的重点已从资源供给逐步向内涵提升发展，学前教育高质量发展的重要途径就是在新时期加强学前教育的质量内涵建设。[1]2022 年的《幼儿园保育教育质量评估指南》正是在各地幼儿

---

[1] 杨振峰.坚持儿童为本整体提升幼儿园保教质量[J].上海托幼，2022，（04）：19.

园保教质量普遍存在"重结果轻过程、重硬件轻内涵"等现象的基础上出台的保教质量政策文件。通过调研发现，个案县保教质量的内涵建设和教师的专业水平有待进一步提升，具体包括：

（一）课程游戏化存在重形式轻内涵现象，乡镇特色结合不够

个案县是江苏省幼儿教育先进县、第二批学前教育改革发展示范县，在江苏省《关于加强学前教育教研工作的意见》和《幼儿园课程游戏化项目实施要求》的政策背景下，正全面推进区域课程游戏化建设，助力学前教育内涵发展，申报的课程游戏化项目还获得省级立项审核。但在调研中有利益相关者表示，对县里提升保教质量开展课程游戏化的初衷表示支持，但在全县实施过程中存在重形式轻内涵的情况，尤其没能很好地体现乡镇地方特色。有些园长在访谈中说："县里挺重视学前教育，但是效果呢？目前可能更注重课程游戏化的形式，实际的内涵水平建设略显不足，老师实际上对课程游戏化的把握不深。总的来说，就是要求幼儿园的所有活动都得与现在推行的课程游戏化有关。环境创设全部要与课程游戏化搭边，包括课程故事、环境观察，教师培养也是围绕这个。但是实践中大家都是模仿外形，没有内在的，只知道上级县里要求什么就机械地去做。而且现在很多东西做的重点也不在孩子身上，可能就是为了应付检查，比如课程游戏化提到发展乡村游戏，但现实我们乡镇幼儿园反而要去学县里洋气的东西，基本都是城里怎么样，我们就跟着模仿学习，乡镇园结合乡镇的特色不够，甚至基本没有。""课程游戏化开展的六个支架是很好，但也不能完全按照上级的指令，有时对乡镇园不适合，比如我们幼儿园的教室、活动室设计的很高（其实建筑不符合幼儿园实际情况），导致房顶设计的太高根本没法落实课程游戏化提到的环创。"

（二）部分幼儿教师的低学历、无编制等影响区域保教质量

尽管国家和地方对幼儿教师的职前培养和职后培训力度都在加大，但由于学前教育长久以来市场化的发展和社会对幼儿教师职业的认识不足，

很多原来招聘的幼儿教师起点学历较低，专业化水平不够，较难开展符合时代发展需求的高质量保教活动。在对教师的调查问卷分析中（图5-1、5-2、5-3），发现37.12%的教师第一学历是中专及以下，大专学历占比51.53%，本科及以上仅占比11.35%；20.09%的教师是非学前教育专业，74.7%的教师没有编制。可见个案县幼儿教师的起点学历相对较低，尤其本科及以上学历较少，编制不足，学前专业背景的教师也少。访谈中很多一线园长表示，教师的起点学历尤其编制外的教师的起点学历不高，保教水平还是比较低，很多是靠编制内正规学历的教师撑着。有园长说道："像我们这边有的老师以前是中专学历，然后是函授的大专、本科，保教水平实属一般。这些老师经常出去学习的机会也不多，因为名额有限，基本上选的都是学历高的在编教师。学完回来的老师在幼儿园传达会议精神时，那些学历低的教师很难完全领会，在实践中就更难了，这些老师在幼儿园还是挺多的。""我们班级设计环创、教研之类的，主要靠在编教师，非在编教师能力达不到，即使不断培训，有的老师就是搞不起来，保教质量也就上不去。还有很多教师不是科班出身，理念又不一样，自己考的教师资格证，懂的不是特别多；还有无编教师素质有高有低，现在招聘的园聘教师需要教师资格证，以前很多非专业的直接安排来，现在又不好把人家辞退。""我们目前的困难是教师群体中在编教师和其他人有区别，即使不断培训，还是差别很大。我们幼儿园班级比较多，可是在编教师少，很多活动推进得比较缓慢，同时我们这边学前教育专业的老师也太少，包括我自己在内，幼儿园里面小学过来有五个，当时这边差人然后就调过来的，基本上都是在编的管理层。后来虽然也都考了幼儿教师资格证，但也是慢慢才了解学前教育是怎么回事。"

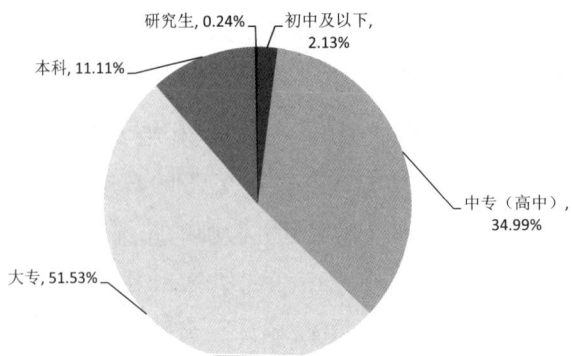

图 5-1　幼儿教师第一学历情况

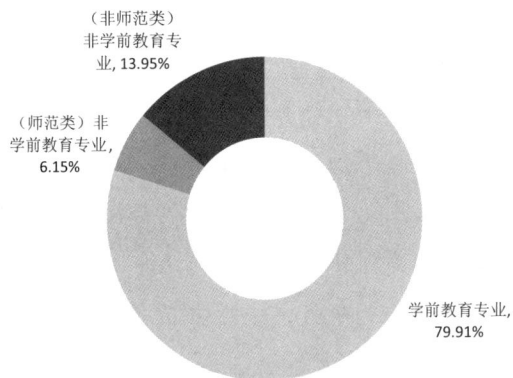

图 5-2　幼儿教师专业背景情况

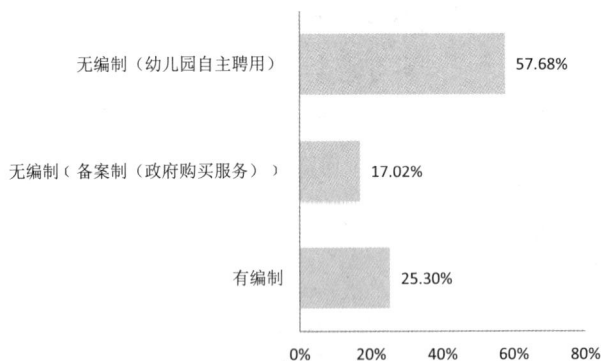

图 5-3　幼儿教师编制情况

（三）幼儿教师的科研能力较弱，科研素养有待提高

幼儿教师的科研水平是幼儿园持续发展的不竭动力，有助于提高教师的专业素质和高水平的实践能力。"以科研促教改，向科研要质量"是提升幼儿园教育质量的重要途径，很多幼儿教师面临教学与科研相冲突、科研过程不规范等现实问题[①]，制约着教师的科研积极性和成效。在个案县的调查中，多位受访者表示有同感，有园长说："我们科研这一块确实不行，不会做研究。目前县里没有科研考核要求，但评职称还是需要的；有时课题申报下来后接下来怎么做，是个难题，我们老师能力就这样。想请专家指导，可是人家要钱，又没具体经费。幼儿园一线搞科研的人很少，没人引领，缺少研究型教师。一把手园长水平高点，也想安心研究课题，可事情太多。"有普惠性民办园老师说："先开始觉得用原来储备的知识教幼儿园孩子就够了，后来发现孩子有时想法都不是我们想象的那样。现在孩子跟之前孩子比变化很大，他会抛出很多很多问题。有时候你都不知道用什么方式去回应，你跟他讲的太成人化的话他也听不懂。所以就要老师多看书、多研究，但是觉得就是时间不够用，白天整天都是很充实的，一系列活动流程下来，晚上回去的时候自己再看看书搞研究的话，就觉得时间不够用。幼儿园其实琐碎的事情比较多，要写各种资料。像我又要管班级还要管安全，有时候事多，都得要做。"

三、政府保障方面：软硬件等资源配置效率和统筹协调机制有待加强

（一）师资队伍建设保障力度仍需加强

高质量的幼儿教师队伍是学前教育普及普惠安全优质发展的基础和前提。自"国十条"颁布以来，国家先后出台《幼儿园教职工配备标准（暂

---

① 曾莉，彭丰，申晓燕.幼儿园教育科研中的普遍问题与应对 [J].学前教育研究，2012，208（04）：64-66；

马梦婷.刍议幼儿园教育科研中的普遍问题与应对策略 [J].当代家庭教育，2019（21）：52.

行)》《关于加强幼儿园教师队伍建设的意见》《新时代幼儿园教师职业行为十项准则》等多个政策文件,多种途径加强和保障幼儿教师的队伍建设。据统计,截至 2022 年底,全国共有幼儿园 294.83 万所,教职工 564.64 万人,专任教师 307.66 万人,专任教师比 2011 年增加 176.1 万人,增长了133.87%;专科及以上学历专任教师有 279.54 万人,比 2011 年增加 184.29万人,增长了 193.48%;有职称专任教师有 84.63 万人,比 2011 年增加34.87 万人,增长了 70.1%。可见普惠性学前教育政策实施十余年来,我国幼儿教师队伍发展迅猛。但是由于种种原因,幼儿教师仍处于教师队伍中的边缘地位,社会认可度不高、管理体制不完善、工资待遇低[①],这些都直接影响幼儿园教师队伍的稳定性和职业的吸引力。

通过前面部分的调查分析可知,个案县幼儿教师的数量、职称、学历、待遇等变化明显,业务精、能力强、结构优的幼儿教师队伍正逐渐形成,但与相关政策的目标要求相比,还依然存在一些不足,具体包括:

1. 幼儿园教职工配备不够齐全,教师编制不足

幼儿园教职工配备是幼儿园办园的重要条件,是促进幼儿园教师队伍建设的重要手段。《幼儿园教职工配备标准(暂行)》提出:"幼儿园应按照服务类型、师幼比合理配备教职工,全日制幼儿园教职工与幼儿比应达到 1:5—1:7。"省政府教育督导委员会办公室《关于印发江苏省县域学前教育普及普惠督导评估实施方案的通知》明确规定:"县域内平均每班保教人员配备达到'两教一保',师幼比不低于 1:15,公办园按师生比 1:16 的比例完成编制核定工作。"个案县(表 5-1)截至 2021 年共有 15633 名在园幼儿、575 个班级、1140 名专任教师、479 名保育员、371 名公办园在编教师、7610 名公办园在园幼儿,计算得出幼儿园专任教师总数与在园幼儿总数之比为 1:14,公办园在编师幼比为 1:21,按"两教一保"和公办园在编师生比 1:16 的标准计算,个案县保育员还空缺 96 名,教师编制数空缺 105 个;问卷调查中,有 74.7% 的受调查者是备案制和无编制教师(图

① 张汶军,张绵绵.深化改革背景下幼儿园教师队伍建设的思考 [J].河北师范大学学报(教育科学版),2019,21(02):17-20.

5-4），现存的两所农村幼儿园，幼儿数都不足30人，3位在职教师都没有编制。教师们表示："乡村园未来发展很难，孩子少，师资质量不行，经常要填很多表格，都是挤时间带孩子，在孩子身上花的时间太少。"可见，个案县在幼儿园教职工的配备中还存在保育员配备不全、公办园教师编制不足等问题，幼儿教师编制增长与学前教育规模增加之间的不同步和不匹配，对县域提供有质量的普惠学前教育提出了挑战[①]。

表 5-1　个案县 2017—2021 年间保教人员配备和幼儿数量等数据

年份	保教人员配备		班级数	公办园在编教师数	幼儿数	
	专任教师	保育员			在园幼儿总数	公办园在园幼儿数
2017 年	1029 人	283 人	489 个	272 人	16967 人	10203 人
2018 年	1026 人	410 人	487 个	278 人	15610 人	9382 人
2019 年	1054 人	407 人	497 个	308 人	15722 人	8912 人
2020 年	1074 人	452 人	532 个	336 人	16441 人	8671 人
2021 年	1140 人	479 人	575 个	371 人	15633 人	7610 人

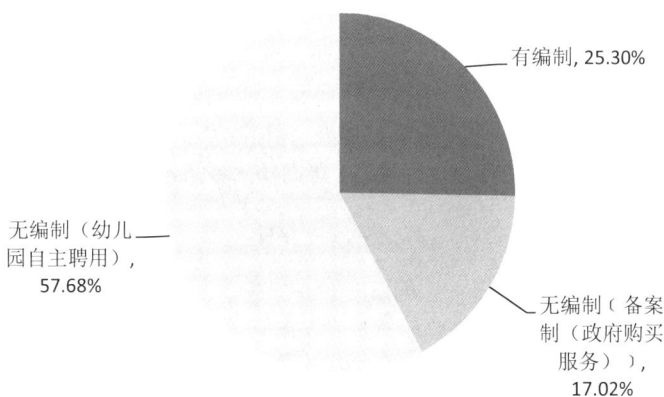

图 5-4　个案县幼儿教师编制情况调查

① 苏婧，张霞，孙璐，等.北京市普惠性幼儿园发展的成绩、挑战与建议 [J].学前教育，2020，No.654（06）：4-7.

2. 幼儿教师职称评定标准欠科学，未评职称者较多

职称是幼儿园教师学术身份的象征，也是其专业水平的具体体现[①]。2017 年印发的《江苏省幼儿园、中小学、中等职业学校岗位设置管理实施意见》规定："对不同类型、层次和性质的学校，实行不同的结构比例标准。初中、小学、幼儿园正高、副高、中级和初级专业技术结构比例分别为：1—2∶15—28∶45—55∶30—40、1∶5—9∶45—60∶40—45、1∶2—5∶45—60∶45—50。"从政策中可以发现，幼儿园教师的职称结构比例数量上明显少于其他教育阶段教师职称比例，存在幼儿教师职称评定不合理现象。通过调查发现，2017—2021 年个案县幼儿教师各级职称的比例均呈现缓慢增加的趋势（表 5-2 和图 5-5），但这一比例依然较低，2021 年高级职称增加到 30 人，在所有教师中占比 2.6%，在编教师中占比 8.1%；未评职称教师为 769 人，占比达 67.5%。问卷调查中，75.18% 的幼儿教师由于没有资格参评或个人不想评等原因没有职称。同时在访谈中获悉，个案县没有职称的教师比较多，主要因为他们没有参评资格。教育行政人员解释说："由于职称比例有限，我们县目前没有编制的教师即使很优秀也没有资格参评职称，市其他县区有可以评职称的，但是因为没有编制，在工资待遇方面政府也是兑现不了的。"幼儿教师职称普遍偏低、获得职称晋升的机会较难或者没有机会参评等情况，说明个案县在幼儿教师职称评聘方面还有很大需要提升和改进的空间，否则长此以往对学前教育师资的质量和队伍稳定性都会有很大的负面影响。

表 5-2　个案县 2017—2021 年间幼儿教师各级职称情况

职称等级	年份				
	2017 年	2018 年	2019 年	2020 年	2021 年
一级职称	28 人	38 人	41 人	47 人	60 人
二级职称	190 人	230 人	251 人	262 人	281 人
高级职称	7 人	10 人	16 人	27 人	30 人
无职称	804 人	748 人	746 人	738 人	769 人

---

① 高丙成.数说学前教育改革开放四十年 [J].学前教育，2018，620（12）：10-15.

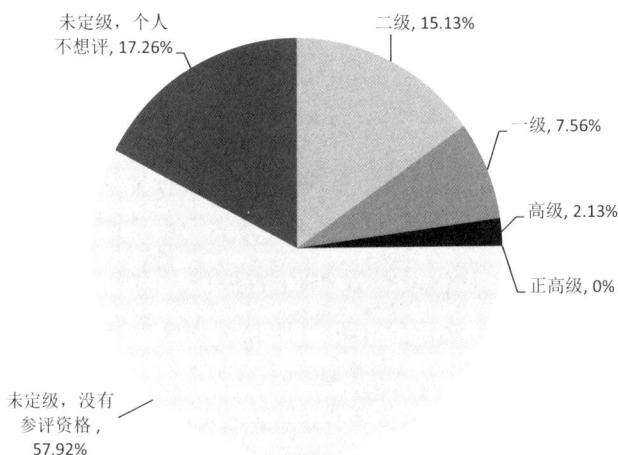

图 5-5　个案县幼儿教师职称情况调查

3. 幼儿教师待遇较低，同岗同酬落实难

国家一直高度重视幼儿教师的工资待遇偏低的问题，在历次普惠性学前教育相关文件政策措施中都会提到教师队伍的福利待遇问题，如《关于实施第三期学前教育行动计划的意见》提出："地方要依照国家相关规定，结合当地实际，采取多种举措解决公办园非在编教师工资待遇偏低等问题，逐步实现同工同酬[①]；引导、督促民办园依法配足、配齐教职工并保障其工资待遇。"全国政协委员、北京师范大学教授刘焱在谈到关于解决非编幼儿教师待遇偏低问题时指出："现实中全国各地幼儿园教师同工不同酬现象依然严重，由于相关幼儿园教师工资待遇保障的政策，主要对标的是'编制'而不是'教师'，因此占据大部分数量的无编教师收入普遍偏低。"

通过调研获悉（表 5-3 和图 5-6），个案县 2021 年公办园在编教师月工资标准为 5300 元，备案制（非在编）教师月工资标准为每月 2800（是在编教师工资的 52.8%），民办园教师的月工资标准为 2500 元（工资待遇不及在编教师的一半）。从表格中可知，虽然幼儿园教师的工资标准每年都在增长，但增幅不大，尤其是无编制教师的工资增幅缓慢，同一幼儿园中在编

[①]　安雪慧. 师资供给侧结构性改革 满足新时代教育新需要 [N]. 中国经济时报，2017-11-14.

与非在编教师呈现"两种身份、两种待遇"，国家规定的教师工资待遇相关政策未完全落实落地。如《〈国家中长期教育改革和发展规划纲要〉中期评估学前教育专题评估报告》在对策建议中提出，要确保公办园和公办性质幼儿园非在编教师的收入不低于在编教师收入的80%。问卷调查中，一半以上的（52.01%）受调查教师月工资待遇低于3000元，72.34%的教师月工资低于4000元。可见个案县多数教师工资偏低、同岗不同酬问题依然突出，这些都将影响幼儿园教师的工作积极性和教师队伍的稳定性，进而导致学前教育质量提升难等一系列问题。

表5-3　个案县2017—2021年间幼儿教师工资标准

工资标准	年份				
	2017年	2018年	2019年	2020年	2021年
公办园在编教师的月工资标准（元）	4000	4300	4500	5000	5300
公办园非在编教师的月工资标准（元）	2400	2500	2700	2750	2800
民办园（包括普惠性民办园）教师的月工资标准（元）	2000	2200	2300	2400	2500

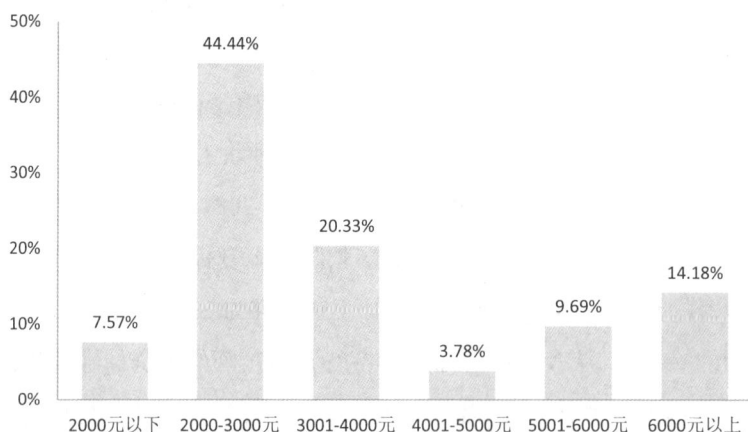

图5-6　个案县幼儿教师工资待遇调查

4. 无编制教师的激励机制不够，发展动力略显不足

近年来，随着各地幼儿园数量的增加和班级人数的优化，对幼儿教师的需求也在不断增加，但受编制数量的限制，很多幼儿教师没有纳入正式编制，只能是乡镇政府选聘或者园方自主聘用的无编制教师。他们在"同工不同酬"现实环境中从事学前教育工作，在福利待遇、职位晋升、评优评先、业务培训及进修等方面与编制教师差距较大。这不仅影响非在编教师的工作积极性及工作热情[①]，还会导致幼儿教师流动性大、稳定性低，难以吸引优秀人才从事幼教事业。

调研中，个案县受访的公办园备案制或民办园无编制教师大都对幼儿园或政府对无编制教师群体的关注和激励不够感到失望，只有 1 位小区配套园教师表示幼儿园园长对她们的工作和个人发展很支持，常鼓励他们写文章、写论文去参加比赛，并会根据获奖情况适当给予奖励。其他受访的无编教师都表示工资涨得很慢，与在编教师在绩效、培训机会等方面差距很大。尽管如此，不少无编教师因是外地人嫁到当地，且幼儿教师有寒暑假方便照顾孩子，所以仍选择留岗。一位工作 11 年、各项都比较优秀的公办园非在编教师说道："我是外地人嫁到这个镇的，2011 年才到幼儿园工作时保险都没有，后来 2014 年之后有五险一金了，但拿到手的工资还是比较少，只有 2000 多元，但物价太贵了。我们无编的不能参与评职称，没有啥激励机制，除了工资就年底的绩效，绩效跟编制教师不一样，他们是教育局发的，非常多，我们就意思一下，要是上班迟到绩效还会被扣除。人首先是生存，工资也不需要政府一下子给涨好多，但每年随着物价上涨，可以适当涨点，这样我们也有盼头；也不要像编制教师工资那么高，在 2000 多的基础上每年涨个 100 块钱、200 块钱也行，不然跟在编教师每天都干一样的工作，工资差别那么大，让我觉得有点不公平。"

"幼儿园很多机会都给了有编制的教师，轮不到没编制的，比如出去（外地）学习根本轮不到我们，什么都是考虑在编的，太打击积极性。其实

---

① 张瑞华. 公办性质幼儿园非在编教师激励现状研究 [D]. 扬州大学，2018，5.

县教育局与地方乡镇政府应该协调统一起来，例如地方政府会将招聘的优秀非在编教师聘用到幼儿园的行政岗位，但是县教育局却不承认。这些会导致编制和非编制教师闹出矛盾，有的无编教师直接消极怠工。"

（二）长效经费投入保障和成本分担机制有待健全

教育经费是学前教育发展的物质基础。建立科学合理的经费投入与成本分担机制，是实现学前教育普及普惠安全优质发展的关键。《"十四五"学前教育发展提升行动计划》要求："各地以提供普惠性服务为衡量标准，优化完善财政补助政策，逐步提高学前教育财政投入水平；在经济发展水平、群众承受能力以及办园成本的基础上，对公办园收费标准和普惠性民办园的最高收费限价进行动态调整。"在江苏省"省市统筹、以县为主、县乡共建"的学前教育管理体制中，各级政府的财政投入如何突破办园体制限制，分担比例如何分配等问题，都对区域学前教育经费投入与成本分担机制提出了新的挑战。

1. 经费投入保障机制待完善，"县乡共建"投入重心过低

近年来，个案县学前教育经费投入总量、财政性教育经费占比、生均教育经费水平等总体均呈现上涨趋势，幼儿生均公用经费标准从325元/年/生提升到现在的650元/年/生，公办园和普惠性民办园统一补助标准。但是在"县乡共建"的模式下，除了县区级财政是当前区域财政性学前教育经费的主要来源和投入主体之外，乡镇财政也同样负担着所在乡镇普惠性学前教育可持续发展的重要责任。在后税费时代，我国乡镇政府的财政收入减少，常会面临财政困境，在招商引资难的情况下，乡镇负债运行已成为财政困境下乡镇治理一个非常突出的问题[1]。同时，县乡财政管理体制不顺、基层财政能力薄弱、收支矛盾突出，已成为我国地方财政管理中矛盾较为集中的环节[2]。

---

[1] 章荣君. 财政困境下的乡镇治理状况分析 [J]. 求实，2011（10）：84–88.

[2] 王伟同，徐溶壑，周佳音. 县乡财政体制改革：逻辑、现状与改革方向 [J]. 地方财政研究，2019（11）：4–14.

　　由于学前教育属于非义务教育，往往经济发展程度不同的乡镇，会拥有不同的财政实力，而"县乡共建"的投入体制重心过低，落实到普惠性学前教育购买服务等财政投入上自然也会出现差异，难以维持普惠性学前教育可持续发展的长期投入。访谈中，有乡镇政府工作人员介绍道："这几年经济不景气，乡镇财政紧张，需要借债经营，很多乡镇政府不一定舍得投资学前教育，上级政府给的补贴很少，幼儿园一年的保教费收入有时用于发放教师的工资都不够。同时，因为它不像义务教育，上级政府对于财政投入金额等都有非常明确的规定，虽然也有要求加大学前教育财政投入，但是弹性很大，比如建幼儿园具体要建多大？投入多少？没有政策上明确具体的硬性规定，就看地方政府重不重视了，是不是列入为民办实事事项，政府可以迟建、缓建，方法很多。"有园长也表示："在目前政府兜底举办乡镇公办园的良好契机下，乡镇学前教育环境确实改变了很多，但依然存在一些问题，比如现在乡镇幼儿园发展经费申请比较难，乡镇公办园除了在编教师的工资由县统一发放，其他设施改造、备案制教师、保育员等人员经费支出都需要由镇财政承担，但是却存在幼儿园后续改革发展资金审批难、无编人员工资缓发等现象，常出现幼儿园预算做得很好，但到乡镇社事局审批出现驳回、等无音讯的情况，影响幼儿园管理者对幼儿园改革发展的积极性。"

2. 合理的成本分担机制待优化，城市公办园收费欠科学

　　建立科学的学前教育成本分担机制是各级政府需要不断完善的重要任务。随着社会经济高速运转，人、财、物等使用成本不断提高，幼儿园的办园成本也随之提升，在加大财政投入、缓解"入民办园贵"问题的同时，很多家长始终青睐选择公办学前教育资源，但目前很多地区公办幼儿园收费标准普遍偏低，与飞速发展的经济运行相矛盾。个案县于2021年发布了《关于进一步规范幼儿园收费管理有关事项的通知》，明确区域四个街道辖区内的公办园保教费具体收费标准分别是：省优园500元/生/月、市优园380元/生/月、市合格园300元/生/月；其他乡镇辖区的公办园保教费具体收费标准为：省优园380元/生/月、市优园280元/生/月、市合

格园 240 元 / 生 / 月。在调查中，有些受访者觉得就自己的区域而言公办园收费不高，担心这样下去影响保教质量的提升。他们表示："现在外面物价涨得厉害，出门随便买个东西、吃个饭都得花费好几百，而我们教师的工资基本没涨，因为幼儿园收费低，现在孩子减少，幼儿园收上来的保教费也少了，政府、教育局还要求幼儿园各方面提升改造，都得花钱，又不能跟家长要，就苦了我们教师了。""跟现在的物价相比，公办园收费确实不高，但不是我们想涨价就可以涨的，需要物价局、财政局等很多部门一层一级的申报，还要考虑公平，有的家长收入低、有的高，所以想提高收费难呢！""我们家大宝和二宝相差 9 岁，都是上的这家公办园，收费确实没有变化太多，尤其跟我们现在的房价上涨比较，幼儿园的收费是可以涨些了，现在每个班的孩子少了，教育更精致，这些都要投入，不然没有高收入，人家幼儿园也难有高发展。"

（三）城乡学前教育资源配置效率有待进一步提高

资源配置主要指的是在资源条件有限的情况下，运用有效的调配手段使有限的资源在各个系统之间进行合理化的调配，使得资源得到充分利用，从而最大限度地满足社会各方面对有限资源不同层次的需求。学前教育属于非基本公共服务，在普惠性学前教育资源有限的条件下，对学前教育资源进行合理化配置，既可以促进学前教育事业的发展，同时也是缓解当前普惠性学前教育资源紧张的有效手段，有助于促进学前教育的普及普惠优质均衡发展，保障学前教育的公平。有研究者调查发现，县域学前教育资源配置存在城镇空间挤、乡村教师缺、县城和乡村教育资源配置效率高于镇[1]、农村学前教育资源配置冗余普遍等现象[2]。本研究在对个案县进行调查过程中，也发现存在类似的情况。

[1]　冯婉桢，康亚军. 县域学前教育资源配置效率与优化路径研究——基于西部地区 H 县 2011—2016 年的数据分析 [J]. 基础教育，2019，16（03）：70–77，85.

[2]　陈蓉晖，赖晓倩. 我国农村学前教育资源配置及优化策略 [J]. 东北师大学报（哲学社会科学版），2022，No.319（05）：156–164.

1. 部分乡镇幼儿园生源减少，出现学前资源冗余现象

在县域大力新、改、扩建乡镇公办园的背景下，因处于"低生育、城镇化"的发展时期，很多乡镇公办园出现学前教育设施等硬件资源闲置过剩、幼儿教师剩余、在编教师流失等情况。有受访者指出："我们幼儿园目前有200个孩子，23位教师（7位在编、16位无编），幼儿园面积很大，总共有两栋楼，但有栋楼空间设计不合理，教室太大没有区分功能区，采光也不好，刚好现在孩子少，就闲置用来堆放杂物。孩子减少后，我们在编教师也在流失，大家都想办法调到城里幼儿园，这两年每年都有调走的在编教师，剩下的备案制教师保教水平参差不齐。比如我们今年本来大班3个班，一个班不到30人，教师也都安排好了，严格按照省优标准来配备的。可临开学前一天突然调走一位在编教师，后来只能把3个班并成2个班，一个班变成40个孩子，家长知道后非常不乐意，我们只能不停地安抚家长。这种人员流动机制不合理，人员随意调动会影响原来幼儿园的稳定和质量。""我们老园本来12个班，现在就剩11个班，而且班级幼儿数也少了。孩子减少、班级减少，教师饱和，目前没有解决办法，确实存在1个班4个教师的情况。尤其西边乡镇经济弱，生源更少，很多资源就浪费了。乡镇幼儿园教师过剩会更严重，在编教师只能考虑调到城区工作，人事关系还留在乡镇。今年秋学期，卫健委要求我们设置60个托位。我们暑假就开始招教师（无编），3个班教师，分别是2教2保。人员设备配好后，开学后发现招不到孩子，最后只能开1个班，托班过剩的教师只能分流处理，比如被分到小班。现在小班就直接4个老师1个班，不然也没办法，人员都招来了，也不能辞退人家。"

2. 部分城市小区入住率低，配套园生源不足

在城区建设治理小区配套园过程中，面临小区"入住率低、人口少"的发展现状，进而出现有城区小区配套园装修、招聘完成后生源不足的情况。有受访者指出："从前年开始，我们幼儿园的生源开始变少了，原因是小区配套园出现了。我们街道有6家幼儿园，都靠得很近，即使我们幼儿园跟小区很近，但是按照国家要求小区都要配小区园。虽然我们这边一直在

开发，但目前没有完全发展好，人口也没有那么多，小区入住率不高。我们紧邻有个小区幼儿园听说今年招了30个教职工（都是政府招的），结果却只招收到40多个孩子，其中20个还是我们幼儿园分给他们的。各家政府都在兴建小区配套园，投了那么多钱，就那几个小朋友，政府怎么不考虑经济合算情况呢？政府可以让小区的开发商把配套园先建起来，在正式投入使用前先做个调研，小区居住人少的话，可以先不装潢，先不招那么多教师，等实际需要了再进行招聘，而不是一刀切，为了政绩导致那么多资源浪费。"

3. 部分民办园转普后发展动力不足

民办园认定成普惠园降低收费标准后，在生源普遍减少的当下，对幼儿园的硬件软件等各项投资也捉襟见肘，只能看着公办园的资源闲置而无能为力。有受访者指出："目前我们幼儿园认定普惠园后收费是3300元一学期，政府每年每生会补贴650元。随着城镇化和人口出生率减少，生源目前还行，但还是不如以前，以前最多有700多名幼儿园，现在400名不到。好在幼儿园房租不用花钱，是自己家建的，但是让我们跟着大趋势不断加大投入确实有点力不从心。以前在政府将幼儿园推向市场的阶段，是我们民办园撑起了学前教育的发展。2010年之后，政府负担起对学前教育的责任，不断新扩建公办园，民办园不能就这么不理不管了。现在很多建设很好的公办园出现闲置教室、闲置资源等情况，政府可以考虑合理调配给人员较多或者有需求的普惠性民办园，而不是不断扩建、新建，增加这些公办园的投入。"

4. 政府部分资金投入使用效率不高

在当下经济发展不景气，地方政府财政吃紧的情况下，存在政府没有将有限的资金投入到幼儿园发展最需要的地方，资金使用率不高等情况。有受访者指出："政府投入资金利用率不高。政府对我们幼儿园每年几十万的投，但钱始终没有用到刀刃上，没用在点上。因为政府招标之后，不像市区幼儿园园方可以有点话语权，去看看政府资金投入后到底什么效果，园方可以提意见，这在我们乡镇园所是干预不了的。比如我们小班楼前面那一块黑黑的地皮改造，稍微弄了一下20万就花下去了，根本看不出效果。还有那边后建的消防楼，之前那个地方是一个丘陵地，有土坡，还有好多树，准备把它打造成自然课程的，结果要建消防楼，全部给推掉了。政府花了300万改造消防设施招标的最终结果就仅仅留了一棵树在那边，其他什么都没有了，反而失去了原来的那种感觉。消防改造花了300万，分个100万给我们改造幼儿园环境，那该多好！""现在政府财政吃紧，我们很难办事，但是又有很多浪费的地方，比如'一刀切'办托班和融合教室，托班很多乡镇园办了，但是没有生源，就是浪费；还有融合教室，都弄起来了，弄一个得花十几万，就放在那边，也是浪费。这样不根据地方实际情况，仅仅因为国家、省市里文件要求，政府就把硬件先弄好，还不如买些玩具，给幼儿园当前发展最需要的。"

（四）政府政策实施及职责发挥的成效有待继续提高

党的二十大报告指出："要办好人民满意的教育，要建设高质量的教育体系，促进教育公平；强化学前教育普惠发展。"这是对教育事业发展的基本要求。学前教育是高质量教育体系中最基础的和起始的环节，人民满意的普惠性学前教育也应该是高质量的，是符合家庭承受能力并得到政府支持的教育。普惠性学前教育的核心支撑是政府。多年来，我国各省市已经建立了有效支持学前教育普惠发展的政策，各项支持政策得到了有效落实，政府用真金白银换来了学前教育的高质量发展。但由于各地发展水平不同，对普惠性学前教育的支持力度和政策实施效果就会存在差异。家长和园长、教师是学前教育改革与发展的主要利益相关者，调查表明，个案县家长、教师等对区域学前教育发展的情况整体满意度较高，但离人民满意的普惠性学前教育还有些许距离，在政策实施中依然存在满意度不高的情况。

1. 利益相关者对政府间协调沟通机制满意度较低

2019年，江苏省《关于学前教育深化改革规范发展的意见》明确提出：要建立"省市统筹、以县为主、县乡共建"的学前教育管理体制，就是要各级政府、部门之间相互协作，落实对学前教育发展的不同责任，县级政府是责任主体，乡镇政府、街道办事处要协助县级教育行政部门管理辖区内幼儿园，在幼儿园建设、运行保障等方面落实相应责任。要完善教育行政、财政、机构编制、发展改革等职能部门分工协同的工作机制。

但在个案县调查过程中，利益相关者反映县和乡镇、街道政府之间，财政局、教育局、编办等部门之间存在纵向和横向协调沟通机制不畅等情况，经常出现政府、部门之间对普惠性学前教育重视程度不一、分管权责不清等情况，直接导致区域学前教育发展过程中面临的问题解决周期长，反应迟缓。某乡镇社事办工作人员表示："学前教育属于两头管理，县教育局和乡镇管理，上级政府只管生均经费和在编教师工资，其他都属于乡镇政府负担。但是乡镇管理的相关政策不够清晰，不像义务教育对师生配比、财政投入等都有非常明确的规定。学前教育虽然也有要求，但是弹性很大，没有政策上明确具体的硬性规定，乡镇可以灵活处理。"公办园园长也说："上级和下级政府部门要能好好沟通就好了，有时我们按照县教育局的保教质量要求，改造幼儿园环境、开展教师培训，跟乡镇打报告要钱，但镇里就觉得我们事多，让我们跟县里要，结果我们园长夹在中间就很难办，我们的话语权很弱。我们西边有家幼儿园，当时弄课程游戏化幼儿园环境改造，园长向镇里打报告申请70万费用，结果镇政府直接没同意，后来县教育局分管的领导与镇领导进行了沟通，镇里就又给批了。所以还是要分管学前教育的县领导跟乡镇领导多沟通协调。"普惠性民办园园长说："政府各部门的协调不够，就拿我们幼儿园的食堂检查来说，消防部门要求我们各种建设要严格符合消防规定，后来卫健委来检查，结果又是另一套标准。消防要求做防火门，卫健委要求门上开窗户传菜，建设无菌环境厨房，就这样不断地整改，我们实在太费事了。"

可见，国家规定的"省市统筹、以县为主"与省份规定的"省市统筹、以县为主、县乡共建"的学前教育管理体制，责任落实还不够明晰，政府、部门之间的横向、纵向协调机制没能够很好地发挥，导致利益相关者对其认可度和满意度较低。

2. 利益相关者对城乡普惠性学前教育满意度不均衡

调查发现，个案县城乡学前教育存在不均衡的情况，在幼儿园的数量和收费等普及普惠方面，政府对乡镇的政策实施效果最好，每个乡镇都新、改、扩建高标准的公办园。相比之下，人口密集的城市和人数下降的农村在幼儿园的数量、可及性和收费上还有更大的改进空间。在财政投入、课程游戏化、高素质教师配备等保教质量、政府保障方面，农村学前教育是个案县政府政策实施的洼地。个案县目前仅存在 2 所农村幼儿园，虽然硬件设施也做了投入改造，但因为生源较少，教师都是临时聘用人员，扮演着保姆式的儿童照看者角色，发展较难。据其中一所农村园负责人介绍："幼儿园 1990 年就有了，后来政府兜底易地新建现在这个幼儿园，才建 5 年，床、座椅等硬件设施跟镇上幼儿园差不多。以前最多有 150 人，还有校车。现在人越来越少，校车也没有了。跟隔壁村幼儿园比，我们孩子还算多的，目前有 21 个孩子，这些孩子都不是独生子女，都有兄弟姐妹，大都是只有老人在家，老人既需要照顾孩子，还要种地，稍微有点条件的家庭就去镇上或者市里上学了。目前村幼儿园的发展保持现状，因为人少，政府投入和改革的动力也就不足，未来发展很难。"

3. 部分利益相关者对普惠性学前教育的认识不足

"幼有所育""幼有优育"是重要的民生工程，关系祖国和民族的未来，是"党之大计、国之大计"。实施这一重要的民生工程，就必须走学前教育普惠性发展的道路。学前教育具有社会公益事业的本质属性，需要国家政府负担起幼儿成长的主体责任。学前教育的普惠性发展不仅是学前教育公益属性决定的，更是国家社会经济快速发展后，人民应该得到的福祉，符合人民根本利益。同时，在低人口出生率的当下，学前教育的普惠性发展更是国家和谐稳定的长久国策。

自 2010 年《教育规划纲要》和"国十条"提出国家坚持学前教育普惠性发展以来，我国学前教育已经历了十多年的发展改革历程，覆盖城乡、布局合理、公益普惠的学前教育公共服务体系已基本形成[①]。然而在对普惠性学前教育政策县域实施效果的调查研究中，发现依然有部分利益相关者对普惠性学前教育的内涵和相关政策存在不了解或理解偏差等情况。如：

---

① 高丙成.立法保障学前教育改革发展行稳致远 [J]. 今日教育（幼教金刊），2020（12）：4.

在对 20 位幼儿家长群体进行访谈的过程中，发现只有 1 位家长知道普惠性学前教育，因为她从事会计行业曾帮幼儿园弄过财务账，从中了解到普惠性幼儿园的收费比其他民办园低很多，知道国家实施普惠性学前教育对降低家庭学前教育成本很有好处；其他 19 位受访家长都表示不太清楚什么是普惠性学前教育，有的说自己对学前教育专业的知识不太了解，也有的表示幼儿园老师可能讲过，只是自己没注意听。可见，在政策话语中的"普惠性学前教育"并未进入家长话语体系，家长对学前教育的认知还停留在公办园和民办园的标准上。即使有家长孩子上的是小区普惠性民办园，收费（5000 元每学期）低于小区外的非普惠性民办园（8200 元每学期），但家长依然不清楚收费低是由于国家实施了普惠性学前教育政策，是政府出资扶持了普惠性民办园的运行发展，家长只会认为收费低只是幼儿园的不同而已。通过幼儿教师的问卷分析数据（图 5-7）可以看出，只有 29.55%的教师非常了解普惠性学前教育相关政策，23.88% 的教师表示了解一点或者不清楚相关政策；接受访谈的幼儿教师对普惠性学前教育政策的了解也存在片面性，有公办园教师说："普惠性学前教育跟民办园关系比较大，涉及政府给他们拨款问题，我们是公办园基本没什么影响。"有普惠性民办园教师说："我们幼儿园是县里第一批通过认定的普惠性民办园，最大的变化是对家庭的收费比以前低了，因为政府会给我们生均补贴。"

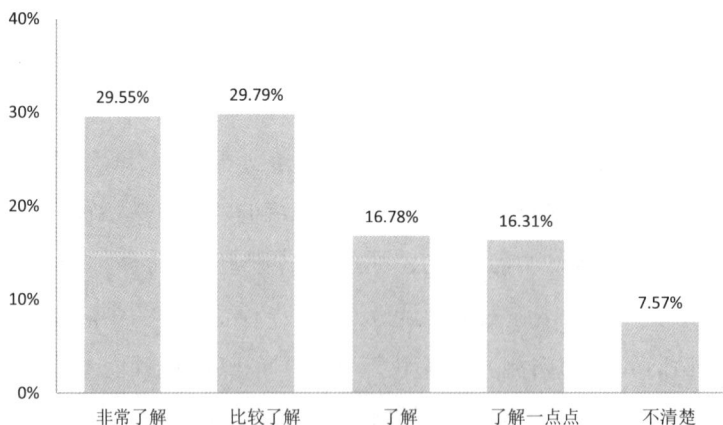

图 5-7　教师对普惠性学前教育政策了解情况调查

可以看出，受调查的大部分家长对普惠性学前教育政策的知晓和理解均不多，幼儿教师的认知也存在不足或片面性，认为普惠性学前教育更多是关于民办园、关系收费低等方面。

第三节　普惠性学前教育政策县域实施存在问题的原因

一、政策制定层面：决策主体政策素养制约和政策文本自身限度

政策制定是决策者在一定的情况下，为应对挑战和解决困难，在与有关方面互动的基础上进行一系列的选择而形成的动态过程①。根据《中华人民共和国地方各级人民代表大会和地方各级人民政府组织法》的规定："县级以上地方各级政府的职权包括执行本级人民代表大会及其常务委员会的决议及上级国家行政机关的决议和命令，规定行政措施，发布决定和命令；还包含管理本区域内经济、教育、科学、文化等行政工作。"这里可以看出，地方政府政策的制定既包括执行性政策制定，即结合本地实际贯彻落实中央等上级政府政策，主要是制定上级政策的执行政策②；还包括决策性政策制定，即根据地方实际管理本地经济社会事务，虽然受中央和上级政策制约，但地方具有一定的自主权和能动性，能够相对独立地进行决策③。

因此，本研究中所分析的地方政府学前教育政策制定采取广义的实践含义，主要是指县域政府对中央等上级普惠性学前教育政策的执行性再制定和结合地方学前教育发展实际自主制定的相关学前教育政策，并通过政策制定主体和政策文本两个方面分析地方政府在学前教育政策制定层面对普惠性学前教育实施的影响。

① 王满船. 公共政策制定：择优过程与机制 [M]. 北京：中国经济出版社，2004：30-31；
　　王业文. 中国地方公共政策制定失灵的制度分析 [D]. 中共中央党校，2022；
　　孙惠芳. 地方教育政策制定与学校参与 [D]. 苏州大学，2006，14.
② 宁骚. 公共政策学 [M]. 北京：高等教育出版社，2003：213.
③ 王业文. 中国地方公共政策制定失灵的制度分析 [D]. 中共中央党校，2020.

（一）政策制定主体方面

安德森将政策制定主体分为官方制定者和非官方参与者，官方制定者包括立法机关、行政决策机关、行政执行机构和法院，非官方参与者包括利益集团、政党、研究组织、大众传媒、公民个人[①]。影响政策的各因素（政策主体、政策客体、政策环境）中，政策主体最为关键[②]，对地方政府学前教育政策制定而言，政府官员、幼儿园教师、家长等利益相关者都应该是重要的参与者和影响者。

1. 政策主体尤其政府行政部门价值取向偏差

价值取向是主体基于自身的价值观处理各种矛盾时所持的立场、价值态度以及价值倾向[③]。教育政策的价值取向表现为政策主体在制定教育政策过程中所依据的价值标准[④]。同时，政策主体的价值取向也是其对政策行为利益追逐的外在表现形式，政策主体对政策行为的立场、有效性的评判，从根本上说是一种关于利益的价值倾向[⑤]。政策主体的逐利价值取向时刻都在影响着政策行为，尤其政策制定的核心主体——政府官员，其价值取向选择逐私利还是逐公利是影响普惠性学前教育政策制定的关键所在。从世界范围看，各国政府即使内部运作方式不同，但从未从根本上动摇政府在公共政策中的主导地位[⑥]。从我国目前的政策体制来看，虽然普通公众也有参与政策制定的权利，但政策的制定主要还是以政府行政部门为主，上到国家的政府部门，下到县域的行政部门，都是普惠性学前教育政策的主要制定者。

---

① 詹姆斯·安德森.公共政策制定（第五版）[M].谢明，等译.北京：中国人民大学出版社，2009：55-78.

② 俞海山，周亚越.公共政策何以失败？——一个基于政策主体角度的解释模型 [J].浙江社会科学，2022（03）：34-40，88，157

③ 唐日新，李湘舟，邓克谋.价值取向与价值导向 [M].长沙：中南工业大学出版社，1996：17-20.

④ 吴遵民，傅蕾.我国30年教师教育政策价值取向的嬗变与反思 [J].杭州师范大学学报（社会科学版），2011，33（04）：93-100，128.

⑤ 杨润勇.地方教育政策行为研究——以县级区域为例 [M].北京：教育科学出版社，2011：192.

⑥ 俞海山，周亚越.公共政策何以失败？——一个基于政策主体角度的解释模型 [J].浙江社会科学，2022（03）：34-40，88，157.

从县域普惠性学前教育政策制定的过程来看，对县域学前教育所面临的问题，不同价值取向的政策制定主体会有不同的看法。如针对个案县城区入公办园难等学前教育问题，有些政策主体认为是十分重要、急需认定的政策问题，需要制定出台"建设城区公办园"等相关解决政策；而有的政策主体可能会不以为然，觉得城区寸土寸金，经济发展迅速，在入园难问题缓解的基础上，公办园数量少点，才更能满足家长多样化的入园需求。同时，即使政策制定主体对相关学前教育政策问题认定上达成共识，但在对政策问题的具体分析方面也会产生针锋相对的意见。比如农村学前教育的发展，政策制定主体都认为在乡村振兴背景下，农村学前教育高质量发展是乡村振兴的重要举措之一，需要政府出台配套政策助推农村学前教育可持续高质量发展。但针对如何提升农村学前教育质量，不同学前教育价值取向的政策制定主体就会有不同的理解，有人主张进一步加强对农村学前教育硬件、软件的投入，有人却认为农村适龄儿童逐渐减少，为提高资源利用率可以将少数的农村适龄儿童合并到乡镇幼儿园。即便是同一政策制定主体，在不同的时期内，由于价值观念的变化，对相同的政策问题也会具有不同的选择，如政府行政官员在县域的上任初期和后期对学前教育的态度也会有变化。有乡镇幼儿园园长反映，她们镇是旅游乡镇，到任的镇领导很容易提拔，很多镇领导在刚上任初期会特别支持幼儿园的各项发展，但到后续快提拔期，就会力不从心，转而关注容易出政绩的项目。可见，政策主体尤其政府行政部门的政策制定者价值取向的偏差是影响普惠性学前教育县域实施效果的重要因素之一。

2. 政策主体尤其政府决策者决策能力不足

政策制定本质上是一个利益分配的过程，在公共政策制定过程中，国家、政府、社会、个人等利益相互竞争[1]，如何平衡各利益相关者之间的利益需求，需要具有决策权的政策主体充分发挥高超的决策能力，制定出既符合地方发展实际、又能满足各方利益主体利益需求的政策。如在制定普

---

① 陈水生. 公共政策失败及其治理：一个整合性分析框架 [J]. 学术月刊，2022，54（02）：91-102.

惠性学前教育相关政策过程中，需要政策制定主体尤其是政府官员在把握中央、省市等上级学前教育政策文件基础上，充分了解区域各利益相关者对学前教育的实际需求，并结合地方社会经济发展现状，对相关学前教育政策进行执行性再制定或者自主制定，这些都离不开政策主体的决策能力。

县域学前教育政策制定过程实际上是一个不断决策的过程。一般来说，基于地域、民族等需求差异性的考虑，为保持国家相关学前教育政策的总体性与统一性，中央出台的相关学前教育政策通常会相对宏观。政策决策者会将政策工具选择、政策资源配置等具体政策活动进行模糊性表述，在政策层层下达的过程中，各级政府需要将中央确立的目标进行逐级细化与再规范。这样的政策模糊性表达，既可以保证地方政府在政策目标上向中央等上级看齐，以中央的政策目标作为行动的主要方向和指引，又允许地方政府根据本地实际情况将中央等上级政策具体化，构成对地方政府自主创新的有效激励，这也是实现经济绩效和政治稳定相统一的治理方式之一[1]。因此，县域政策主体在对上级普惠性学前教育政策进行执行性再制定或者自主性制定的过程中，需要政策主体将上级政策进行灵活的政策转换，即地方政府要在上级政策目标与框架的约束下，结合本县域社会经济发展特点和现状，规范推动相关普惠性学前教育政策层层操作化与在地化[2]。

然而由于长期习惯听命于上级的政策引领，县域政策制定主体形成了绝对服从的传统和上行下效的行为模式，缺乏强有力的决策能力，较难将上级普惠性学前教育政策进行高效的政策转换，进而影响县域普惠性学前教育政策的实现效果。较弱的决策能力主要表现为：一是县域政策主体对政策的预判能力不足，不能根据变化的客观环境进行科学预测，对政策行为的预期效果判断不准[3]，在县域学前教育决策中很难做到胸有成竹。比如，随着城镇化的发展和人口出生率的降低，乡镇幼儿人数呈现每年递减的趋

① 庞明礼.国家治理效能的实现机制：一个政策过程的分析视角[J].探索，2020（01）：89-97，2.
② 仇叶.县级政策转换与有效治理——对中国公共政策过程的反思[J].经济社会体制比较，2021，No.215（03）：99-108.
③ 钟婉娟，杨润勇.论区域教育政策制定[J].教育科学，2003（06）：1-3，34.

势，但政策主体依然在不断加大对乡镇中心园的硬件和软件投入，从而出现乡镇学前教育资源剩余、资源利用率较低，城市学前教育人数拥挤、资源不足等现象。二是县域政策主体的决策反思能力不足。县域学前教育发展环境的多变性决定了政策制定不会一劳永逸，需要决策主体在学前教育政策制定和执行等过程中，根据现实情况进行政策调整。比如在城市小区中新建小区配套园，以满足小区家长入园近等需求，但有些城区小区的入住率很低，在小区配套园交付后，政策主体没有深入了解小区人口现状，及时调整相关政策，盲目对园所进行硬件装修和师资招聘，最后出现招不到适龄幼儿、小区配套园闲置的现象。三是县域政策主体对区域内各类客观信息把握不精准，在政策制定时做出错误决策[①]。比如调研中发现，个案县各乡镇根据卫计委、教育局等行政部门的要求，通过改造园所环境、扩招保教教师等途径，确保每所幼儿园都设置多则上百、少则几十的托位，以积极落实托幼一体化的教育模式。但从 2022 年 9 月的实际招生情况来看，招生最多的幼儿园也只招到 18 个幼儿（规定的托位是 60 个），很多幼儿园只招到几个托班孩子，甚至没有孩子来报名托班。访谈中，有园长表示，很多家长不愿意送孩子上托班，对托育教育的意识和信心都不足。但是上级领导在落实国家政策过程中，没有了解清楚当地家长对学前托育教育的实际需求，没能够准确把握地区的实际现状，只是不假思索地转换执行上级文件，最终导致出现招不到孩子、资源闲置等现象。所以，政策制定主体这些较弱的决策能力也会影响到普惠性学前教育政策县域实施成效。

3. 政策主体尤其政府官员政绩观异化

政策的本质是政府和社会权威对社会中不同利益群体之间利益关系的制度安排。不同利益相关者具有不同的利益追求，需要制定政策来协调和平衡不同群体之间的利益矛盾。但没有一劳永逸的政策，除了政策环境的变化，很多是因为制定的政策没有完全协调和平衡不同利益相关者的利益需求，存在利益分配不均衡、不合理等现象，这就需要政策制定者不断

---

① 杨润勇. 地方教育政策行为研究——以县级区域为例 [M]. 北京：教育科学出版社，2011：190–191.

调整政策内容，逐步缓解不同利益相关群体之间的利益矛盾。因此，出台"不完美"的相关政策往往带有一定的利益倾向性，政策必然优先考虑在角逐中占有优势的群体利益[1]，而这最终会对学前教育政策的制定产生影响。

县域政府政策主体尤其政府官员，在对中央、省、市等上级普惠性学前教育政策执行性再制定和自主制定的过程中，一方面要促进地方学前教育的变化发展，另一方面还要满足自己的政绩追求。为了促进地方学前教育的变化发展，政府等政策主体会综合考虑地方社会经济发展水平和学前教育的发展现状，在争取上级部门人、财、物等支持的基础上，充分挖掘本县域中政府、幼儿园、家庭等利益相关者所拥有的资源和潜力，制定相应的政策，最大限度推动地方学前教育的普及普惠安全优质发展。政府官员等行政部门政策主体的个人利益很大程度上是对自身政绩的追求。有研究者在分析政府作为"道德人"和"经济人"假设中，将政府官员等教育政策主体视为复合的现实人，兼具"道德人""经济人""政治人"的特征[2]。政府官员作为县域教育政策的决策主体，一定程度上会超越各种乡镇、城市等具体群体的社会利益，决策过程中会综合考虑整个区域学前教育的整体公共利益。但同时政府官员作为县域教育政策的决策个体，自身必然也会存在生存、发展、晋升等与政绩相关的具体问题，其会与区域整体公共利益相区别或矛盾。这就需要政府官员等行政部门政策主体在政策制定过程中，调和和应对公共利益和个人政绩等多方面的需求。

因此，政府官员等政策主体作为复合的现实人，可能会为了追求个人政绩，更加关注周期短、见效快的政策问题，制定短期效益明显的公共政策以保证任期中尽快做出"可圈可点"的政绩，以得到上级领导的赏识和下级职工的拥护。如在制定相关普惠性学前教育政策推动县域学前教育可持续发展的过程中，时刻会被个人政绩利益所左右，不断地在"迎合上级"和"满足下级"的利益中寻求平衡点。在县域学前教育政策执行性再制定和自主制定中具体表现为：一是学前教育不易快速出现"立竿见影"的显

---

① 杨润勇.地方教育政策行为研究——以县级区域为例 [M].北京：教育科学出版社，2011：169.
② 杨润勇.地方教育政策行为研究——以县级区域为例 [M].北京：教育科学出版社，2011：156.

著政绩，导致有些政府官员等政策主体对学前教育相关政策关注、重视不够。调研中，有行政人员表示，现在政府财政压力大，学前教育不属于国家规定的义务教育，很多上级政策对学前教育的指引规定并不是很明确，到地方落实过程中就看地方政府领导是否重视。如果重视学前教育的话，就会想方设法通过资金支持、人员配齐等政策措施支持，否则则会在不违背上级政策的前提下，通过延期、悬置等变通的方式应付了事。二是政府官员等政策主体易优先考虑学前教育改革中易量化、易看出政绩的相关政策。比如，在推进学前教育普及普惠安全优质发展过程中，政策决策者会首要考虑增加幼儿园、保教人员数量等易见、易考量的政策制定，对幼儿园的内涵建设考虑不足。访谈中有园长反映："政府当时支持建幼儿园的积极性很高，也投入很多资金，但对现在幼儿园的质量发展支持积极性相对不足，对幼儿园游戏场地、设施进行改造、添置的资金审批迟缓或直接不批。"

（二）政策制定文本方面

普惠性学前教育政策的县域再制定源于国家的相关政策文本，而国家层面制定的系列政策是面向全国的，在具体化的基础上相对更宏观。县域政府在实施国家层面学前教育政策过程中需要对其进行再制定、再细化。政策制定的文本内容是政策后续实施的关键性参考标准，政策文本制定的体系、目标、程序等内容都是影响学前教育实施效果的重要因素。

1.政策文本体系完整性不足

普惠性学前教育政策不是某一个或一类政策，而是为实现学前教育发展目标和任务而颁布的有关学前教育质量、体制、师资、经费等方面的纲要、通知、规划、意见等各种文件的总称；对县域而言，主要是指县域政府对中央等上级普惠性学前教育政策的执行性再制定和结合地方学前教育发展实际自主制定的相关学前教育政策。可见，县域在学前教育改革发展进程中，需要实施的是普惠性学前教育政策体系，涉及地方学前教育发展经费、师资、质量等多方面的政策文本。因此，县域普惠性学前教育政文本体系制定的完整性是影响学前教育实施效果的重要影响因素。

有学者认为，教育政策体系应包含教育经费、课程、学生、教师、教育管理等政策[①]；也有研究者认为，教育政策体系涉及教育质量、体制、经费、教师等政策，从横向上又可以把这些政策分为教育目标政策（教育质量）、途径政策（教育体制）和条件政策（经费、教师）三个方面[②]，构成了教育政策体系的完整逻辑结构。以此为标准类推，普惠性学前教育政策体系也应该包含学前教育质量、体制、经费、教师等各类政策。

通过调研发现，个案县在国家层面"国十条"《关于加大财政投入支持学前教育发展的通知》《关于实施第三期学前教育行动计划的意见》《若干意见》《关于大力推进幼儿园与小学科学衔接的指导意见》《新时代幼儿园教师职业行为十项准则》《县域学前教育普及普惠督导评估办法》《关于实施中小学幼儿园教师国家级培训计划（2021—2025年）的通知》《"十四五"学前教育发展提升行动计划》《幼儿园保育教育质量评估指南》等政策体系的基础上，先后制定了《S县学前教育发展质量提升行动方案的通知》《关于调整学前教育兼职教研员及教研责任区划分的通知》《关于开展全县幼儿园课程游戏化建设情况督查的通知》《S县幼儿园办园质量督导评估办法（试行）》《关于进一步规范幼儿园收费管理有关事项的通知》《S县学前教育五年行动计划》《S县普惠性民办幼儿园认定与管理实施细则（试行）》《S县学前教育综合奖补资金管理办法》《S县学前教育奖补资金分配细则》《2023年度S县幼儿园教育工作评分考核细则》等地方学前教育改革发展政策文本。但从普惠性学前教育政策完整的体系角度看，个案县的学前教育政策主要涉及经费、保教质量、管理体制等方面，对教师队伍的建设发展政策制定相对不足，有关幼儿教师发展的相关政策内容主要反映在《S县学前教育发展质量提升行动方案的通知》等综合性的政策文本中，普惠性学前教育政策文本体系的不完整会导致政策执行和评估的参照标准不全，进而影

---

① ［美］纳格尔·S S. 政策研究百科全书 [M]. 林明，等译. 北京：科学技术文献出版社，1990：447.

② 孙绵涛. 教育政策论 [M]. 武汉：华中师范大学出版社，2002：77-80.

响区域学前教育的全面发展。

2. 政策文本目标适切性欠妥

政策目标是政策制定和实施所要实现的最终目的，往往具有多样性，不同的政策有相对不一样的目标。如《若干意见》的主要目标是："2020年基本建成广覆盖、保基本、有质量的学前教育公共服务体系，基本完善学前教育管理体制、办园体制和政策保障体系①；2035年全面普及学前三年教育，建成覆盖城乡、布局合理的学前教育公共服务体系，形成完善的学前教育管理体制、办园体制和政策保障体系。"② 《关于大力推进幼儿园与小学科学衔接的指导意见》的主要目标是："全面推进幼儿园和小学实施入学准备和入学适应教育，幼儿园和小学教师及家长的教育观念与行为明显转变，幼小协同有效机制基本建立。"③ 国家、省、市等政策目标落实到县域的实践中，需要被分解成许多可行的具体指标才能使系列政策落实落地，因此，需要县域制定的政策文本目标具有适切性，要有针对性地解决区域学前教育发展过程中某个时期遇到的问题，将有限的资源进行合理分配。

调研中发现，个案县相关学前教育政策目标的适切性不够，具体表现为目标的具体化不够、长远性规划不准等问题。如2021年出台的《S县学前教育发展质量提升行动方案的通知》中，将目标任务表述为："以贯彻落实教育部《3—6岁儿童学习与发展指南》精神为核心，通过推进教师专业化、课程游戏化、保育科学化、家园共育一体化、管理规范化、监测常态化等措施，提升区域学前教育整体水平和质量，2022年底创建全省学前教育普及普惠示范区，2025年前创成全国学前教育普及普惠示范区。"可见，在这个提升行动方案的政策文本中，目标任务涉及教师发展、课程质量、保育水平、家园共育、管理规范的多个方面，而在具体措施中并没有将这些目标任务一一清晰明确地表述出来，如在全力保障非编教师待遇中，只是表述为"依法落实教师'五险一金'等相关待遇，公办园非在编教师工

---

① 郑报.浙江省农村学前教育公共服务体系发展现状的调查研究[D].杭州师范大学，2019，2.
② 中共中央　国务院关于学前教育深化改革规范发展的若干意见[J].幼儿教育，2018（34）：4-8.
③ 高丙成.幼儿园保育教育质量评估的政策分析与实践落实[J].幼儿教育，2022（Z6）：3-8，26.

资按政府购买服务相关标准安排经费，逐步达到同工同酬"。这样不明确、不具体、不清晰的待遇表述，最终在执行中容易因为没有具体的参照标准而大打折扣（实际上在编教师的待遇是非在编教师的 2 倍多）。同时，目标中提到的"2022 年底创建全省学前教育普及普惠示范区"的目标也并没有实现，可见目标的规划不够精准。政策文本目标制定的适切性不够，易造成自上而下政策实施的形式主义化[①]。

3. 政策文本内容明晰性不强

政策文本内容的明晰性、具体性既能反映政策制定时的决策水平，又是政策执行效果好坏的重要先决条件。明晰、具体的政策内容，能够使执行主体在政策执行过程中准确理解和把握政策的实施内涵并做出精准的行动，否则，内容含糊不清的政策，容易由于执行主体认知的不同而产生执行的偏差[②]。就国家层面的政策而言，由于各省市社会经济发展水平的差异，很多政策文本的内容会存在模糊的表述方式，如《"十四五"学前教育发展提升行动计划》要求："县（区）结合三孩生育政策实施和地方实际，及时修订和调整居住社区人口配套学位标准，通过加大扶持力度、落实财政补助等政策，鼓励支持政府机关、国有企事业单位、街道、农村集体举办公办园，扶持民办园提供普惠性服务。"该政策文本并没有具体清晰地表述各地扶持力度、财政补助的具体方式和金额，是考虑到各地区的发展差异，这种国家层面的政策模糊既可以保证地方政府在政策目标上向中央看齐，以中央的政策目标作为行动的主要方向和指引，又允许地方政府根据本地实际情况将中央政策具体化，客观上构成了对地方政府自主创新的有效激励[③]。

但通过调研发现，个案县在对国家层面政策文本地方化再制定过程中，文本内容依然存在明晰性不强的情况，如《S 县学前教育发展质量提升行动方案的通知》指出，在科学编制布局、规划措施中，要求联合相关部门做

---

① 李瑞昌.中国公共政策实施中的"政策空传"现象研究 [J].公共行政评论，2012，5（03）：59-85，180.

② 林钦弘.汕头市禁摩政策执行失败问题研究 [D].兰州大学，2021，23.

③ 庞明礼.国家治理效能的实现机制：一个政策过程的分析视角 [J].探索，2020（01）：89-97，2.

好学龄儿童人口变化预测，开展学前教育资源供给预警监测；在全力保障非编教师待遇中，提出依法落实教师"五险一金"等相关待遇，公办园非在编教师工资按政府购买服务相关标准安排经费，逐步达到同工同酬。从个案县文本内容这两个措施的表述可以看出，个案县对学前教育顶层设计和非在编教师待遇的重视，但也能发现内容表述的明晰度和具体化程度较低，如规划中的相关部门指哪些部门？公办园非在编教师的同工同酬如何真正实现？是工资一样还是差别较小算是同工同酬？同时普惠性民办园教师待遇与公办园教师相比，又该如何落实？这些都没有在政策文本中明晰表达出来，容易在政策执行过程中出现执行不力或者有偏差等情况，影响普惠性学前教育政策实施效果。

二、政策执行层面：政策实施主体薄弱和执行环境掣肘

为满足人民群众对幼有优育的美好期盼，破解普惠性学前教育改革发展中面临的诸多障碍，自2010年起，国家和地方政府颁布了一系列普惠性学前教育相关政策文件，助推学前教育普惠性发展。但长期以来，学前教育底子薄、欠账多，同时涉及政府相关部门较多、目标群体多元，在政策执行中不可避免地受到多种因素的影响和制约，容易出现不同程度的"政策失真"现象，从而影响政策目标的实现。政策执行是政策目标实现的过程，也是政策文本从决策者向执行者传递的过程，既是落实政策文本目标，更是解决政策问题的具体行动[1]。有研究者指出，在政策目标实现过程中，有90%取决于对政策的有效实施[2]。

政策执行是一个动态的过程，本研究中的地方政府学前教育政策执行指的是地方政府执行性再制定或自主制定相关学前教育政策文本后，政策

---

① 李瑞昌. 中国公共政策实施中的"政策空传"现象研究 [J]. 公共行政评论，2012，5（03）：59–85，180.

② 陈振明. 政策科学——公共政策分析导论 [M]. 北京：中国人民大学出版社，2003：318；
李金龙，蒋莉. 21世纪初中国成人教育制度创新的若干思考 [J]. 成人教育，2000（10）：3–6.

执行主体通过利用各种资源，采取宣传、实施、协调等措施，将政策文本由理论变为现实，实现既定目标的政策实践过程[①]。美国政策学家 T·B·史密斯认为，制定出来的政策常会因政府官僚机构缺乏执行能力而无法执行，利益相关者也会试图影响政策的执行[②]。在此基础上，他创立了著名的"史密斯政策执行过程模型"，将政策执行过程分为理想政策、执行主体（机构）、目标群体、执行环境等四个影响因素。该模型在公共政策领域及教育学、管理学等领域被广泛运用[③]。基于此，本研究中对地方政府学前教育政策执行层面影响普惠性学前教育政策实施效果的分析主要借助该模型中的相关因素。

（一）政策执行主体方面

政策执行主体是贯彻落实政府政策的组织和人员，是运用掌握的政策资源和方法将政策文本落实到政策目标群体中去的施行者、组织者和责任者[④]，是普惠性学前教育政策县域有效实施的关键。政策实施过程中，政策执行主体对政策的宣传、自身的素质、不同主体间的沟通协调等是影响政策执行的重要因素。

1. 政策宣传解释力度有待加强

政策宣传是政策执行的起点，要使政策有效的执行，首先需要让利益相关者知晓政策的内容，获得统一思想认识，而政策宣传是统一利益相关者思想认识的重要手段[⑤]，能够实现政策信息的上传下达。政策执行主体通过对政策文本、政策目标进行准确的说明与解释，能够使目标群体充分地认识与理解政策的具体实施方案，进而使其积极主动地配合参与政策执

---

① 杨柳琴. 黔东南苗族侗族自治州乡村医生队伍建设政策执行研究 [D]. 西南大学，2019.

② T. B. Smith. The Policy Implementation Process[J]. Policy Sciences, 1973(4): 197–209.

③ 胡吉明，曹兰梦，谭必勇. 档案公共服务政策执行效果的关键影响因素识别研究 [J]. 档案学研究，2019（05）：22–28.

④ 梁满艳. 地方政府政策执行力测评指标体系构建研究 [D]. 武汉大学，2018.

⑤ 王国琼. 我国惠农政策执行研究 [D]. 南昌大学，2014.

行①。调研中发现，个案县在普惠性学前教育政策实施中存在部分利益相关者对普惠性学前教育认识不足、政策社会知晓度不高等现象，这些都与政策宣传解释力度不够有关。

普惠性学前教育政策的高效实施离不开全社会的积极响应与支持，从2010年的"国十条"开始，很多政策文件在政策保障方面都提到要加大社会宣传，营造全社会关心支持学前教育的良好氛围，如2018年的《若干意见》强调："教育部门要会同宣传、广电部门及新闻媒体遴选并广泛宣传各地学前教育工作的典型经验。"②在对个案县的调查中发现，受访的20位幼儿家长中只有1位家长知道普惠性学前教育是收费低的幼儿园，其他均不知道相关政策；也有园长表示，她们对普惠性学前教育政策的关注度较低，了解的也不多，有时会在县里集中开大会时听到相关政策文件的名称，但具体内容他们几乎不清楚，觉得与他们实际工作关系不大，他们学习培训的内容大都是和工作直接相关的具体政策，比如《3—6岁儿童学习与发展指南》等。问卷中有23.88%的教师表示了解一点或者不清楚相关普惠性学前教育政策，20.12%的家长对政府相关学前教育政策的信息宣传情况满意度表示一般或者不满意。可见，个案县在学前教育政策执行过程中，对家长、教师等不同利益群体开展的政策本文宣传解释不足，导致很多家长、教师对学前教育的实质认识存在误区或者偏差。

后续研究者就政策执行中政策宣传问题对相关园长和政府工作人员进行追踪访谈后获悉，个案县近年来大力实施普惠性学前教育，对普惠性学前教育相关政策宣传主要通过相关部门、科室负责人开行政会议传达政策文件精神，但对全县全体利益相关者层面的政策宣传解释主要以小点切入，多聚焦于具体的单项政策宣传。如对《3—6岁儿童学习与发展指南》《幼儿园保育教育质量评估指南》的宣传解读，是专门邀请专家对幼儿园的园长、教师进行培训宣传，再通过幼儿园途径将相关科学保教知识传达给家长；针对每年认定普惠性民办园数量、创建省市优质园数量进行目标任务

① 张书宁. 近十年我国乡村教师补充政策执行研究 [D]. 浙江师范大学，2022，48.
② 中共中央 国务院关于学前教育深化改革规范发展的若干意见 [J]. 幼儿教育，2018（34）：4-8.

宣传分解等。对国家层面"国十条"《若干意见》《"十四五"学前教育发展提升行动计划》，地方层面《S县学前教育发展质量提升行动方案的通知》《S县学前教育第二期五年行动计划》等综合性政策文本宣传解读不足。这种普惠性学前教育政策宣传解释力度不足，会降低民众对政策的可接受度和社会对政策的关注反馈，进而影响政策执行的成功概率。

2. 政策执行主体素质参差不齐

政策执行是政策执行者的一种主动实施行为，政策执行主体在政策执行过程中起着关键作用，政策执行的效果在很大程度上取决于政策执行主体的素质。有研究指出，公共政策执行主体在政策执行过程中存在服务意识淡薄、自利动机较强以及工作技能不高等素质低下的情况，易导致政策执行不力[①]。

一是政策执行主体存在服务意识淡薄、机械执行等情况。政策执行主体在政策执行过程中存在服务地方学前教育的意识淡薄，忽视本地区实际情况，没有充分考虑社会经济发展等变化和实际条件限制，没有科学、全面地理解政策精神内涵，盲目机械地照搬上级政策的情况。如在调研中，个案县一个临城的街道盲目遵从省市县等上级的政策文本要求，不断新增小区配套园，每个新建的住宅小区都有配备完备的幼儿园，导致一个街道拥有6所幼儿园，但有些小区入住率低，最终出现小区配套园招生很少、师幼比极低等情况；同时，由于幼儿园场地间隔太近，出现恶性生源竞争、家长入园选择被动等问题。这些问题的出现与政策执行主体的服务意识不足、机械执行有很大的关系，导致最终出现教师、家长等利益相关者对区域普惠性学前教育政策满意度不高和资源利用率低等情况。

二是政策执行主体存在一定的自利动机。政策主体具有理性"经济人"特征，利益诉求往往是其政策行为的内驱力。在普惠性学前教育政策执行中，政策主体既要考虑社会整体的发展利益，又要考虑区域、部门和自身利益，还要协调家长等目标群体的利益，每一位政策参与者都在寻求利益

---

① 田丽娜，毛铖.论政策执行主体素质对政策执行的影响 [J].中国社会科学院研究生院学报，2010，No.180（06）：95.

最大化，政策实施的成败取决于各方的"战略选择"①。普惠性学前教育政策执行主体在执行政策时，必然会权衡多方利益主体，从中使得自身利益最大化。如个案县某乡镇拥有国家级旅游度假区，政府建制中镇党委书记级别比其他乡镇高一等级，使得有些来该乡镇任职的行政官员为了自身的政绩，尽早得到提拔，在相关公共政策执行中会看重短期的政策效益，偏向选择出成绩较快的政策，对普惠性学前教育这类基础弱、投入大、见效慢的政策会选择消极执行落实情况，最终导致相关普惠性学前教育政策的执行效果成效慢。

　　三是政策执行主体执行能力较弱。执行主体对政策的科学认知、有效投入以及较高的政策管理水平，是县域有效实施普惠性学前教育政策的关键；若执行主体对政策缺乏足够了解，不能准确地理解和把握政策的核心要义，就很可能会造成政策在传达、宣传和执行方面的失真②，这些在一定程度上与政策执行主体的执行能力较弱有很大的关联。如个案县在实现学前教育普及普惠安全优质的发展目标过程中，政策执行主体不假思索地加快全县学前教育改革进度，没有实地深入调研当地各乡镇（街道）学前教育发展实际情况，一味地追求增加幼儿园数量，新、改、扩建幼儿园，一味地加强民办园转普的力度，增加普惠性民办园的数量，最终出现乡镇幼儿园数量太多、生源不足，民办园转普后运行困难等情况。同时，若执行主体的执行能力欠缺，没有抓住政策的本质，缺乏对上级政策落实和下级政策执行进行灵活处理的能力，则会较难获得政策执行所需的各类资源，也难以与各方进行有效的沟通与协调，导致政策难以有效实施③。

①　蔡文伯，孙芳.新疆双语教育政策执行主体的偏差行为研究[J].当代教育与文化，2016，8（02）：39–44.

②　陈振明.政策科学——公共政策分析导论[M].北京：中国人民大学出版社，2003：293；
　　彭明春.论公共政策执行变异的成因与对策[J].南京医科大学学报（社会科学版），2004（03）：212–215.

③　彭明春.论公共政策执行变异的成因与对策[J].南京医科大学学报（社会科学版），2004（03）：212–215.

3. 政策执行机构沟通与协调不充分

沟通与协调是行政组织的血液，是影响政策执行效果的重要因素之一。沟通是思想上的统一，协调是行动上的一致，它们共同为政策的高效执行发挥着"润滑剂"的作用，从而保障公共政策目标的实现[①]。沟通协调是政策执行中各级、各部门政策主体对政策内容进行交流、讨论、分工、协作的过程。纵向上来看，上级组织的政策内容需要通过向下有效的交流与协调才能传达给地方执行部门，同时也需要通过及时地沟通了解地方政策执行的情况；横向上来看，各类主体在政策执行中常会出现分歧，需要部门之间有效沟通与协调，交流彼此的意见和看法，以提高政策执行效率[②]；从利益相关者来看，他们对政策的接受程度与配合情况也常常依赖于他们与执行主体之间的信息交流，执行主体不但要通过信息交流向利益相关者传达政策内容，还要向其说明政策出台的背景和执行的意义价值、目的，从而促使他们积极主动地支持和配合政策的执行。

调研中，针对学前教育系列政策执行落实情况，在与乡镇政府行政人员和园长等利益相关者的交谈中获悉，个案县在落实国家相关学前教育政策过程中，遇到的阻碍很多是由于县域政府和乡镇政府之间的沟通协调不充分。如有园长说道："我们本来完全按照县教育局的保教质量要求，计划对幼儿园陈旧的硬件进行适当改造，就向乡镇打报告要钱，但镇里觉得我们应该去跟县里要，因为是县里提的要求，我们园长夹在中间很难办。包括办托育的问题，也都落实给乡镇，乡镇压力较大。""我们西边的一个幼儿园，弄课程游戏化园所改造，园长向镇里打报告要70万经费，镇政府没同意，后来县教育局分管领导与镇领导进行了沟通交流，镇里就又批了。"可见，在一层一级落实普惠性学前教育政策过程中，各级政府、部门之间积极有效的沟通协调至关重要。

---

① 韩波，赵永行.试论政策执行主体内部沟通协调机制的建构 [J].内蒙古农业大学学报（社会科学版），2008，No.37（01）：132–134.

② 陈振明.政策科学——公共政策分析导论 [M].北京：中国人民大学出版社，2003：293.

（二）政策目标群体（利益相关者）方面

目标群体是政策直接作用和影响的对象，政策目标能否实现，除了受政策制定者和执行者影响之外，还与目标群体的态度有关①，目标群体理解、支持政策，政策执行就会成功；反之则会出现偏差，加大政策执行的难度②。可见，目标群体也是影响政策有效执行的关键性因素之一。

1.目标群体对政策认知理解存在偏差

目标群体对普惠性学前教育政策执行的充分认知和理解，是政策实施的前提。有研究指出："目标群体对公共政策的接受程度包含服从、认同和内化三个层级。服从属于最低层级，是在一定的压力下目标群体对政策的顺从；认同处于中间层级，表现为服从权威，但因目标群体的价值取向以及对政策的理解存在差异，易导致政策目标发生偏离；内化是最高层级，具体表现为目标群体能够正确、深入地了解公共政策的内容及含义，从而愿意主动采取有意识的行动。"③

在普惠性学前教育政策执行过程中，由于家长、园长、教师等目标群体在思想观念、知识水平、年龄结构、群体利益等方面的差异，对同一政策会有不同的认知理解，容易出现偏差。如，从幼儿园角度分析，不同性质园所的园长对普惠性学前教育政策的认知就有差异，非普惠园的园长认为国家实行普惠性学前教育政策，加快推进民办园转普，不仅是在逐渐"控制、打压、抛弃"民办园的生存运行环境，还影响条件优越的家长对学前教育高端、个性化的教育需求的满足。从家长角度分析，乡镇和城区的家长也有不同的理解，乡镇家长对镇上新、改、扩建公办中心园表示赞成，但对公办园不教授拼音、数学等知识又不理解，进而在园所选择时会选择偷偷教小学知识的民办园。此外，由于政策宣传不到位，甚至有不少家长等目标群体在政策实施后，依然不知晓与其利益密切相关的普惠性学前教

① 李捷.北京市群众体育政策执行研究[D].福建师范大学，2008，34.
② 陈振明.政策科学——公共政策分析导论[M].北京：中国人民大学出版社，2003：292.
③ 陈庆云.公共政策分析[M].北京：中国经济出版社，1996：242-243；
　高建华.影响公共政策有效执行之政策目标群体因素分析[J].学术论坛，2007（06）：53-57.

育政策 [①]，这种认知上的偏差势必会影响到政策实施的有效性。

2. 目标群体对政策执行的参与度不够

"如果社会公民不是因害怕违法受到惩罚，而去积极遵守政府制定和实施的法规，那么这个政治权威就是合法的，法律就能比较容易、有效地实施。"[②] 这其实就是目标群体参与政策过程，促进政策执行的问题。对此，有研究者论述道："公众只有参与到公共政策整个过程之中，才会主动对公共行政的效果关注负责。"[③] 在政策制定和执行过程中，目标群体的参与既能提升政策的社会认同与接受度，又能减少实施政策的成本与阻力，使政策实施得到社会的积极支持 [④]。

第四代评估理论指出，政策评估的出发点是"回应"利益相关者的"主张""焦虑"和"争议"。同理，在普惠性学前教育政策执行过程中更需要家长、教师等目标群体的主动、自觉参与，聆听其对政策执行的意见和看法，通过持续不断地协商、对话和交流，理解与支持这些目标群体的不同价值观、利益观，鼓励其积极参与、配合政策的执行，最终促使普惠性学前教育政策的执行效果能满足不同目标群体利益诉求。调研中发现，个案县除了在普惠性学前教育政策制定过程中，目标群体的参与度不够全面、不够充分之外，在政策执行中部分目标群体的话语权也很微弱。如有乡镇园长说道："我们学前教育这 10 年发展变化确实很快，在整个市里的所有县区中数一数二，但是近几年的势头好像在减弱，不如以前了，尤其在幼儿园硬件建好后，政府对后期的改造投入和质量提升的支持明显力不从心，除了经费难申请外，有的经费都没有用到最需要的地方，我们也不好说什么，我们园方的话语权很弱，说了也没用，还得罪人，就只能顺从。家长

---

① 陈庆云. 公共政策分析 [M]. 北京：中国经济出版社，1996：241；
丛志杰，郭建德. 内蒙古草原生态治理政策执行中的牧户行为及对策 [J]. 内蒙古大学学报（哲学社会科学版），2010，42（05）：5-10.

② 阿尔蒙德，等. 比较政治学：体系、过程和政策 [M]. 上海：上海译文出版社，1987：33.

③ 李承，王运生. 当代公共行政的民主范式 [J]. 政治学研究，2000（04）：45-54.

④ 高建华. 影响公共政策有效执行之政策目标群体因素分析 [J]. 学术论坛，2007，No.197（06）：53-57.

的参与就更不够了，只要不是出现严重的原则问题（虐童等），即使家长对学前教育有不满意的地方，也只能忍着或者自行转学，基本没有什么改变余地。"

3. 目标群体存在一定的自利性

公共选择理论指出，人类的政治参与活动就像经济行为一样，都受自利性的驱动，不仅为了追求真、善、美，更是为了满足自身利益①。目标群体作为"经济人"，在政策执行过程中都有各自的利益诉求，如果政策执行目标符合其利益，就容易被接受和支持，反之则会产生阻碍。有研究者指出："不仅政策质量的高低取决于目标群体利益分配的合理性，政策执行效果更受制于政策对目标群体之间利益安排的恰当程度，即政策的执行是否最大程度地回应与满足了目标群体的利益需求。"②

就普惠性学前教育政策执行中的相关目标群体而言，家长群体的利益需求可能是期望孩子就读的幼儿园能够"价低质优，方便可及"，园长尤其是民办园园长的利益诉求可能是"待遇好、生源足、政府投入高"，政府的追求目标可能是在各种资源投入有限的情况下达到"质优均衡、满意度高"。这些不同目标群体的利益诉求会由于各自的自利性逐渐在政策制定和执行过程中反映出来，最终在相互的博弈中逐步推进学前教育的改革发展。如在调研中，有普惠园园长表示："现在生源在逐年减少，保育费也会随之降低，而政府按生数给我们补助，这样下去我们的运行资金会出现不足的情况，不仅不能再投入资金用于园所改造，能维持现状就不错了。相比那些公办园，不管还剩多少幼儿都是全额拨款，不愁后续发展。对我们民办园而言，如果政府不采取适当的支持措施的话，我们就得做好随时闭园倒闭的准备。"

① 杨润勇.地方教育政策行为研究——以县级区域为例 [M].北京：教育科学出版社，2011：155；
黄新华.论官僚的经济人性质、危害及其治理——公共选择理论的官僚经济理论述评 [J].甘肃行政学院学报，2008（04）：26-31；
方福前."经济人"范式在公共选择理论中的得失 [J].经济学家，2001（01）：88-95.
② 丁煌.政策执行阻滞机制及其防治对策 [M].北京：人民出版社，2002：74-75；
欧阳兰.我国公共政策执行中目标群体不服从现象研究 [D].湖南大学，2013.

（三）政策执行环境方面

任何一项政策的执行都受环境的影响和制约 [①]。有研究者将政策执行环境理解为与政策执行系统有联系和影响的外部要素的总和 [②]，包括社会、经济等外部环境和组织内部结构、人员管理等内部环境两个方面 [③]。

1. 经济资源存在波动

经济资源或经济发展水平是国家或地区实施公共政策的第一个必要条件，也是其物质基础。政策过程是上层领域的政治活动，经济水平不仅是其根本动因，同时政策过程自身也必须符合国家或区域的整体经济发展状况，这样才能得到政策实施所需的财力、物力等经济资源的支撑；国家或地区的经济实力是政策制定和执行的基本物质条件，直接关系到国家的政策倾向和政策执行效率。[④] 若超越经济承载力，过多地投入人力、财力等资源，就会在经济资源中出现资本沉积 [⑤]，易导致政策执行失败。因此，普惠性学前教育政策的执行必须从县域经济发展的现实实力出发，在经济实力允许的范围内筹措政策实施所必要的经费、获得财政上的支持、购置必要的设备等，以确保政策的有效执行。

调研中，对个案县 2017—2021 年 5 年间学前教育经费、设备、师资等投入情况进行统计后发现，这几年个案县在学前教育资源总量（幼儿园数量、公办园数、普惠园数、入园率等）、办园条件（班级规模、保教人员配备、各类面积等）、师资质量（学历、职称等）、财政投入（财政性经费、培训费、生均公用经费等）等方面的变化非常明显，基本都呈增长的趋势，这些都离不开经济基础的支持，可见在普惠性学前教育政策执行过程中个案县的经济资源实力还是比较充足的。但近年来，我国经济发展遭到疫情

---

① 陈振明.政策科学——公共政策分析导论 [M].北京：中国人民大学出版社，2003：60.

② 高建华.民族地区公共政策有效执行的环境因素影响分析 [J].云南行政学院学报，2010，12（05）：134–137.

③ 崔运武.公共事业管理概论 [M].北京：高等教育出版社，2002：42.

④ 陈振明.政策科学——公共政策分析导论 [M].北京：中国人民大学出版社，2003：61；李捷.北京市群众体育政策执行研究 [D].福建师范大学，2008.

⑤ 许峻.小微企业税收政策执行研究——以罗平县为例 [D].云南财经大学，2015，20.

等国内外多重超预期因素冲击，不少企业和个体工商户等遇到特殊困难，这些因素对地区的经济发展必然会产生一定的影响，进而直接或间接地影响普惠性学前教育的经济基础。据了解，个案县 2020 年学前教育经费总投入为 9736 万元，其中财政性经费投入为 9379 万元，2021 年分别下降到 7999 万元和 7760 万元；有幼儿园园长也反映，为提升幼儿园保教质量，他们向地方政府申请的相关经费投入会被政府以各种理由拒批或者打折批复，直接影响学前教育的发展。在访谈中，有政府工作人员说道："近几年社会经济发展波动较大，开源节流都很难，财政收入不稳定，各项事业发展支出成本较高，在各项投入上基本上是按上级政策来，除非硬指标必须投入的，有些方面的投入能省则省，能拖则拖，政府这几年真挺难的。"

2. 组织人事制度不健全

政策执行组织的人事制度情况也是影响政策执行效果的重要因素之一。在推进学前教育治理体系和治理能力现代化的进程中，"人"的现代化管理起到关键作用①，从中央到地方，系列学前教育政策的落实需要完备的组织人事体制制度，需要发挥和调动组织中"人"的积极性和主观能动性。本文中的普惠性学前教育政策执行过程中的组织人事制度，既包括政府中相关部门人事组织制度，也包括幼儿园中教师群体的人事制度。

调研中，个案县政策执行中教育行政部门的组织人事和幼儿园教师的人事制度均存在不健全的现象。就教育行政部门的组织人事而言，存在科室建制不完善、人员不足、人事兼任等情况。虽然目前个案县有负责地方学前教育各项事务的专门科室——学前办，但据了解目前学前办属于二级科室，暂时还没有成为独立科室，即科室没有独立的正式编制，存在人员不固定、借用其他科室人员情况，如学前办主任是从一线幼儿园园长中借用，工作人员也是借用的其他科室新招聘的公务员，这样的科室建制和人员配备容易对地区学前教育政策执行的可持续性和专业性产生影响；同时，

---

① 毛志挺. 问题导向策略下的教师人事制度扩权实践 [J]. 人民教育，2020，No.836（19）：17-19.

在国家和省市重视学前教育教研的大背景下，个案县专门的学前教研员配备也不充足，大都是从学前教育责任区中选取优秀园长兼任，由于园长本身所在的幼儿园各项事务繁多，再身兼数职则会容易影响本职和兼职工作的质量。就幼儿教师人事制度而言，存在改革滞后情况。幼儿教师人事制度是我国学前教育教师队伍建设的基础和核心要素，关涉幼儿教师队伍的结构优化、待遇保障、晋升与激励等多方面；但当前我国各地幼儿教师人事管理制度相比于普惠性学前教育的财政投入体制机制、办园体制等改革存在滞后现象，尤其很多非在编教师的准入制度、待遇保障制度、晋升激励制度等亟待完善[①]。个案县中受访的公办园备案制教师和民办园非在编教师都表示，目前幼儿园对待遇保障还不足，激励机制也不够，很多学习和展示的机会都留给了在编教师，她们有时只能被迫选择躺平。

3. 社会力量参与不足

一直以来，社会力量在我国学前教育发展史上都有着举足轻重的作用。从 20 世纪 90 年代到 2010 年，国家一直在提倡"以社会力量办园为主"，那时许多幼儿园都被社会力量办成了民办园，民办学前教育一度占据了全国近一半的学前教育份额，为我国学前教育作出了历史性的贡献[②]。在民办园的举办者中，有很多具有强烈社会责任感和教育情怀的举办者，他们把民办园办得很好。但随着"入园难""入园贵"等民生问题的出现，国家逐渐担负起学前教育的主导责任，提出发展学前教育须坚持公益性和普惠性的原则，并在此基础上鼓励政府通过购买服务、减免租金等形式，对民办园开展普惠性服务进行指导[③]。从学前教育的总体发展来看，过去学前教育被视为"教育产业"，现如今不断强调构建"普惠性学前教育公共服务体系"，这样的结构性变化表明了国家未来发展学前教育的根本方向[④]。即便如此，国家依然鼓励社会力量参与学前教育改革发展，以满足不同人群对个

① 庞丽娟，王红蕾. 新形势下创新完善我国学前教师编制与人事制度的政策思考 [J]. 北京师范大学学报（社会科学版），2023（01）：62-69.
② 贺春兰，张昊若. 学前教育十年发展路：艰苦也峥嵘 [N]. 人民政协报，2022-08-31（009）.
③ 唐翊宣. 广西多元普惠幼儿园发展的困境与对策 [J]. 广西教育，2020（41）：14-16.
④ 贺春兰，张昊若. 学前教育十年发展路：艰苦也峥嵘 [N]. 人民政协报，2022-08-31（009）.

性化学前教育的需求，如《中华人民共和国学前教育法（草案）》中明确规定："鼓励支持企事业单位、社会团体等举办幼儿园，为本单位职工子女接受学前教育提供便利，并为社会提供普惠性学前教育服务。"《"十四五"学前教育发展提升行动计划》指出："要支持和规范社会力量办园，鼓励企事业单位、社会团体及其他社会组织等向学前教育捐资助学。"

通过调研发现，个案县在普惠性学前教育政策实施过程中，大力新、改、扩建公办园，加强民办园转普认定工作，使得这十年间地区公办园和普惠园覆盖率大幅提高。但同时也发现，社会力量参与学前教育的信念和行动不足。由于公办园的增加和适龄幼儿人口的减少，民办园的生存困境越发突出。访谈中，很多民办园园长表示已做好软件硬件设施维持现状，随时倒闭的准备，参与普惠性学前教育公共服务体系建设的信心明显不足。同时，个案县管辖范围内幼儿高等师范学校等高校参与地区普惠性学前教育发展的行动也较迟缓，辖区内并没有建设任何一所具有公办性质的高校附属幼儿园，高校中学前教育师生的引领作用没有得到充分发挥。

三、政策评估层面：评估主体意识不强和评估实施过程阻滞

政策评估作为政策过程的一个重要环节，对决策科学化、民主化具有重要作用。只有通过政策评估，人们才能了解一项政策是否达到预期效果，才能对政策制定、执行等各个环节提出进一步修改、完善的意见与建议，促使政策趋于最大程度的科学化、合理化[1]。有研究者认为："政策评估与政策的估计、评价、鉴定有关，贯穿于政策全过程，不能仅看作是政策过程的最后一个环节。"[2] 也有研究者指出："政策评估是对各种社会研究过程进行系统地运用，收集相关资料，以此来判断政策的制定是否完善，了解

① 张雷.教育政策绩效评估的理论探讨 [D].华东师范大学，2014，2.
② ［美］詹姆斯·E·安德森.公共决策 [M].北京：华夏出版社，1990：183.

政策的实施状况、遇到的困难，并指出对政策进行干预的措施等。"①综合以上，本研究中的地方政府学前教育政策评估指的是对整个普惠性学前教育政策全过程的资料收集、评价反馈过程，其调查研究和评估论证结果是学前教育政策调整、完善和更新的重要依据。

但是，现代社会发展进程不断加快和政策运行环境愈加复杂，学前教育政策评估环节还存在一些不规范、不完善等问题。虽然地方政府设立了相关政策研究和评估机构，但是这些机构的水平参差不齐，主要工作是进行调查研究、分析预测和指导政策执行，较少对政策进行独立、正式和全面的评估②，从而会影响政策的及时调整和修订，最终影响普惠性学前教育政策的实施效果。

（一）政策评估主体方面

政策评估主体在政策评估过程中处于非常重要的地位，会对评估结果产生影响。有研究者指出，政策评估主体是直接或间接地参与政策评估过程的个人、团体或组织③；是对政策进行评价和分析的实施者，它可以是政策的决策者、执行者、政策目标群体或第三方等④。目前，越来越多的政府部门在实践中意识到，政策评估为政府政策的制订、执行、调整等提供了非常重要的支撑。但调研中发现，现阶段县域政府普惠性学前教育政策评估主体还存在一些不足。

1.评估主体对评估的科学性认识不足

政策评估的有效性离不开政策评估主体对其科学性的认识，否则，将会使政策评估不被重视或者流于形式。2020 年，中共中央在《关于制定国民经济和社会发展第十四个五年规划和二〇三五年远景目标的建议》中，提出了"健全重大政策事前评估和事后评价制度，提高决策科学化、民主

---

① 林水波，张世贤 . 公共政策 [M]. 台湾：五南图书出版公司，2006：499.
② 陈振明 . 政策科学——公共政策分析导论 [M]. 北京：中国人民大学出版社，2003：333.
③ 高富锋 . 公共政策评估主体的缺陷及对策分析 [J]. 求实，2004（S4）：27-28.
④ 王晓丽 . 政策评估的标准、方法、主体 [J]. 福建论坛（人文社会科学版），2008（09）：137-140.

化、法治化水平"的工作部署。但是在各级政府的政策评估实践中，政策评估还没有形成科学机制，部分评估主体对公共政策评估的意义、价值认识不到位，没有对政策评估形成统一科学的认识。他们认为只要按上级政府要求制定和执行相关政策就是有效的落实政策，或把对政策制定、执行过程中的政策督导评估看作是应付上级和群众的一种手段，或在政策督导评估过程中缺乏科学的态度，导致无法有效开展政策评估工作。

调研中，当与政府工作人员提到政府如何对政策实施整个过程进行评估，以及如何运用评估结果等问题时，大都表示不太熟悉评估过程，或是将政策评估理解为教育活动督导。"政府会选派人员（大都是退二线的中小学校长）对幼儿园的保教质量进行定期督导，并根据相关督导检查标准，提出一对一的督导反馈意见，让幼儿园整改落实。至于对整个政策的实施情况进行督导好像县域不是主体，主要是省级政府。"可见，个案县域相关评估主体对普惠性学前教育政策评估的科学性认识有待进一步提高。

2. 公众参与评估的广泛度不够

"谁来监测与评估教育政策"是教育政策评估活动开展的前提。随着公民及学界和政府对从管理到治理认识的变化，教育治理、第三方组织等概念逐渐渗入教育政策研究领域，人们越发倡导强化社会组织和公众参与教育政策评估[1]。参与教育政策评估的主体应涵盖政策的决策者、执行者、专业组织、公众、各类媒体以及跨部门的教育政策监督与评估委员会等多主体[2]。然而结合我国实际情况，这些倡导截至目前很多都还是停留在口号上，评估主体仍以政府为主，第三方组织和社会公众的参与程度并不高，各级政府特别是地方政府，在进行政策评估时大都是按照整体的安排或以部门为单位，用自下而上的总结报告等方式来反馈自己部门的工作，并以此来

---

① 胡伶，范国睿. 教育政策监测与评估主体的现状与发展建议——基于权力来源与向度的分析框架 [J]. 教育发展研究，2012，32（Z1）：8-13.
② 范国睿，孙翠香. 教育政策执行监测与评估体系的构建 [J]. 教育发展研究，2012，32（05）：54-60；
徐慧燕. 高校"三位一体综合评价"招生制度执行效果评价 [D]. 西北农林科技大学，2015.

评判政策实施的效果，大多时候只把评估的重心放在政府为政策执行付出、投入多少等贡献上，较少关注利益相关者对政策实施的满意情况、社会各界的认可情况等。可以看出，以政府付出和投入多少为衡量标准的政府为主的评估方式，其评估过程缺乏利益相关者等政策受用方的参与，因此，其评估的价值和结果的可信度有待商榷。[①]

就各类政策督导评估而言，个案县政府层面一直比较重视，尤其自2018年成功创建全国中小学校责任督学挂牌督导创新区后，持续创新挂牌督导体制机制，修订《S县中小学幼儿园兼职督学挂牌督导工作考核办法》，不断助推督导评估提质增效。2022年，《S县深化新时代教育评价改革实施办法（征求意见稿）》提出："要不断完善幼儿园督导评价，建构多元评价体系。实施常态专项督评，积极吸纳家长、社会等相关方面评价意见，加强专业化教育评价机构建设，发挥专业机构和社会组织作用。"可以看出，个案县政府在政策评估中已关注到评估参与主体的多样性。但从调研中获悉，在实际的政策评估过程中还是以政府为评估主体，少量参与学前教育政策评估过程的公民代表和社会组织很多是由上级组织指定或加以一定条件限制产生，如参与主体会选择龙头园、省优园等园长代表，普通园长、教师、家长等公众参与概率极低。这种评估主体单一，公众参与广泛度不足，忽视作为政府行为相对人的社会组织和社会公众的评价，极易影响普惠性学前教育政策评估的客观性和真实性，最终影响政策的实施成效。

（二）政策评估实施方面

普惠性学前教育政策体现的是国家治理学前教育的战略方针。政策制定颁布后的实施效果如何？预期目标是否实现？都需要通过对政策的实施过程进行评估来考量。科学的政策评估有利于实现教育决策的科学化、民主化和公开化，从而为普惠性学前教育政策的持续、修正、调整或终止提

[①] 尹苹苹.我国公共政策评估主体确立原则的思考[J].商业时代，2011（19）：86-87.

供可靠的依据。调研中发现，个案县普惠性学前教育政策评估在方法多样性、信息透明度、组织独立性等方面存在一定的不足。

1. 评估方法缺乏多样性

教育政策评估方法是教育政策评估的手段，是评估主体进行政策评估、实现评估目标的工具。恰当的评估方法不仅可以提高县域普惠性学前教育政策评估的质量，更有利于科学运用评估结果来进一步提升政策实施效果。教育政策评估方法在不同阶段呈现出不同的特征与倾向性。如 20世纪 30 年代以前的测量性评估，旨在通过实验测量公共政策的效率与效果；20 世纪 30 年代到 1967 年的描述性评估，以描述某些规定目标为方法，具有高度的目标导向，在实地进行调研描述评估；1967 年后的十多年间，判断性评估受到关注，其通过判断评估公共政策能否有效地解决社会问题；1975 年以后的回应性评估，以协商、回应和建构主义为特征，肯定社会中存在多元价值观①。弗兰克·费希尔在其著作《公共政策评估》中提出将事实和价值结合起来的政策评估逻辑，强调运用经验和规范相结合的分析方法来进行政策评估②。可以看出，之前的评估方法更强调实证研究，定量的评估方法占据主导地位，强调用数字来证明教育政策的效果。在此之后的评估方法呈现出从逻辑实证、量化研究转向质性研究的特征，个别访谈、实地考察等质性研究方法得以回归③。但不管是实证还是质性的政策评估方法，都推动了教育政策评估理论与实践的发展，提升了政策的实施效果。

目前，县级政府对教育政策的评估大多使用单一的评估方法，缺乏对综合性评估手段的运用。有学者指出，在评估方法的选取上，多以经验分析、定性分析为主，演绎推理、定量分析较少。这是因为量化评价往往具有很强的专业要求，涉及经济学、统计学等多个领域，但相关人才缺乏，

① 陈振明.公共政策分析导论 [M].北京：中国人民大学出版社，2015：113.
② ［美］弗兰克·费希尔.公共政策评估 [M].北京：中国人民大学出版社，2003：06.
③ 白贝迩.对民族地区教育政策评估基本问题的思考——基于社会学的视角 [J].青海社会科学，2021，No.247（01）：155-160，188.

使得县域很多评估多停留在理论层面，主要是定性评价；或即便存在定量评估，大多也只是停留在特定的数据汇总，如学前教育投入金额、幼儿园增加数额等，缺乏对数据进行综合的、科学的分析评价。缺乏多元化的评估方法势必会影响评估结果的科学性和准确性，从而导致学前教育政策的制定者和执行者产生错误的判断，不利于普惠性学前教育政策快速高效的实施。[①]

2. 评估信息缺乏透明性

县域基层政府是党中央、国务院决策部署贯彻落实的"最后一公里"，县域政府信息公开情况直接决定群众对政务公开的获得感。2019 年，《中国政府透明度指数报告》对我国 100 个县级政府的决策公开、执行和结果公开、政策解读与回应关切几方面表现进行全面评估，结果发现县级政府在信息公开的方式、质量、时效等方面，存在很多不足；2016—2018 年连续 3 年县级政府教育信息"透明度"差的情况并没有很大改善。《中国政府透明度指数报告（2021）》也指出："地方政府的政务公开水平随着级别降低而呈下降趋势[②]，对义务教育招生计划、招生结果、学校情况等信息公开水平仍有待提高。建议进一步加强各级各部门政务公开制度建设，完善公开制度体系；继续加大基层政务公开工作力度。"政府的信息公开水平和透明度情况是有序引入公众参与政策过程的重要举措，是实现政府管理共建共治共享的重要路径。

就普惠性学前教育政策评估信息的透明度而言，信息的公开共享是实施高效评估的前提，尤其是政府之外的评估主体进行政策评估时，只有获得真实、有效、全面的相关学前教育政策信息和数据，才能进行深度、有效评估。就研究者对个案县的普惠性学前教育政策实施效果研究来说，为了对政策实施的普及普惠、保教质量、政府保障等维度进行全面、深入地分析，就需要获取个案县近几年这些维度方面的客观数据。但实际却发现

---

① 张茂聪，付晓彬. 我国县级政府教育政策绩效评估存在的问题及对策研究 [J]. 教育科学研究，2015，No.240（03）：16-20.

② 万静. 政务公开工作成效显著法治政府建设向纵深推进 [N]. 法治日报，2022-06-17.

从官方网站等途径几乎找不到相关有效数据，询问幼儿园、政府相关职能部门负责人，得到的回答大都是没有统计过、数据不全、数据不方便公开等。可见，政府对相关教育信息的公开性、透明度依然存在不够等情况，这无疑会影响政策评估的有效实施。

3. 评估组织缺乏独立性

政策评估组织包括官方的和非官方的两类。从官方层面来看，我国从中央到地方各级政府都有对应的教育政策评价机构[①]。如个案县所在的市有市教育评估中心，旨在开展教育评估工作，促进教育事业发展，负责学校及教育机构评估计划拟订与评估验收工作组织实施、评估人员信息库建立与管理维护相关社会服务等工作；市人民政府教育督导室承担全市的教育督导工作，负责研究制定教育督导制度、工作计划，对县级政府及相关职能部门开展教育履职情况的督导和评估[②]，同时承担对中小学教育的督导检查、评估验收和质量监测的具体组织实施工作。同时，个案县还设有县政府教育督导室，负责制定全县教育督导工作政策，审议教育督导重大事项，指导和协调地区督政、督学、督教等工作。但在实际操作中，这些机构却无法脱离对上级部门的依赖，处于附属地位，在评估工作中常会面临上级部门和领导的压力，很难独立、自主、客观、公正地开展教育评估工作。评估独立性的缺乏使得这些政府的官方教育评估机构难以充分发挥其职能[③]。从非官方层面来看，非官方教育政策评估组织主要指民间政策研究组织和社会中介评估组织等第三方评估组织[④]。虽然近年来国家各种政策都在不断鼓励、积极支持第三方机构参与各阶段的教育政策评估，但在实际的工作中，成效还是比较微弱，专业的第三方评估组织欠缺。

① 丁时勇，张万钧，吕炜. 政府审计开展政策评估的优势分析 [J]. 审计月刊，2011（06）：10–12.
② 王莹. 地方体育与健康课程管理的实证研究 [D]. 华东师范大学，2014，31.
③ 褚宏启. 教育政策学 [M]. 北京：北京师范大学出版社，2011：240.
④ 丁时勇，张万钧，吕炜. 政府审计开展政策评估的优势分析 [J]. 审计月刊，2011（06）：10–12.

目前，我国各级政府内设的政策评估组织承担了教育政策评估的大部分工作，而由专业人员组成的独立的教育政策评估机构尚未完全建立起来。这种评估组织独立性缺乏的现状，使得我国相关政策评估成效显著性不足，对于普惠性学前教育政策实施效果的评估亦然。

第六章　提升普惠性学前教育政策县域实施效果的政策建议

经过多年的改革发展，我国学前教育逐步构建起了纵向上"以县为主，多级政府分担"，横向上"教育部门牵头，多部门分工协作"的管理体制[①]。2018年的《若干意见》更是明确了学前教育实行"国务院领导、省市统筹、以县为主"的管理体制[②]。在此背景下，县级政府对本县域学前教育发展肩负主体责任，负责县域学前教育规划布局、公办园建设、教师配备补充、幼儿园运转等各项工作[③]，以确保县域内学前教育规范有序健康发展。因此，县域学前教育发展对实现我国学前教育事业发展目标和办好人民满意的学前教育都具有重大的意义；同时，县域学前教育的高质量发展也离不开对各级政府普惠性学前教育政策的高效实施。基于对个案县普惠性学前教育政策实施现状的实证调查和政策实施效果影响因素的分析，本章依然参照政策过程理论，从普惠性学前教育相关政策制定、执行、评估三个层面提出了具体的政策建议，旨在全面、系统地提升普惠性学前教育政策县域实施效果，促进我国县域学前教育高质量发展。

---

① 徐益民.把脉中国学前教育改革40年的来路与去向 [J].文教资料，2022（02）：78-80.

② 湛中乐，倪洪涛，马雷军，等.《学前教育法（草案）》笔谈 [J].湖南师范大学教育科学学报，2020，19（06）：1-14.

③ 杨晓萍，沈爱祥.县域学前教育共生发展现状分析 [J].学前教育研究，2020（09）：13-22.

第一节　政策制定层面：加快国家层面立法，完善地方政策法规

党的二十大报告强调，要办好人民满意的教育，促进教育公平，强化学前教育的普惠性发展。学前教育作为终身教育的开端和起点，是体现社会公平正义的重要领域。但由于我国幅员辽阔、社会经济发展水平不平衡，学前教育依然存在地域、城乡差异，普惠性、优质资源不足，政府和部门间职责缺位、错位等问题，影响学前教育的公平性。鲍传友在《教育公平与政府责任》一书中指出，加强教育立法，实现"依法治教"是现代化国家教育的重要特征，要建立多元主体参与政策博弈的利益生态机制，提高政策的民主程度①。因此，本研究认为在政策制定层面可以从加快推进国家层面学前教育立法和完善地方层面学前教育政策法规两个方面提升普惠性学前教育政策县域实施效果②，助推县域学前教育的高质量发展。

一、加快推进国家层面学前教育立法进程

（一）加快学前教育立法的应然性分析

1. 学前教育高质量发展的现实需求

学前教育是个体终身发展的起点，对提升国民素质具有基础性、全局性和先导性的作用与价值③。近年来，我国学前教育砥砺奋进，实现了跨越式发展，普惠性学前教育资源进一步增加。2023年，教育部等部门联合发布《关于实施新时代基础教育扩优提质行动计划的意见》，进一步要求实

---

① 鲍传友. 教育公平与政府责任 [M]. 北京：北京师范大学出版社，2011：353-354.
② 冯江英. 论保障我国弱势群体儿童学前教育公平的政府责任 [J]. 幼儿教育，2014，No.622（18）：17-21.
③ 庞丽娟，韩小雨. 中国学前教育立法：思考与进程 [J]. 北京师范大学学报（社会科学版），2010（05）：14-20.

施学前教育普惠保障行动，以优质普惠发展办人民满意的学前教育。截至
2022 年，我国学前教育毛入园率为 89.7%，全国共有幼儿园 28.92 万所，其
中，普惠性幼儿园 24.57 万所，占全国幼儿园的比例为 84.96%。全国共有
在园幼儿 4627.55 万人，其中，普惠性幼儿园在园幼儿 4144.05 万人，占全
国在园幼儿比 89.55%。"入园难"问题已从根本上得到了缓解。然而，学
前教育仍是整个教育系统的薄弱环节，目前还缺少国家层面的全国性法律，
还存在诸如管理体制不完善、经费保障不到位、师资水平参差不齐、教师
权益得不到保障等问题[①]，高质量学前教育体系还未建成。教育强国的学前
教育必然是大众的孩子能享有优质资源的学前教育。

　　同时，在实践调查中，研究者也发现，个案县作为实施普惠性学前教育
政策责任主体的县域之一，在国家多重普惠性学前教育政策文件的指引下，
依然存在很多政策象征性执行、执行不彻底、执行偏差等现象。如江苏省
《关于学前教育深化改革规范发展的意见》明确指出建立"省市统筹、以县
为主、县乡（街道）共建"管理体制，并提出"公办幼儿园教师实行同岗同
酬，民办幼儿园参照公办园标准保障教师待遇"。但个案县在贯彻执行中对
"县乡（街道）共建"的政策执行存在偏差，很多学前教育发展投入责任直
接压给镇（街道）政府，县级政府主要负责学前教育保教质量的提升和编
制教师的工资待遇，而幼儿园的建设、后续的持续改造和非在编教师的工
资待遇等投入都由镇（街道）政府负责，由于镇（街道）之间社会经济发
展的差异，直接导致经济发展较弱的乡镇幼儿园后续投入不足、教师积极
性低，可持续发展受阻。个案县对"公办园教师同岗同酬，民办园参照公
办标准"政策的执行也不够彻底。虽然近几年所有教师的工资待遇呈现上
涨趋势，但在编教师、备案制教师、民办园教师之间的待遇差距依然明显。

　　为此，很多利益相关者都将我国学前教育改革发展中依然存在的种种

①　湛中乐，李烁 . 我国学前教育立法研究——以政策法律化为视角 [J]. 陕西师范大学学报（哲学社会科学版），2019，48（01）：45–53.

问题归因于《中华人民共和国学前教育法》的缺位①，认为立法保障和促进学前教育事业发展既是服务型政府的重要职责，也是破解我国学前教育高质量发展诸多问题的关键所在②。有研究者表明，进一步理顺管理体制，扩大优质普惠性学前教育资源，进一步认识、落实政府对学前教育的责任，实现教育公平，是学前教育事业发展中长期的任务，要想根本解决这些体制机制问题，仅依靠一般的政策是难以实现的，必须通过法律手段，形成对各级政府及广大公民的监督和制约机制③。因此，出台正式的《中华人民共和国学前教育法》迫在眉睫。

2. 学前教育现有法律法规存在不足

自 20 世纪 90 年代以来，我国学前教育发展进程中颁布实施了很多相关规章制度，比较典型的包括《幼儿园管理条例》和《幼儿园工作规程》等。但这些都属于政府条例和部门规章，法律效应不足，不能得到国家立法机构的监督，不能充分满足我国当前学前教育事业发展的需要④。主要表现为：

一是我国现有相关学前教育政策法规出台时间过久，较难适应当前的发展需要。随着社会的持续发展，在我国经济、社会变迁中，出现了许多新情况、新问题，这些都给学前教育发展带来了新的挑战。如协调学前教育与政府、部门间，办园、投入主体间的关系等，原有的政策法规并没有做出明确具体的规定，现有的《幼儿园工作规程》等法规已无法很好地应对这些新变化和新问题⑤。二是我国现有相关学前教育政策法规自身不够健全。如 2015 年 12 月修订的《幼儿园工作规程》，与 1986 年版相比主要修订了加强安全管理、规范办园行为、注重与有关政策的协调等方面内容。但总的来说，对整个学前教育事业发展具有远见的顶层设计依然不足，无

---

① 在本书付梓之际，2024 年 11 月 8 日，十四届全国人大常委会表决通过《中华人民共和国学前教育法》，自 2025 年 6 月 1 日起施行。

② 姚晓丹. 学前教育：发展迫在眉睫 立法已经上路 [N]. 光明日报，2010-12-02（005）.

③ 虞永平. 以法保障学前教育的稳定发展 [J]. 人民教育，2013（11）：23-25.

④ 同上。

⑤ 庞丽娟，韩小雨. 中国学前教育立法：思考与进程 [J]. 北京师范大学学报（社会科学版），2010（05）：14-20.

法覆盖目前为止出现在学前教育事业发展进程中出现的新问题、新需求[①]。与此同时，政策法规的内容缺乏对责任主体义务和责任的规定，一些重要问题未得到规范与落实，如对幼儿教师的身份、待遇，幼儿园的财政投入等缺乏明确的规定或者对某些问题的规定不具体、不明晰，进而导致现行的学前教育法律法规存在模糊性，易导致地方政府误读和象征性执行，不能达到立法时所预期的结果。三是我国现行的学前教育立法层次相对较低、范围较窄。相关法律基本以规章的形式出现，立法层次较低，难以为学前教育发展提供有效的保障。尽管《中华人民共和国学前教育法（草案）》已于 2020 年出台，2023 年国务院常务会议讨论并原则通过，但仍未形成一部官方、全国范围内的专门学前教育立法；现行的《幼儿园管理条例》（1989）《幼儿园工作规程》（2016）等在国家法律法规体系层面属第四层级，立法位阶不高，规范性不强[②]；在《中华人民共和国教育法》规定的独立学段中仅学前教育没有立法[③]。

　　总之，现行的学前教育法律、规章并不能很好地将幼儿教育发展和社会各个层面的法律关系进行有效的调和。要破解目前学前教育发展中存在的许多问题，推动学前教育事业健康可持续发展，出台正式的《中华人民共和国学前教育法》势在必行。

3. 健全我国教育法律体系的实际需要

　　依法治教是依法治国对教育领域的现实要求，更是教育事业发展的内在需要[④]。学前教育作为我国教育事业的重要组成部分，虽然许多法律和规章对学前教育都有所提及，但缺乏一部全国性的、正式的学前教育法律。1995 年颁布的《中华人民共和国教育法》规定的四个独立学段中，只有学

---

① 吴遵民，黄欣，屈璐.我国学前教育立法的若干思考 [J].复旦教育论坛，2018，16（01）：35–41.

② 王元凯，刘传莉.对发展农村普惠性幼儿园的思考 [J].教育导刊（下半月），2011（07）：17–20.

③ 庞丽娟，韩小雨.中国学前教育立法：思考与进程 [J].北京师范大学学报（社会科学版），2010（05）：14–20.

④ 王青逯.教育与经济思考录 [M].长春：吉林人民出版社，2009：165；
宋立会.我国学前教育的法律规制 [J].河北法学，2016，34（12）：155–167.

前教育没有专门法律[①]。中华人民共和国成立以来,《中华人民共和国教育法》《中华人民共和国教师法》《中华人民共和国义务教育法》《中华人民共和国职业教育法》《中华人民共和国高等教育法》等法律先后颁布,作为独立学段的学前教育至今还没有出台正规的法律,这难免会影响我国学前教育事业高质量发展的进程。

与此同时,一个国家教育法律体系的健全程度和完整连贯情况是衡量其教育制度发展程度高低的重要标志,尽快颁布实施正式的学前教育法是健全各级教育法律体系、实现教育现代化的必经之路[②]。

(二)加快学前教育立法的实然性分析

1. 国际和地方学前教育立法的经验

综观当今世界各国幼儿教育的发展历程不难发现,学前教育立法早已是国际趋势,这一趋势值得我国学前教育立法借鉴。美国、英国、法国、瑞典等国很早就制定了专门的学前教育法,如美国早在 1979 年就出台了《儿童保育法案》,后来又通过了《儿童早期教育法案》《全民学前教育》;英国于 1989 年颁布了《儿童法案》;澳大利亚在 1972 年发布了《儿童保育法案》;葡萄牙在 1997 年制定了《学前教育法》[③]等,各国纷纷以法律的方式来保障和推动其学前教育事业的发展。除了国家层面的学前教育立法外,各国还不断推动地方政府制定相应的学前教育条例。

再回看国内一些地方性学前教育立法的探索,也为我国国家层面的学前教育立法提供了很多值得借鉴的地方。截至 2020 年 1 月,我国现行的地方性学前教育规章多达 61 部,最早的是 1986 年江苏省颁布的《江苏省幼儿教育暂行条例实施办法》,最近公布的是《山东省学前教育条例(2019年)》[④],此外还有《北京市学前教育条例(2016年修正本)》《浙江省学前教

① 王元凯,刘传莉. 对发展农村普惠性幼儿园的思考 [J]. 教育导刊(下半月), 2011(07): 17-20.
② 宋立会. 我国学前教育的法律规制 [J]. 河北法学, 2016, 34(12): 155-167.
③ 刘奉刚,张振宇. 浅议我国学前教育立法 [J]. 山东人大工作, 2011(11): 20-22.
④ 裴培. 我国学前教育地方立法研究——基于 61 部地方性法规规章的实证分析 [J]. 陕西学前师范学院学报, 2020, 36(08): 118-125.

育条例（2017年）》《辽宁省学前教育条例（2017年）》《徐州市学前教育管理条例（2006年）》《福州市学前教育管理办法（2010年）》《沈阳市学前教育条例（2014年）》[①]等多份地方性学前教育政策法规，其对学前儿童教育权益的保障、地方政府应负的幼儿教育责任等都做出了有效而翔实的规范[②]。

由以上分析可见，当今世界各国和我国都非常重视发展本国、本地区的学前教育，并在各个层面制定和完善了本国、本地区的学前教育法律法规，旨在通过立法督促政府履行学前教育发展的主体责任，规范幼儿园的办园行为，从而为整个学前教育事业的发展提供制度保证，并将其引导到法制建设轨道上来。诸多国家和地区学前教育立法的经验都可以成为我国学前教育法制定的参考依据，同时，只有国家层面抓紧出台《学前教育法》才能为学前教育的普及普惠发展提供高阶位、强制性与权威性的立法保障，才能切实解决高质量发展过程中遇到的突出问题[③]，才能更好地引领和监督地方政府履行学前教育的责任。

2.国内义务教育法的启发

我国义务教育在实现全面普及的基础上，城乡和各区域在师资建设、财政投入、管理机制等方面都已相对健全，已基本实现县域均衡发展，正朝着优质均衡阶段发展。义务教育的这些成就离不开党中央的坚强领导，同时也得益于《中华人民共和国义务教育法》的及时颁布与实施。立法是联结政府与社会、公权与私权的纽带，是调节和规范人们社会生活的重要手段[④]。有学者指出，我国学前教育立法过程中可以借鉴、参考义务教育立法的经验，在立法理念上应有公共意识和均衡意识，在立法实践上应充分调研、广泛讨论、反映实际、增强实践可操作性，在立法内容上应明确学前教育的投入主体与投入责任、明晰各个主体的法律责任、强化监督机制等[⑤]。

---

① 孙倩倩.我国地方学前教育立法研究[D].沈阳师范大学，2020，24.
② 吴遵民，黄欣，屈璐.我国学前教育立法的若干思考[J].复旦教育论坛，2018，16（01）：35-41.
③ 同上。
④ 于兆波.立法决策论[M].北京：北京大学出版社，2005：5-6.
⑤ 刘奉刚，张振宇.浅议我国学前教育立法[J].山东人大工作，2011（11）：20-22.

学前教育立法的一个重要内容是要明确中央和地方各级政府在学前教育事业发展中的职责，要对各自承担的责任进行明确划分和规定；但从《若干意见》等政策文件来看，虽强调"明确政府责任"，但主要是针对地方政府，对中央政府在学前教育发展中应承担什么责任，与地方政府的责任又如何划分等问题并没有做出具体的规定①。有学者建议在学前教育法中的法律责任部分，可借鉴《义务教育法》的经验，在将国家、社会、学校、家庭的责任做出具体分配规定的同时，还将各个主体违反具体行为所要承担的法律责任专门列出，并首次在法律中规定了对领导人的问责制度，从法律上开创了教育问责制的先河②。

总之，义务教育的立法经验对学前教育的立法具有很强的示范作用，唯以义务教育立法为基础，通过大量的实证调研，增强二者之间的衔接和一致性，才能使学前教育立法得到有效推进③。

3. 政府和社会各界的持续关注

随着社会的快速发展，社会各界对学前教育的认识和要求不断加深，从 2003 年至今，学前教育立法问题越发受到各界的持续重点关注④。2003年，学前教育立法被列入立法规划；2006 年，教育部开展了学前教育法案的研究与起草；2007 年，学前教育立法被列入今后五年立法工作重点；2010 年，国务院有关部门进一步研究学前教育立法有关问题，力求尽快启动立法程序；2011 年，教育部年度工作重点指出在当年启动学前教育立法；2012 年，《国家教育事业发展第十二个五年规划》提出"推进《学前教育法》起草工作"⑤；2013 年，教育部召开学前教育立法建议提案办理专题座谈会；2014 年，《教育部 2014 年工作要点》提到"力争完成学前教育法的起草工

① 湛中乐，李烁.我国学前教育立法研究——以政策法律化为视角[J].陕西师范大学学报（哲学社会科学版），2019，48（01）：45-53.
② 尹力.教育人权及其保障——新《义务教育法》何以落实和完善[J].教育研究，2007（08）：39-46；
郝亚静.我国学前教育立法研究[D].华东师范大学，2019，49.
③ 刘奉刚，张振宇.浅议我国学前教育立法[J].山东人大工作，2011（11）：20-22.
④ 朱河锦.我国学前教育立法研究[D].云南师范大学，2016.
⑤ 孙强.学前教育义务化的可行性分析[J].教育导刊（下半月），2013（04）：72-73.

作"；2015 年，十二届全国人大三次会议上多位代表提出加快制定学前教育法的议案①，12 月全国人大常委会修改教育法，增加关于学前教育的专门规定；2016 年，教育部完成学前教育法专家建议稿；2017 年，学前教育立法已启动程序②；2018 年，学前教育法成为立法规划一类项目中唯一的教育类项目；2019 年，学前教育法草案初稿成为教育部法治政府建设的重点事项；2020 年，教育部发布《学前教育法草案（征求意见稿）》。此后，教育部根据征求意见情况对《学前教育法草案》修改完善，于 2021 年形成《学前教育法草案（送审稿）》。2022 年，《学前教育法》被列入"初次审议的法律案"③。2023 年，国务院常务会议讨论并原则通过《学前教育法草案（征求意见稿）》，将草案提请全国人大常委会审议。由此可见，我国离《学前教育法》正式颁布实施又向前迈了一大步，我国学前教育事业将迈入"有法可依""有法必依"的新时代，对学前教育的改革发展必将产生重大而深远的影响。

此外，我国社会各界专家学者也在长期呼吁学前教育立法工作，如北京师范大学的庞丽娟教授及其团队在《中国学前教育立法：思考与进程》《加快立法 为学前教育发展提供法律保障》等研究成果中曾多次强调我国学前教育立法的迫切性，并对学前教育立法的宗旨、基础和重点等提出建设性的思考与建议。2020 年草案的公布标志着《学前教育法》在立法进程中迈出了极为重要的一步，但这只是一个开始，至今已过去数年时间，在正式的《学前教育法》出台之前，还需经历公开征求意见、征求各职能部门意见、国务院常务会议审议、全国人大审议等程序，最后才能正式成为法律④。研究者建议调整《学前教育法》范围，将 3 岁以下儿童教育纳入学前

① 陈丽平. 教育部已经完成学前教育法专家建议稿 [N]. 法制日报，2016-02-02（001）.
② 吴会会. "政策之窗"何以开启：学前教育立法进程透视 [J]. 教育学报，2021，17（01）：158-169.
③ 叶齐炼，景安磊. 对教育法典编纂若干问题的思考 [J]. 中国高教研究，2023（09）：21-25，33.
④ 湛中乐，倪洪涛，马雷军，等.《学前教育法（草案）》笔谈 [J]. 湖南师范大学教育科学学报，2020，19（06）：1-14.

教育立法内容 ①，对《学前教育法草案》以儿童本位的立法理念的亮点和学前教育应当采取幼托一体化还是幼托分离、政府财政投入占比等争议问题进行了讨论与建议 ②。

可见，在全国和社会各界的强烈呼吁下，目前我国学前教育的立法已取得了突破性的进展，为正式的学前教育法出台提供了极大的可行性。

二、逐步完善地方层面学前教育政策法规

自 2023 年 6 月 2 日国务院常务会议讨论并原则通过《学前教育法草案（征求意见稿）》，将草案提请全国人大常委会审议后，可以预见我国《学前教育法》正式颁布指日可待。《学前教育法》的颁布必将是我国学前教育发展史上又一重要里程碑，必将对保障适龄儿童接受学前教育的权利，促进学前教育普及普惠安全优质发展，规范学前教育政策实施产生重大而深远的影响。

学前教育是终身教育的起点，强化法治保障极其重要。因此，逐步加强和完善地方层面学前教育政策法规将是未来学前教育系统全面推进依法治教的重要任务，是适应学前教育改革发展新形势新要求、促进政府职能转变的关键举措。

（一）提升政府政策法规制定效能

1.继续坚持公益普惠等多元价值取向

教育政策的价值取向对政策制定过程中问题的构建、目标的确立和方案的选取都有一定的影响 ③，影响教育政策方案和文本的内容，进而最终影响政策的执行和政策评估的结果。政策制定主体如果出现偏差的价值取向，如在制定普惠性学前教育相关政策中，政策制定主体存在过度的"逐

---

① 马雷军.《学前教育法》调整范围论要 [J]. 陕西师范大学学报（哲学社会科学版），2023，52（01）：106-114.

② 刘悦，姚建龙.学前教育立法的亮点与若干争议问题——以《学前教育法草案（征求意见稿）》为例 [J]. 中国青年社会科学，2021，40（04）：116-123.

③ 赵韵玲.公共政策过程中的价值取向研究 [J]. 改革与战略，2016，32（09）：40-42，58.

利"追绩"等偏差的价值取向，就会导致最终的政策实施方案偏离"人民满意教育"的价值选择。

现代的社会是价值多元的社会，不同的目标群体有不同的价值追求。通过前面章节对普惠性学前教育价值取向的专门分析，可知坚持和追求公益普惠、公平优质的价值取向，是学前教育政策的发展基石和根本。学前教育政策相关文件多次强调坚持公益普惠的学前教育发展方向，公平优质的学前教育更是人民对幼有优育的美好期盼。同时，在我国人口空间结构变化和出生率下降的背景下，学前教育政策制定者需整合多元价值，秉持公益普惠、公平优质等多元、科学、正确的价值取向，协调社会经济发展的诸多要素，综合平衡不同利益相关者的利益诉求，才能在政策的问题确认、方案形成等普惠性学前教育政策制定过程中，制定出科学、可行的普惠性学前教育政策，才能更好地为办好人民满意的、中国式现代化、高质量的学前教育提供指引。

2. 提升政策决策者的决策能力

科学决策是科学执政、合理行政的基础，是执政兴国的重要方式和方法。习近平总书记在 2020 年中青年干部培训班的讲话中指出："提高科学决策能力是干部特别是年轻干部的七大能力之一。要有战略眼光，看得远、想得深；要深入开展可行性研究，多方听取意见；要综合分析评判，科学取舍，全面权衡，科学决断。"

普惠性学前教育政策质量的高低与政策制定者的决策能力有很大的关系。政策制定过程主要包括问题确认和选择、方案设计和细化，这些过程都离不开政策制定者的层层选择和决策。如在政策问题确认和选择方面，需要政策制定者具有较高的问题搜寻和认定能力，要充分利用各种信息化手段，对收集到的各类相关问题进行分析、识别、确认，构建"问题 – 社会问题 – 公共问题 – 政策问题"的政策问题识别机制，弄清问题事实及其产生的深层次原因[1]；在政策最终方案设计和细化方面，需要政策制定者具

---

[1]　张维迎. 政策质量影响政府绩效的理论模型构建对策 [J]. 领导科学，2020，No.765（04）：4–7.

备充分的政策方案规划和选择能力，要发挥专家学者、智库的作用，使用好民主化的决策机制[①]。

提升学前教育政策决策者的决策能力的途径主要包括：一要提升全局性把握能力。对我国不同时期学前教育发展的历史和现实要有深入的全局性认知，真正了解和把握新时代人民群众对学前教育的现实诉求；对国家、地方各层级普惠性学前教育发展过程中各种现状、问题等发展的趋势和规律进行全局性研判，从而在决策过程中做到取舍有度；对所负责的省市县各级政府、不同部门的学前教育整体性和局部性工作有全局性协调，从而能在纵向和横向层面上沟通协调好普惠性学前教育发展的各方面问题，做到全面推进。二要提升民主决策意识。要有民主理念，把人民群众对学前教育的需求放在心中最高位置，倾听人民群众对学前教育的呼声，汲取人民的智慧，积极推动人民群众参与决策，建设发展好民主决策制度，确保人民群众能够切实通过民主决策制度有效参与到学前教育政策的决策之中。三要提升依法决策能力。依法治国是国家长治久安的重要保障，依法决策也是学前教育政策制定走向科学化的重要衡量标准。学前教育政策制定者要提升运用法治思维和方式的能力，能够充分运用法律方式处理学前教育各类事务、化解学前教育政策实施过程中面临的各种矛盾、维护不同利益相关者的合法权益；健全法治化的学前教育政策决策程序，增强公众参与学前教育治理与问责的实效[②]。

3. 加强学前教育政策的循证研究

循证，又称"基于证据"，意为遵循证据、观点、例证等，政策、研究、实践是循证的核心。"循证教育"是 1996 年剑桥大学教育学院的大卫·哈格里夫斯首次提出，又称"基于研究的教育"，指把教育工作者的专业智慧和实践经验与现有的研究证据相融合，谨慎、准确地做出教育决策

[①] 陈水生. 公共政策失败及其治理：一个整合性分析框架 [J]. 学术月刊，2022，54（02）：91–102.

[②] 周叶中. 领导干部科学决策能力的提升路径 [J]. 红旗文稿，2020（20）：13–15.

并开展教育实践的过程①；强调通过科学程序与实证方法开展研究，获取有效证据，通过制定政策再开展实践②。普惠性学前教育的发展需要循证研究、循证政策及循证实践，学前教育政策的制定有赖于科学有效的证据，循证教育研究正是这一科学依据的具体实现形式。学前教育研究是学前教育政策制定的基础，基于研究的理性主义决策观念成为当今政策制定领域的主流观念，循证政策亦成为政策科学和实践中的一种重要趋势③。

因此，在普惠性学前教育政策制定过程中，我们需要做到：一要不断增强政策制定者循证研究的意识和学术敏感性。"基于循证的政策"范式，在我国普惠性学前教育政策制定过程中，政策制定者要将学前教育研究的相关成果作为政策制定的重要依据，要对学前教育领域的学术前沿热点问题存有持续追踪和动态把握的状态，保持学术敏感性，与学术界保持密切联系与交流，保障政策制定的科学性。二要提升研究者的循证政策意识和质量水平。研究者要强化自身学术循证的政策意识，综合考虑政治、经济、文化等多方面的因素，建立跨学科的研究者合作机制和智库，不断提高研究成果的质量，提出因地制宜的"好的证据"，为普惠性学前教育相关政策制定提供有力的支撑。

（二）出台优化相关政策法规

1. 出台《学前教育法》相应配套制度

由于我国各地区社会经济发展水平各异，学前教育普惠性发展水平也存在差异，即将颁布的《学前教育法》法律条文对很多方面的规定将会存在原则性和导向性的表述，这就需要各省市在实践中必须按照地方实际，将这些规定进一步细化、落实。主要包括三个方面：一是为全面贯彻实施

---

① 周加仙.走向循证教育决策与实践 [J].外国中小学教育，2017（06）：9-16；
闫予沨，付钰，刘丽莎，等.我国循证教师教育决策：内涵、价值与路径 [J].教师教育研究，2020，32（06）：21-26.
② 朱旭东，付钰，靳伟，等.循证理念下教师教育研究对教师教育政策制定的影响研究 [J].中国教育学刊，2022（12）：40-44，87.
③ 张云昊.循证政策的发展历程、内在逻辑及其建构路径 [J].中国行政管理，2017（11）：73-78.

《学前教育法》，国家相关部门需制定与《学前教育法》相配套的国家层面相关法律法规；二是各省、自治区、直辖市以及有立法权的市要以《学前教育法》为依据，加强地方相关学前教育立法工作[1]，由省级人民政府及其相关部门直接负责制定配套制度，如《江苏省〈学前教育法〉实施办法》；三是各级教育行政部门要与相关部门积极沟通协调，按照《学前教育法》的规定，做好现有地方性学前教育相关法规、规章和规范性文件的审查、清理、制定和修改等，积极清理与学前教育法规定不一致的相关政策法规，按照法定程序对其尽快修改或废止，以做好与学前教育法有关法律条款的衔接工作[2]。

2. 细化普惠性学前教育政策文本

政策文本细化是基层政府按照上级政策的规定，结合地方实际对政策文本进行转化，使其最终能符合区域的治理情境，能较为明确地指明行动方向的政策行为[3]。在国家层面政策模糊的背景下，政策细化有助于精准回应公共政策问题，补充上级决策理性量的不足，缓解政策传导过程中的信息耗散，调节政策过程中工具理性与价值理性的平衡。地方政府凭借"看上边"策略来准确把握上级的政策内容，依靠"看自己"策略来完成情境融入、矛盾调和与合法性确认[4]。但现实中，由于地方政府社会经济发展水平、决策者能力等差异，在政策文本细化过程中易出现政策适应性偏移；同时，通过前面章节对个案县的分析可知，县域在落实国家、省市等上级普惠性学前教育政策文本过程中，存在对上级政策文本目标、内容等转化不合理、不适切等情况，从而导致政策象征性执行、偏差执行、选择性执行等现象。

因此，若想持续强化普惠性学前教育政策县域实施的有效性，在政策制定过程中必须进一步细化政策文本。一是完善配套政策文本体系。针对国家层面相关普惠性学前教育政策文件模糊性和综合性的特点，各级地方政府在后续政策实施中，需研判地方经济社会发展和学前教育改革现状，

① 国家教委关于实施《中华人民共和国教育法》若干问题的意见 [J]. 中国高等教育，1995（10）：6-7.
② 沈晓明. 认真学习 广泛宣传 切实贯彻新《义务教育法》[J]. 上海教育，2006（17）：3-4.
③ 杜其君. 政策细化：一种政策适应性的再生产方式 [J]. 公共管理评论，2023，5（01）：25-44.
④ 同上。

有计划、有步骤、有重点地研究制定适合的配套政策、实施细则等，从法规、规章等多个层次健全和完善相应的配套政策体系①，如专门的教师政策、经费政策等。二是分类细化政策文本目标。政策目标是决策者通过一定的手段预期达到的结果，它是公共政策的起点和终点②。很多地方学前教育政策文本存在表层数量目标与深层内涵建设"脱序"现象，缺乏对国家宏观层面和区域实际情况的深入考量和研判，导致目标制定的合理性和科学性不足。建议将国家学前教育发展战略和地方实际进行综合考虑和跃层思维，进一步细化和优化区域学前教育政策目标，从而使目标更具有前瞻性、整体性和可实施性③。三是具体化政策文本条目内容。调查发现，部分学前教育政策文本条目内容存在模糊性的表达，直接导致政策执行不到位或者象征性执行，如公办园教师同工同酬、普惠性民办园补贴标准等都存在很大的波动空间，达不到政策预想效果。建议政策制定时加强对地区相关学前教育争议问题的论证调研，具体化表述政策文本条目内容。如加强幼儿园办园成本核算，为收费标准和补助标准的制定提供依据，教育部门可与物价部门、财政部门、审计部门等联动合作，根据地方社会经济发展水平、办园规模、办园条件、办园质量、家长收入等情况建立阶梯式收费标准和明确的补助标准。

（三）倾听协调不同利益相关者诉求

制定政策是政府进行社会管理，干预社会政治、经济、文化等活动的主要手段，不仅与个体生存、发展息息相关，也与社会中各类群体、组织关系密切。随着社会的进步，公众开始呈现多元化的利益诉求，越来越在意自身利益的满足，若利益诉求得不到表达和满足则会表现得较敏感④，就容易导致政策实施无法达到预想效果。因此，在普惠性学前教育政策制定

---

① 本报评论员.建设创新型国家的法制保障[N].科技日报，2008-07-01（001）.
② 王俊敏.中国体育产业政策体系研究[D].北京体育大学，2014，20.
③ 陈燕，车金恒，祝苏东."双一流"建设的地方行动：基于政策的文本分析[J].研究生教育研究，2018（04）：70-76.
④ 周锦尉.利益诉求多元化与利益协调多样化[N].文汇报，2010-03-09（005）.

过程中，需要各级政策制定主体充分倾听不同利益相关者的诉求，多渠道、多平台协调、平衡多方利益。

　　一是支持多元利益相关者参与表达利益诉求。普惠性学前教育政策制定参与主体除政府行政人员之外，还应包括不同性质、不同区域的幼儿园园长、教师，不同学历、年龄层次的家长，各级人大代表、政协委员，普通民众、专家学者、社会组织等多元主体，只有支持多元利益相关者参与表达利益诉求，才能有助于政策决策者听取各方不同的声音和意见，制定出科学的政策。二是提供多渠道供利益相关者表达诉求。政府可为不同类型的群体如园长、教师、家长、人大代表、专家学者、普通民众等提供座谈会、听证会、交流会等多渠道表达利益诉求的方式，利用网络技术组织线上线下同步交流、同步参与学前教育政策制定，以满足不同群体对学前教育政策参与的要求，让其充分表达各自诉求和想法，进行深度分享交流，对相关重要事项表决。三是充分协调尊重各方利益诉求。由于利益相关者各自所处的场域、面临的现状问题各不相同，在同一类型政策制定中就会表现出不同的利益诉求，如政府最大的利益诉求是投入更少的财政资金取得更好的政策效果；民办园利益诉求表现为政府能够在资金投入、人员培训等方面多关注倾斜于他们；公办园利益诉求表现为获取更多的政府资金支持，更多高学历、高水平的编制教师；幼儿教师的利益诉求主要表现为提高社会地位、增加工资待遇、扩大编制数；家长的最大利益诉求是用更低的价格享受更高质量的学前教育资源。这些不同利益相关者之间的利益诉求既有共性也有矛盾，这些共性和矛盾会一直围绕普惠性学前教育政策的制定过程，这就需要政府转变角色，由管理者走向合作者，与不同利益相关者共同商定合作目标、合作方案和评价标准，充分协调尊重各方利益诉求。四是优化公众参与决策的程序。在公众参与学前教育决策过程中，要对其参与的步骤、渠道、方式等内容进行详细的规定，优化程序、以便捷高效为主，同时向社会公开公众意见采纳情况，对没有被采纳的意见做出恰当的说明和解释①。

---

① 王业文. 中国地方公共政策制定失灵的制度分析 [D]. 中共中央党校，2020，131.

第二节　政策执行层面：提升政府执政能力，
加强地方人大监督

政策执行是政策过程的关键环节，普惠性学前教育政策执行的好坏直接决定着政策目标的实现程度和不同利益相关者的利益诉求满足情况。研究者认为，应从提升政府对学前教育政策的执行能力、强化政策执行资源保障和加强政策执行人大监督等方面提升县域普惠性学前教育政策实施的成效。

一、提升政府对学前教育政策的执行能力

（一）加强学前教育政策的宣传引导

新时期学前教育的发展具有更强的时代性和复杂性，单靠政府一方贯彻落实政策文件精神往往难以达到预期效果。因此，要想让政策工具发挥实际效用，有效落实普惠性学前教育政策目标，不仅需要依赖政府的行政手段，更离不开社会全体成员的积极响应与支持。从 2010 年的"国十条"开始，很多学前教育政策文件都提到要加大社会宣传，营造全社会关心支持学前教育的良好氛围。

一要加大学前教育政策的宣传解读。公众只有对学前教育政策具体内容有较为充分和全面的理解，才能激发自身支持、参与、配合政策的执行[1]。各级政府部门要根据国家层面文件要求，结合地方实际情况制定地方性执行方案和具体要求，并通过座谈会、宣讲会等途径及时广泛地向幼儿教师、家长等利益相关者宣传解读相关学前教育政策内容，包括政策的总体要求（指导思想、基本原则、主要目标）、重点任务、政策举措，政策保

---

① 李宁. 乡村教师生活待遇政策执行研究 [D]. 东北师范大学，2019，130.

障等，鼓励公众知晓、认同政府决策。同时，幼儿园也应在全体教师和家长层面对上级学前教育政策要求、实施方案进行进一步的解读宣讲，可以利用家长会、家长开放日、讲座、家教咨询、微信公众号等线上线下途径，宣传国家、省、市、区发展学前教育的政策、法规，宣传科学育儿知识，提高教师、家长对学前教育方针政策的知情度和参与度，鼓励其运用政策法规手段维护自己的合法权益。

二是规范引导良性的政策舆论环境。可以进一步加深加大学前教育典型经验的推广和学前教育宣传月的开展。支持全国各地开展丰富多彩、灵活多样的活动，充分利用宣传、广电部门及新闻媒体等各类媒体资源，及时提炼出各地学前教育典型的经验做法，如浙江的"安吉游戏"、江苏的"课程游戏化"，引导主流媒体进行深入广泛地报道，营造全社会共同参与、关注、支持学前教育的良好氛围。持续做好全国学前教育宣传月活动，根据每年不同的活动主题，加大对学前教育的宣传力度，通过深入挖掘、宣传各地围绕宣传月活动主题取得的重大成果和辉煌成就，讲好学前教育故事，形成正确的舆论导向，促进公众转变学前教育观念，实现幼儿的健康成长，最终创设出良性的学前教育政策舆论环境，推动学前教育可持续高质量发展。

（二）提升学前教育政策执行主体的综合能力

教育政策执行主体的综合素质事关政策执行的成败，教育政策的有效执行需要拥有一批既有较高的政策认知水平，又具备专业素质的政策执行人员。新时代社会高速发展，政策环境更加复杂，对政策执行主体的综合素质提出了更高的要求。

一是提高政策执行主体的政策认知能力。若执行主体不能很好地把握政策实施的背景、制定的过程、目的等，在政策执行过程中就容易发生偏差。如2022年教育部颁布的《幼儿园保育教育质量评估指南》，其出台的背景是贯彻党中央建设高质量教育体系的决策部署，是学前教育实现基本普及目标，迈入全面普及和高质量发展的新阶段需要，是纠正幼儿园保教质量评估存在"重结果轻过程、重硬件轻内涵、重他评轻自评"等倾向的必然要求。研制过程包含组建由高校学前教育专家、学前教育行政干部、教研员、骨干园长参加的专家团队，从理论与实践层面开展研究论证和文件起草工作，具体包括组织专题研究、深入开展调研、认真研制文本、广泛征求意见等环节。除此之外，还包括确定基本思路、重点评估内容、评估要求、注意事项等政策出台实施前后的一系列过程。政策执行主体只有了解这些政策执行的背景过程，对其有明确的认知，才能有的放矢地助推政策的有效落地。

二是提升政策执行主体的政策实践能力。建议各级政府一层一级认真系统地学习、传达、研讨国家每次颁布的普惠性学前教育政策，尤其是县域基层政策执行主体更要深刻领会政策的价值和意义，全面准确地把握政策的实质，进一步助推政策执行主体对学前教育政策的实践执行能力。如对政府政策执行主体来说，需加强对其业务培训，不仅应培训学前教育领域内的专业知识，还应包括政策学、社会学、管理学等多学科的知识，开阔视野和思路，树立系统思维和战略思维，提高分析问题、处理问题和解决问题的能力，辅助其提升对学前教育政策的实践水平和主动性[1]；对幼儿园园长、教师等基层政策执行主体而言，需提高其对学前教育政策的理解能力和执行政策的自觉性，包括加强其对办好人民满意学前教育目标的政策执行意识和能力，促进园长、教师对学前教育政策的正确理解，督促其按照相关政策精神和要求将之转化为幼儿园保育教育、家园合作等学前教育实践的能力。

（三）统筹学前教育政策执行部门的协调配合

学前教育政策法规的有效贯彻执行，在于将其各项法律条款规定真正落到实处，这就需要各级政府、部门纵向、横向层面的协调配合。

一是进一步完善落实学前教育的管理体制。省、市各级教育行政部门

① 杨宇琪.政策执行主体视角下政策执行偏差的危害及对策研究[D].湖南大学，2016，42.

要按照学前教育实行国务院领导，具体由省、自治区、直辖市、设区市、自治州人民政府统筹规划实施，最终以县级人民政府落实为主的管理体制①，多级政府共同协作推动地方学前教育的普惠性发展。二是进一步协调落实相关部门工作职责。如落实学前教育经费保障机制，县级以上人民政府应与财政等相关职能部门协商，逐步提高学前教育财政投入和支持水平，明确学前教育财政经费在同级教育财政经费中占合理比例，确保幼儿园的正常运转和建设发展；落实幼儿教师的待遇保障机制，各级教育部门应与财政、编制等部门共同协商，加快健全和完善幼儿教师人员配备、待遇保障等保障机制，将公办园教师工资纳入财政保障范畴，民办园应参照公办园同类教师的工资标准合理制定相关教师的薪酬水平。三是要采取有力措施保障弱势群体依法接受学前教育的权利②。进一步完善国家、省市各级学前教育资助体系，为经济困难适龄儿童提供普惠性学前教育资助，让孤儿、家庭经济困难的残疾儿童等享有免费学前教育。四是进一步推进学前教育均衡高质量发展。各级政府要依法履行职责，合理高效配置学前教育资源，加快改善乡村等薄弱幼儿园的软硬件设施，缩小城乡、园所、区域之间学前教育发展差距，促进教育公平。

（四）提升学前教育政策执行的灵活变通性

学前教育政策执行是政策执行主体运用各种政策工具将学前教育普及、普惠等政策目标转化为政策现实的过程③。最理想的状态是县级地方政府能够落实国家层面的学前教育决策，但政策实施过程中，由于各地的政策执行环境千差万别，很难完全一致地实现国家层面的政策目标。因此，国家层面在制定学前教育政策时经常会留给地方政府一定的政策空间，以便地

---

① 王海英.学前教育立法"征求意见稿"是对"深改意见"的继承与超越[J].早期教育（教育教学），2020（12）：4-5.
② 刘涵之.全国人大常委会通过新修订的《义务教育法》教育部要求做好学习宣传和贯彻落实工作[J].中小学教材教学，2006（07）：16.
③ 朱春奎.公共政策学[M].北京：清华大学出版社，2016：97.

方政府结合地方社会经济发展现状来变通执行国家层面的学前教育政策[①]。这种变通执行是地方政府结合国家层面政策目标和地区实际需要，对政策内容进行重新规划的一种现象[②]。

一是从国家制度层面保障地方政府学前教育政策变通执行的限度。国家层面制定的学前教育政策要预留适当的弹性空间，允许县域政府在合情合理的实际范围之内变通执行相关政策，从而促进县域政府的学前教育政策变通执行从无序走向有序。二是强化县域政府学前教育政策执行的实际调研力度。县域政府在执行或变通执行上级学前教育政策过程中，需要非常充分地了解地方学前教育政策的实施环境，不能纸上谈兵，需要加强一线调研，综合研判分析县域学前教育政策执行的现状，如学前教育资源的配置、小区配套园的运行、农村幼儿园的发展等情况，再灵活变通执行学前教育政策，统筹安排县域有限的普惠性学前教育资源，优化资源配置。如在小区配套园入住率低、生源较少的情况下，可先暂缓装潢招生，把政府有限的财政资金等资源先用于其他普惠园的质量提升等方面。三是变通满足不同利益相关者的利益需求。有时国家政策的出台是出于多方面的综合考虑，地方政府在实施过程中，需要根据地方利益相关者的实际需求变通执行，如就教师职称而言，只有在编教师有参评职称资格的前提下，可以参照在编教师职称评定标准，制定地方非在编幼儿教师职称晋升办法，进行备案制管理登记，最终要适度兑现晋升职称教师的福利待遇，以提升占比较多的非在编教师的工作积极性和动力；就家长要求的延时服务而言，文件规定公办园不得开设兴趣班，延时幼儿离园时间，但现实中家长的下班时间却明显迟于幼儿离园时间，在没有老人等其他亲属帮忙照看幼儿的情况下，幼儿园开设多种多样的照看等延时服务就显得非常有必要。

① 李阳，潘海生.变通执行：地方政府职业教育政策执行的一种行动策略[J].职业技术教育，2022，43（15）：48-54.
② 张翔，陈婧.再论地方政府的政策变通执行：意义结构、组织逻辑与行动策略[J].天津社会科学，2021（04）：75-82.

二、强化政府对学前教育政策执行的资源保障

教育政策执行过程中除了需要提升执行主体的能力和素质之外，还离不开充足的资源条件保障，需要在政策实施中考虑财、物、信息、制度等资源和外部环境的限制，提供必备充分的资源条件，以便应对环境的变化对政策执行可能造成的不良影响[1]。

（一）健全投入机制，提供资金保障

一要保障政府对学前教育财政性经费的投入。要确定投入比例，逐渐增加对学前教育财政投入和支持的水平，保障财政性经费投入的长期性、稳定性。有研究者提出，国家和地方财政部门的财政拨款中，应将学前教育经费投入单独列入规划，建议各级政府的财政性教育经费投入中学前教育的比例要不低于7%[2][3]。

二要优化经费投入和使用结构。经费投入时要考虑到县区经济发展的不平衡状况，尤其要考虑财政收入困难县、乡镇的实际情况，重点对农村、贫困地区给予倾斜支持；经费使用时，应打破传统的"公""民"壁垒，以唯公益、唯普惠为标准，将公办园、普惠性民办园等普惠园统一纳入预算计划中，研究制定符合社会经济发展现状和普惠园办园实际需要的生均公用经费标准和生均财政拨款机制，确保普惠性民办园的投入资金得到规范的使用和管理，从而提高资金的使用效益。

（二）完善体制机制，提供制度保障

一是根据事权与财权相匹配的原则，分配好中央政府与地方政府在学前教育事业发展中的责任，强化中央政府的宏观调控和转移支付功能、省

---

① 褚宏启. 教育政策学 [M]. 北京：北京师范大学出版社，2011：216.

② 庞丽娟，王红蕾，吕武. 对"全面二孩"政策下我国学前教育发展战略的建议 [J]. 北京师范大学学报（社会科学版），2016，No.258（06）：12-21.

③ 庞丽娟. 弥补我国学前教育政策重要空缺有赖强化顶层设计 [N]. 人民政协报，2012-03-14.

级政府的统筹功能和区县级政府的主责管理功能，根据国家"国务院领导、省市统筹、以县为主"和江苏省"省市统筹、以县为主、县乡共建"的学前教育管理体制要求，形成中央、省、市、区县、乡镇（街道）五级政府共管的管理体制。

二是明确各部门的权责划分，完善部门协同机制。明确教育、财政、编制、人力资源保障等部门在学前教育事业发展中的职责和权限，避免出现缺位、越位、多头管理等问题。如教育部门应健全政策、出台具体标准规范，加强对学前教育全过程的引导和监管；编制部门要根据实际情况对公办园教职工编制进行合理核定。

（三）加强师资建设，提供师资保障

普惠优质均衡学前教育目标的实现，除了需要制度、财政等资源保障之外，最关键的就是要确保幼儿园师资队伍的数量和质量。

一要落实教师保障政策，增强幼师队伍的稳定性和职业吸引力。切实核算公办园教师编制量，及时增补完善，在编幼儿教师工资严格参照义务教育教师的工资标准，尤其要加大对非编教师的补助力度，缩小收入差距，真正做到公办园教师同工同酬同待遇；关注普惠性民办园教师的收入待遇，参照公办园水平合理确定待遇标准，尽量保障其工资与公办园相当。适当扩大幼儿教师中高级职称比例，调动幼儿教师的积极性。

二要加强教师职前培养，全面提升幼儿教师培养质量。根据人口出生率的变化，统筹规划高校学前教育专业建设规模，严格按照《幼儿园教师专业标准》要求，根据不同的培养层次分别制定与其培养目标相适应的课程体系和培养方案[①]，加大高层次学前教育人才培养力度和质量；支持高校与幼儿园合作建立幼教师资培训基地，注重实习实训，增强保教能力，建立职前、职后一体化培养的通道，拓宽幼师成长空间。

三要加强在岗教师的职后培训，提升幼儿教师的专业素养。继续加大

---

① 进一步加强幼教师资培养　办好人民满意的学前教育 [N].人民政协报，2019-04-16（003）.

幼师国培力度，实行幼儿教师定期培训和全员轮训制度；为不同地域、不同类型的幼儿园以及不同层次的幼儿教师提供全方位、全过程、多层次的培训与指导，切实提高幼儿教师的专业素养。

三、加强学前教育政策执行的人大监督

人民代表大会制度是我国的根本政治制度。2007 年 1 月 1 日起施行的《中华人民共和国各级人民代表大会常务委员会监督法》对全国和地方各级人大常委会监督"一府两院"的对象、内容、形式等作了较为全面的规定[①]；党的十八大以来，以习近平同志为核心的党中央更加重视人大监督工作，对加强和改进人大监督工作作出了系列论述和决策部署[②]；党的二十大报告指出，要办好人民满意的教育，并对新时代法治政府建设作了概括规定。建设法治政府的重要途径就是强化人大对政府一切事务的监督，而办好人民满意的教育不仅要求政府履行教育职责，还要对其教育履职情况进行监督。人民是国家的主人，人民通过各级人民代表大会行使管理国家和地方经济、文化、教育等事务的权利，人民监督是人大监督的本质，人大监督是人民监督的直接表现[③]。

（一）发挥人大对学前教育政策执行的监督职能

自 2010 年国家实施普惠性学前教育政策以来，各级政府积极履行学前教育改革发展的职责，我国学前教育事业取得飞跃发展。但当前我国县域学前教育普惠优质发展的目标还没有完全实现，依然存在优质学前教育资源不足、体制机制不够完善、监管不力等问题。在我国普惠性学前教育政策实施过程中，人大监督作为一种重要的政府行为方式和权力制约手段，

---

① 赵立新 . 地方立法应加快与监督法的衔接 [J]. 吉林人大工作，2007（08）：30.
② 许安标 . 坚持正确监督、有效监督——新时代加强改进人大监督工作的实践与探索 [J]. 中国法律评论，2021，（05）：1-16.
③ 邓力平，邓秋云 . 新时代人大监督、人大经济监督与人大预算审查监督 [J]. 当代财经，2023，（12）：30-38.

其作用是非常突出的。进一步强化人大对学前教育政策执行的监督是一个迫切需要解决的问题，要充分调动人大多种监督手段，打好监督"组合拳"，积极推进县域学前教育普惠优质发展，不断满足人民群众对"幼有优育"的美好期盼。

一是聚焦民意，重点监督利益相关者最为关心的学前教育问题。对重要民生问题开展专题询问是人大常委会监督工作的重要方式。针对普惠性学前教育政策实施成效问题，人大可组织各级人大代表事先通过实地调研、座谈走访等方式广泛听取政府相关职能部门、社会各界群众和幼儿园、家长代表等利益相关者对地方学前教育工作的建议，了解群众当下最为关注和在意的学前教育发展问题，事后再组织开展学前教育专题询问会，听取政府"学前教育工作相关情况报告"，发挥与政府部门面对面询问的监督优势，对公众最为关心的政府主体责任落实、学前教育规划、财政投入、师资队伍建设等问题进行专门的询问及应询，并根据地方社会经济发展实际情况对下一阶段做好普惠性学前教育高质量发展提出具体的解决办法和落实措施，督促普惠性学前教育政策真正落地落实。

二是深入调研，精准监督学前教育政策落实情况。在不同时期，针对不同区域的学前教育普及普惠安全优质发展等问题，人大要提高监督意识，主动作为，定期对相关议题开展精准监督，可在微信公众平台等媒体上发布学前教育发展问题公告，征询、收集家长和教师等利益相关者意见，认真梳理、凝练问题，确保精准监督议题有深度、有力度，如城市公办园不足（幼儿园布局规划）、乡镇人口流失导致资源剩余（资源配置）等议题，再通过专题视察、常委会听取报告、执法检查、专题询问、人代会重点议案督办等形式，精准跟踪督促相关学前教育政策落实情况。人大可针对学前教育布局规划不合理、资源配置不均、师资力量不足、经费保障不到位等现状提出合理化意见和建议，推动政府出台相关解决政策，以保障学前教育从"幼有所育"向"幼有优育"转变。

（二）加强人大对学前教育政策执行的动态监管

任何政策的执行都需要建立良好的信息反馈和监督机制，人大随时掌握学前教育政策执行过程的动态现状，既可以防范政策失真，也可根据实际监管情况督促政府进行及时的调整。

一是监管基层政府学前教育工作责任落实情况。基层政府学前教育政策的实施中，要重视对其实施过程的监控和评估，对各类学前教育政策执行情况制定相关的监督方案，并要经常性、及时性地开展监督检查工作[①]，监管各级政府和部门是否履行主体责任，是否按照政策文件要求并结合地方实际因地制宜、以人为本地实施学前教育改革发展措施等；建立同级部门之间的信息沟通和相互监督体制，监管是否开展跨部门协同治理。在此基础上，通过加大行政处罚力度、加大执法力度，加强对学前教育行政执法工作的监管力度。

二是监管幼儿园的园所运行情况。依据《幼儿园工作规程》《幼儿园建设标准》等政策文件要求，对幼儿园办园条件、师资配备、安全防护、收费行为、保育教育、财务管理等方面进行动态监管[②]，如幼儿园园舍条件、玩教具和幼儿图书配备等是否达到国家规定要求，是否根据园所类型、班级规模等配置合适的教师队伍，是否对幼儿园的资金使用进行及时监督审计，是否对城镇小区配套园治理进行"回头看"，是否健全幼儿园安全日常监管、重大隐患督办、约谈通报等工作机制等。同时，监管幼儿园内部管理机制的落实情况，了解幼儿园内部管理运行是否遵循各类既定的规章制度，如调查中有老师反映园所管理者对园所制度执行不到位，不能按既定的制度管理幼儿园的各项事务，导致部分教师的积极性受损，出现干好干坏一个样的"躺平"状态。

---

① 王瑞丰 . 素质教育政策执行偏差的成因及对策研究 [D]. 南京师范大学，2006.
② 张端 . 确保无证园无新增不反弹 [N]. 西安日报，2022-05-12（005）.

第三节　政策评估层面：激发社会参与活力，
强化评估结果问责

政策评估是指评估主体按照一定的标准和程序，运用定性或定量的方法[1]，对政策制定、过程和结果的效益、效果及价值等方面作出的综合性评判，是一种提高公共政策质量的政治行为[2]。针对研究中发现的普惠性学前教育政策县域实施中政策评估方面面临的问题和困难，研究者认为应从激发社会参与活力和强化评估结果问责等方面下功夫，以提升普惠性学前教育政策县域实施效果。

一、激发社会参与学前教育政策评估活力

（一）提升公众对评估的科学认识与参与意识

要从真正意义上推进我国普惠性学前教育政策在县域走深走实，就需要持续对政策的实施过程进行动态评估，就必须在思想上加以重视，激发公众对学前教育政策评估的参与意识，提高其对政策评估科学性、重要性的认识。

首先，要让全社会充分认识到对普惠性学前教育政策进行评估的价值与意义。加强教育政策的研究和宣传，使家长、教师等不同利益相关者在思想上知晓、接受政策评估对普惠性学前教育政策实施过程是必不可少的重要环节，明白对学前教育政策实施进行评估不仅有助于政府行政决策部门获悉学前教育政策县域实施的优劣与成效，监测政策的执行，及时调整、完善相关政策；还有助于及时充分地整合有限的普惠性学前教育政策资源，

① 刘明然.推进我国公共政策评估的思考[D].湖南大学，2007，9.
② 盖宏伟，温雪梅.元治理视域下政策绩效评估主体多元化的困境破解[J].领导科学，2014（29）：23-25.

增强政策实施效益；更有益于公众知晓、监督政策的实施全过程。其次，要端正政策评估的指导思想，改变视评估为"评优""选拔"的错误观念，让广大公众参与普惠性学前教育政策评估，正视评估的"改进性、完善性"功能，本着发现问题、解决问题、提高决策质量的态度，坚持全面、客观、公开、公正地开展评估工作，以求最大限度地发挥评估的"建设性"作用。最后，还要认识到政策评估工作的发展是一个循序渐进、不断探索完善的过程，要加大政策评估的理论与实践研究，建立多主体参与评估的途径和通道，推进普惠性学前教育政策评估事业的可持续发展[①]。

（二）关注评估参与主体的广泛性和代表性

学前教育政策由权威机构制定，经过宣传、报道后被公众所熟知，再进行政策的执行，故对其后续执行效果的评价必然离不开所有的见证者、离不开公众的参与。学前教育政策实施的参与者尤为广泛，既有依据政策要求具体实施教育活动的幼教机构和教师、家长等，也包括政府部门的政策制定者和很多直接或间接参与学前教育活动的组织或个人[②]，如政协委员、准父母等。在普惠性学前教育政策实施过程中，不同利益相关者持有不同的利益诉求，具有不同的特质与素养，对政策执行效果的看法亦会不尽相同。因此，对学前教育政策实施效果进行科学评估需要关注评估参与主体的广泛性和代表性。在政策评估过程中，参与评估主体的代表性可以参照固定的代表选举程序来实现，选举程序需公开、民主、规范；参与评估主体的广泛性体现在应包含政府机关，人大代表，不同类型的家长、幼儿园园长、教师，普通公众，专家，学者以及利益相关组织等，允许这些广泛的参与代表充分表达各自对普惠性学前教育政策县域实施过程的意见和看法，互相询问、沟通、交流，再由相关公共政策评估机构根据讨论交流的结果做出最后公开的结论[③]。

---

① 褚宏启.教育政策学[M].北京：北京师范大学出版社，2011：241.
② 祁占勇，杜越.什么是好的教育政策执行效果的评估[J].华东师范大学学报（教育科学版），2022，40（02）：29-42.
③ 高富锋.公共政策评估主体的缺陷及对策分析[J].求实，2004（S4）：27-28.

（三）保障评估信息的公开性和透明性

推行政府政务信息公开，是政府服务人民、依靠人民，对人民负责、接受人民监督的重要制度安排，能够提高公众了解政府、监督政府的意识。《中华人民共和国政府信息公开条例》《关于印发〈中华人民共和国政府信息公开工作年度报告格式〉的通知》等政策文件也不断督促和强化政府信息公开。就政策评估而言，其实际上就是一种政策信息活动，需要以获取的政策制定、执行等政策过程各方面情况信息为参考标准和评定依据。因此，普惠性学前教育政策的实施效果评估离不开政府评估信息的公开和透明。

首先，需不断完善政府信息公开制度，除法律规定需保密的信息外，整个学前教育政策制定、执行过程应公开、透明。可以制定出台政府信息公开实施方案、政府信息公开发布制度等涉及政府信息公开的规范性制度，以规范的制度执行，实现学前教育事业发展的常态化工作定期公开、阶段性工作及时公开、临时性工作随时公开。其次，本着学前教育信息便于公众知情、公众参与、公众监督、服务公众的原则，坚持"公开为常态、不公开为例外"，可以建立学前教育信息系统，对学前教育相关的政策制定背景、执行情况等方面的信息资料进行及时收集、分析，以满足学前教育政策评估的信息需求。同时，要不断深化和创新政府信息公开的形式，形成全方位、多角度、整体覆盖的政府学前教育信息公开模式。例如，调动县区、乡镇各级政府和教育局、财政局等各部门的积极性，扩大公众获取政府学前教育信息的来源渠道；推进各级政府部门的门户网站建设，设置政务公开、办事指南、数据信息、在线服务等专栏，拓宽政府学前教育信息公开的覆盖面。最后，加强信息公开监督考核。定期对各部门、各科室等政府学前教育信息公开执行情况进行监督考核，对不按规定公开、违反政府信息公开相关规定的科室和个人进行责任追究。

（四）拓宽第三方专业评估机构的参与渠道

要使县域学前教育政策评估功能得到充分的发挥，就必须拓宽第三方专业评估机构的参与渠道，不断完善教育政策评估机构的建设，有效整合各类学前教育政策研究资源，实现各县区、各部门信息资源共享的政策评估组织体系。

一是政府要建立内部独立、专业的教育政策评估机构。明确界定和规范其职能，使其具有独立的制度保障，与政策的制定和执行机构相互独立、各司其职，在对县域学前教育政策实施进行评估时不受政策决策者、政策执行者等任何利益集团的影响，以确保评估结果的公正、客观。因此，国家应该积极采取措施，于政府内部建立教育政策评估机构[①]。二是政府要强化第三方评估组织的建设，重视"内部发起、外部实施"机制，通过公开竞标等多种途径拓宽第三方专业评估机构的参与渠道。第三方专业机构评估普惠性学前教育政策县域实施效果，是以专业性为依托，以科学性为归宿。第三方专业评估主体可以是高校、科研院所或专业公司，其评估人员对评估知识的了解和掌握比较充分，具有较高的专业素质，能够按照规范的评估程序开展工作，所得出的评估结果可信度相对较高。第三方专业评估机构能够更加客观公正地对县域学前教育政策落实情况进行评估，发现政策实施过程中的问题，并将结果反馈给各级政府及相关部门，以促进政策的改进和完善，从而使国家和县域等各级政府的普惠性学前教育政策得到更好地落实，让政策的实施更加科学化[②]，提高国家政策治理效能。

二、强化学前教育政策评估结果问责

（一）加强人大对学前教育评估结果的政府问责

政策实施评估结果是政府及其官员考核、奖惩和问责的重要依据，也是制定和实施公共政策的重要依据。在我国，人大对政府政策实施评估结果的问责，是防止政府在政策实施中既当"裁判员"、又当"运动员"的重要方式之一，也是人大对政府监督、督促政府改进工作、提高效能的有效

---

① 杜文静，张茂聪．县域基础教育政策评估问题与路径选择——基于国际经验和我国教育政策评估的现实 [J]．西北师大学报（社会科学版），2016，53（02）：99-105.

② 庞明礼．国家治理效能的实现机制：一个政策过程的分析视角 [J]．探索，2020（01）：89-97，2.

途径。

　　要加强人大对学前教育政策评估结果的政府问责，一要完善人大监督问责的相关法律法规。目前我国行政问责还没有专门的成文法，对政府行政人员问责的主要法理依据是《中华人民共和国公务员法》《中国共产党党内监督条例》和各省市相关问责文件等。《若干意见》提出："建立督导问责机制，对履职不力、未如期完成学前教育发展目标地区的责任人予以问责。"[①]这类法律法规对政府问责具有一定的指导作用，但并不是专门的行政问责法律，在实际运用中只能"参照执行"[②]。建议在《监督法》的基础上，各级政府完善实施《人大常委会监督问责办法》，明确监督问责的对象、原则，对政府及其人员不履职情形进行细化，对问责方式作出明确规定；让人大及其常委会的监督问责有制度抓手，使人大监督更加刚性、更富实效、更具权威。二要回应公开人大代表行使民主权利的具体情况。人大代表对相关部门的工作进行监督和提议，是其行使代表职责的重要途径[③]。《法治政府建设实施纲要（2015—2020）年》明确指出要"加强对行政权的制约和监督，认真研究处理人大及其常委会成员对政府工作提出的相关审议意见，及时办理人大代表、政协委员提出的意见和建议，切实改进工作。"但在人大代表议案实际办理过程中，一些政府部门常出现一些不良情况，如答复不及时、不公开，重答复、轻落实等，导致人大建议监督流于形式。建议政府提升学前教育信息公开意识，加强政府信息公开的全面性和透明性，如在政府网站开设"人大代表建议""政协提案办理"等公开专栏，这样做有利于调动人大代表工作积极性，提升公众对人大和政协监督的信任程度。

（二）加强利益相关者参与学前教育社会问责

　　除了通过立法、执法明确政府等各级部门对学前教育高质量发展的保

---

① 中共中央 国务院关于学前教育深化改革规范发展的若干意见 [J]. 幼儿教育，2018（34）：4–8.
② 李元. 社会管理创新中完善行政问责制路径的研究 [J]. 山东行政学院学报，2012，118（03）：21–23，56.
③ 苏林. 以严厉问责破解人大议案"办理难"[N]. 中国纪检监察报，2017–01–25.

障责任之外，还需要加强对学前教育政策实施的社会问责，通过"上""下"相结合的方式共同保障政府对学前教育的责任落实到位。学前教育社会问责要求在普惠性学前教育政策实施过程中，家长、教师、普通群众等公民要积极关注区域学前教育普及普惠、保教质量、政府保障等方面的发展状况，通过直接或者间接的方式反馈学前教育发展中出现的政策执行不到位、象征性执行等问题，进而推动政府的行政问责。

学前教育社会问责是一种从外部到内部、自下而上的社会预警体系，主要包括三方面：一是家长、教师等公民的参与，公民通过听证、监督等方式参与学前教育政策实施全过程，让政府直面公众的疑问并做出解答，从而进一步完善政府在相关学前教育政策制定和实施中采取的措施；二是媒体的监督，广大媒体对学前教育政策实施中出现的相关问题的调查和宣传会对相关政府部门产生舆论压力，进而促使其不断改进政策的制定、执行；三是社会利益团体的影响，社会利益团体作为直接的利益相关者，如民办园幼儿园群体，针对生源下降、收费降低、投入不足等学前教育运转问题，可以以团体的形式将其客观利益诉求反馈给政府部门。这些诉求成为调整相关普惠性学前教育政策制定和执行的重要依据，使社会利益团体成为对政府问责的直接参与者和推动者。

主要参考文献

一、著作类

［1］陈振明.公共政策分析导论［M］.北京：中国人民大学出版社，2015.

［2］陈振明.政策科学——公共政策分析导论［M］.北京：中国人民大学出版社，2003.

［3］褚宏启.教育政策学［M］.北京：北京师范大学出版社，2011.

［4］丁煌.政策执行阻滞机制及其防治对策［M］.北京：人民出版社，2002.

［5］［美］弗兰克·费希尔.公共政策评估［M］.北京：中国人民大学出版社，2003.

［6］风笑天.社会研究方法［M］.北京：中国人民大学出版社，2018.

［7］冯建军.教育公正：政治哲学的视角［M］.福州：福建教育出版社，2008.

［8］冯江英.民族地区学前教育基本公共服务均等化研究［M］.北京：人民出版社，2017.

［9］高丙成.中国学前教育发展指数报告［M］.北京：北京师范大学出版社，2015.

［10］古贝，林肯.第四代评估［M］.秦霖，等译.北京：中国人民大学出版社，2008.

［11］姜勇，王艺芳.新时期学前教育发展研究［M］.上海：华东师范大学出版社，2020.

［12］姜勇，赵颖，刘鑫鑫，等.普惠有多远？——中国学前教育发展报告（2018—2019）［M］.上海：华东师范大学出版社，2021.

［13］诺齐克.无政府、国家与乌托邦［M］.北京：中国社会科学出版社，1991.

［14］邱皓政.结构方程模型的原理与应用［M］.北京：中国轻工业出版社，2009.

［15］邵志芳.心理统计学第 2 版 [M].北京：中国轻工业出版社，2012.

［16］孙绵涛，等.教育政策论：具有中国特色的社会主义教育政策研究 [M].武汉：华中师范大学出版社，2002.

［17］田慧生，邓友超.让十三亿人民享有更好更公平的教育——十八大以来教育质量提升的成就与经验 [M].北京：教育科学出版社，2017.

［18］王满船.公共政策制定：择优过程与机制 [M].北京：中国经济出版社，2004.

［19］王青逯.教育与经济思考录 [M].长春：吉林人民出版社，2009.

［20］吴明隆.结构方程模型：AMOS 的操作与应用 [M].重庆：重庆大学出版社，2009.

［21］吴明隆.问卷统计分析实务——SPSS 操作与应用 [M].重庆：重庆大学出版社，2018.

［22］吴忠民.社会公正论 [M].济南：山东人民出版社，2004.

［23］杨润勇.地方教育政策行为研究——以县级区域为例 [M].北京：教育科学出版社，2011.

［24］袁振国.教育政策学 [M].南京：江苏教育出版社，1996.

［25］约翰·罗尔斯.正义论 [M].何怀宏，等译.北京：中国社会科学出版社，1988.

［26］[美] 珍妮特·V·登哈特，罗伯特·B·登哈特.新公共服务：服务，而不是掌舵 [M].丁煌，译.北京：中国人民大学出版社，2010.

［27］詹姆斯·安德森.公共政策制定（第五版）[M].谢明，等译.北京：中国人民大学出版社，2009.

［28］张国庆.现代公共政策导论 [M].北京：北京大学出版社，1997.

［29］张乐天.教育政策法规的理论与实践 [M].上海：华东师范大学出版社，2002.

［30］张茂聪，杜文静，等.县域基础教育政策评估研究——基于评估内容体系的构建 [M].济南：山东教育出版社，2015

［31］周兢主编.国际学前教育政策比较研究 [M].上海：华东师范大学出版社，2013.

二、学术期刊类

［1］白贝迩.对民族地区教育政策评估基本问题的思考——基于社会学的视角 [J].青海社会科学，2021，247（01）：155-160，188.

［2］北京师范大学教育学部学前教育评价研究中心国内合作办公室.学前教育政策与评价学术研讨会顺利举办 [J].教育学报，2016，12（04）：129.

［3］蔡文伯，孙芳.新疆双语教育政策执行主体的偏差行为研究 [J].当代教育与文化，2016，8（02）：39-44.

［4］蔡迎旗，刘炎.我国普惠性幼儿园研究热点与发展趋势——基于 CiteSpace 的可视化分析 [J].早期教育，2023（04）：2-7.

［5］陈蓉晖，赖晓倩.我国农村学前教育资源配置及优化策略 [J].东北师大学报（哲学社会科学版），2022，319（05）：156-164.

［6］陈水生.公共政策失败及其治理：一个整合性分析框架 [J].学术月刊，2022，54（02）：91-102.

［7］丁秀棠."普惠性"目标定位下民办学前教育的现状与发展 [J].学前教育研究，2013（03）：16-21，32.

［8］董光华，朱芳红.普惠政策下民办幼儿园的发展现状与问题研究 [J].甘肃教育研究，2023，（10）：33-35.

［9］杜爽，孟开.北京市公立医院运行病历质量评价指标体系研究 [J].中国医药导报，2017，14（31）：152-156.

［10］杜文静，张茂聪.县域基础教育政策评估问题与路径选择——基于国际经验和我国教育政策评估的现实 [J].西北师大学报（社会科学版），2016，53（02）：99-105.

［11］范国睿，孙翠香.教育政策执行监测与评估体系的构建 [J].教育发展研究，2012，32（05）：54-60.

［12］范明丽，洪秀敏.我国学前教育管理体制改革的历程与方向——改革开放 40 周年回眸与展望 [J].学前教育研究，2019（01）：22-32.

［13］范晓婷，曲绍卫，纪效珲.基于全国 36 个省级参评单位数据的学前教育资助政策绩效评估 [J].学前教育研究，2015（07）：43-51.

［14］方美红.儿童福利视角下我国普惠性学前教育政策分析及现实构建 [J].江苏教育研究，2019（Z1）：80-84.

［15］冯江英.论保障我国弱势群体儿童学前教育公平的政府责任 [J].幼儿教育，2014，No.622（18）：17-21.

［16］冯婉桢，康亚军.县域学前教育资源配置效率与优化路径研究——基于西部地区 H 县 2011—2016 年的数据分析 [J].基础教育，2019，16（03）：70-77，85.

［17］冯晓霞.大力发展普惠性幼儿园是解决入园难入园贵的根本 [J].学前教育研究，2010（05）：4-6.

［18］高丙成. 立法保障学前教育改革发展行稳致远 [J]. 今日教育（幼教金刊），
2020，（12）：4.

［19］高建华. 民族地区公共政策有效执行的环境因素影响分析 [J]. 云南行政学院学
报，2010，12（05）：134-137.

［20］顾高燕，张姝玥. 中国共产党发展学前教育的百年历程、成就及经验 [J]. 教育
理论与实践，2021，41（31）：29-35.

［21］郭燕芬，柏维春. 学前教育经费投入效益的省际比较与分析——基于 DEA 分
析方法 [J]. 教育发展研究，2016，36（20）：27-33.

［22］何善平，范铭. 我国学前教育质量评估政策取向的实证研究——以东中西三省
的示范幼儿园评估标准为例 [J]. 上海教育科研，2014（04）：23-26，30.

［23］洪秀敏，马群. 学前教育三年行动计划实施效果调查——基于内部利益相关者
评价的视角 [J]. 教育学报，2015，11（01）：115-126.

［24］洪秀敏，张明珠. 全面二孩政策下山西省学前教育发展的成效、困境与突
围——基于山西省学前教育二期三年行动计划实施效果的调查 [J]. 山西师大学报（社会
科学版），2018，45（01）：101-107.

［25］洪秀敏，赵尚艺. 西部地区学前教育发展的成效、瓶颈及对策——基于成都市
第二期学前教育三年行动计划实施效果的调查 [J]. 现代教育管理，2020（01）：70-77.

［26］洪秀敏，朱文婷，张明珠. 我国学前教育政策研究的回眸与展望：价值取向、
研究范式与核心主题 [J]. 学前教育研究，2020（04）：11-20.

［27］洪秀敏，朱文婷，钟秉林. 不同办园体制普惠性幼儿园教育质量的差异比
较——兼论学前教育资源配置质量效益 [J]. 中国教育学刊，2019（08）：39-44.

［28］胡马琳，蔡迎旗. 学前教育现代化的中国维度：内涵、特征与路径 [J]. 教育研
究与实验，2022（02）：95-100.

［29］胡马琳. 公益普惠视角下我国学前教育事业发展的回顾与展望——基于
2009～2018 年全国教育时序数据的实证分析 [J]. 早期教育，2021（25）：7-12.

［30］霍力岩，胡恒波，沙莉，等. 普及、优质和均衡应是新时代学前教育发展的核
心主题 [J]. 人民教育，2018（07）：31-36.

［31］姜蓓佳，尚伟伟. 学前教育倾斜政策的成效研究——基于 2010—2018 年中国
教育统计数据 [J]. 当代教育论坛，2020（01）：52-64.

［32］姜勇，李芳，庞丽娟. 普惠性学前教育的内涵辨析与发展路径创新 [J]. 学前教
育研究，2019（11）：13-21.

［33］姜勇，郑楚楚，赵颖，等. 中国特色普惠性学前教育公共服务体系构建的若干

思考 [J].苏州大学学报（教育科学版），2019，7（02）：1-12.

［34］姜勇，周榆.普惠性幼儿园指标体系构建——基于全国 14 省 34806 个样本数据的实证研究 [J].学前教育研究，2020（11）：58-74.

［35］教育部发布《学前教育专题评估报告》[J].教育导刊（下半月），2016（01）：89-92.

［36］李承，王运生.当代公共行政的民主范式 [J].政治学研究，2000（04）：45-54.

［37］李江，刘源浩，黄萃，等.用文献计量研究重塑政策文本数据分析——政策文献计量的起源、迁移与方法创新 [J].公共管理学报，2015，12（02）：138-144，159.

［38］李琳.改革开放 40 年学前教育事业发展中政府责任边界的演变与启示 [J].中国教育学刊，2019（01）：37-42.

［39］李瑞昌.中国公共政策实施中的"政策空传"现象研究 [J].公共行政评论，2012，5（03）：59-85，180.

［40］李帅.普惠性学前教育经费保障机制的构建——基于学前教育法和财税法的交叉视角 [J].湖南师范大学教育科学学报，2019，18（06）：12-18.

［41］李威璎，徐玲.我国学前教育经费政策工具是自愿性、混合性还是强制性？——基于 2010—2020 年的政策文本分析 [J].教育经济评论，2020，5（06）：3-17.

［42］李雪峰，王慧，贾晋.民族地区农村普惠性学前教育政策绩效评估——基于四川省"一村一幼"计划的实证研究 [J].民族教育研究，2020，31（04）：123-131.

［43］梁坤，徐莹莹.普惠性学前教育：内在意蕴、现实困境及破解路径——以广东省为例 [J].教育观察，2021，10（40）：1-4，10.

［44］刘奉刚，张振宇.浅议我国学前教育立法 [J].山东人大工作，2011（11）：20-22.

［45］刘复兴.教育政策的四重视角 [J].清华大学教育研究，2002（04）：13-19.

［46］刘彦林.我国教育政策评价研究现状分析 [J].教育评论，2021（02）：58-65.

［47］刘焱，郑孝玲.关于普惠性学前教育公共服务属性定位的探讨 [J].教育研究，2020，41（01）：4-15.

［48］刘焱.普惠性幼儿园发展的路径与方向 [J].教育研究，2019，40（03）：25-28.

［49］刘颖，张斌，虞永平.疫情背景下普惠性幼儿园的现实困境及其化解——基于全国 4352 所普惠性幼儿园的实证调查 [J].中国教育学刊，2021（06）：58-64.

［50］刘颖.普惠性学前教育政策的执行偏差：表现、原因及对策分析 [J].教育发展

研究，2016（06）：18-24.

[51] 刘悦，姚建龙 . 学前教育立法的亮点与若干争议问题——以《学前教育法草案（征求意见稿）》为例 [J]. 中国青年社会科学，2021，40（04）：116-123.

[52] 刘占兰 . 学前教育 40 年：走向公益普惠、公平优质 [J]. 教育家，2018（32）：16-19.

[53] 刘中一 . 理念、程序与实践的统一——以普惠托育政策为例 [J]. 理论与改革，2022（05）：134-144，152.

[54] 罗丽香，高志宏 . 学前教育的公益回归与立法保障 [J]. 湖南师范大学教育科学学报，2019，18（06）：19-25.

[55] 吕武 . 县域城乡一体化学前教育公共服务体系构建的路径分析 [J]. 教育与经济，2016（05）：91-96.

[56] 马雷军 .《学前教育法》调整范围论要 [J]. 陕西师范大学学报（哲学社会科学版），2023，52（01）：106-114.

[57] 马梦婷 . 刍议幼儿园教育科研中的普遍问题与应对策略 [J]. 当代家庭教育，2019（21）：52.

[58] 宁华宗 . 公平与效率：公共服务的双重逻辑研究 [J]. 中南民族大学学报（人文社会科学版），2015，35（01）：102-107.

[59] 庞丽娟，韩小雨 . 中国学前教育立法：思考与进程 [J]. 北京师范大学学报（社会科学版），2010（05）：14-20.

[60] 庞丽娟，王红蕾，吕武 . 对"全面二孩"政策下我国学前教育发展战略的建议 [J]. 北京师范大学学报（社会科学版），2016，258（06）：12-21.

[61] 庞丽娟，韦彦 . 学前教育立法——一个重大而现实的课题 [J]. 学前教育研究，2001（01）：5-8.

[62] 庞丽娟，袁秋红，王红蕾 . 我国公办性质幼儿园改革的发展方向、改革原则和政策建议 [J]. 北京师范大学学报（社会科学版），2022（01）：55-61.

[63] 裴培 . 我国学前教育地方立法研究——基于 61 部地方性法规规章的实证分析 [J]. 陕西学前师范学院学报，2020，36（08）：118-125.

[64] 祁型雨 . 论教育政策的价值及其评价标准 [J]. 教育科学，2003（02）：7-10.

[65] 祁占勇，杜越 . 什么是好的教育政策执行效果的评估 [J]. 华东师范大学学报（教育科学版），2022，40（02）：29-42.

[66] 秦旭芳，王默 . 普惠性幼儿园的内涵、衡量标准及其政策建议 [J]. 学前教育研究，2012（07）：22-26，30.

［67］佘宇，单大圣.努力发展普惠而有质量的学前教育 [J]. 行政管理改革，2019（02）：16–22.

［68］苏婧，张霞，孙璐，等.北京市普惠性幼儿园发展的成绩、挑战与建议 [J]. 学前教育，2020，No.654（06）：4–7.

［69］孙佳慧，夏茂林.我国学前教育经费投入区域差距的实证分析及政策建议 [J]. 教育财会研究，2018，29（05）：79–85.

［70］孙蔷蔷，霍力岩.高质量学前教育课程指南国际比较研究 [J]. 比较教育研究，2022，44（07）：95–104.

［71］索长清.普惠性学前教育政策的价值诉求 [J]. 教育导刊（下半月），2013（03）：20–24.

［72］王东.普惠性学前教育：内涵与政策意蕴 [J]. 教育科学，2014，30（02）：26–31.

［73］王海英.从特权福利到公民权利——解读《国务院关于当前发展学前教育的若干意见》中的普惠性原则 [J]. 幼儿教育，2011（Z3）：7–11.

［74］王海英.我国普惠性幼儿园制度十年发展历程分析 [J]. 幼儿教育，2020（Z6）：3–8，19.

［75］王默，秦旭芳.不同利益主体视野下的普惠性幼儿园发展思路——基于辽宁省三市的实证分析 [J]. 现代教育管理，2015（06）：21–26.

［76］王声平，杨友朝.高质量发展背景下我国县域内学前教育财政投入的问题及改进建议——基于浙江省的实证调研 [J]. 教育与教学研究，2022，36（07）：116–128.

［77］王娅，宋映泉.“幼有所育”中政府普惠性投入的必然性——来自六省县级面板数据的历史证据 [J]. 学前教育研究，2019（06）：14–24.

［78］王艺芳，姜勇.普惠性学前教育公共服务监测模型与指标的构建——基于“以人民为中心”的视角 [J]. 学前教育研究，2021（07）：41–57.

［79］王玉飞，李红霞.普惠性学前教育的内涵、特征及其实现路径——基于政策文本的解读 [J]. 大庆师范学院学报，2021，41（01）：112–120.

［80］吴会会.“政策之窗”何以开启：学前教育立法进程透视 [J]. 教育学报，2021，17（01）：158–169.

［81］吴晓蓉.适切：我国教育政策评价新取向 [J]. 国家教育行政学院学报，2015（03）：60–66.

［82］吴遵民，黄欣，屈璐.我国学前教育立法的若干思考 [J]. 复旦教育论坛，2018，16（01）：35–41.

［83］席晓娟.学前教育财政投入立法保障研究——基于政策法律化的视角 [J]. 湖南师范大学教育科学学报，2020，19（03）：1–8，15.

［84］邢利娅，白星瑞.建国后我国学前教育政策价值取向的演变 [J]. 学前教育研究，2008（03）：13–15，40.

［85］徐玲.21世纪我国继续教育政策的价值取向分析 [J]. 成人教育，2016，36（11）：14–17.

［86］徐益民.把脉中国学前教育改革40年的来路与去向 [J]. 文教资料，2022（02）：78–80.

［87］徐莹莹，王海英，刘静.普惠性学前教育：文化意蕴、现实遭遇与路径创新 [J]. 当代教育论坛，2021（01）：10–18.

［88］闫予沨，付钰，刘丽莎，等.我国循证教师教育决策：内涵、价值与路径 [J]. 教师教育研究，2020，32（06）：21–26.

［89］杨莉君，胡洁琼.农村儿童家庭对学前教育公共服务的基本需求及对策研究——以湖南省为例 [J]. 湖南师范大学教育科学学报，2013，12（02）：98–102，124.

［90］杨柳玉，杨晓萍.普惠性学前教育政策执行的社会学分析——基于嵌入性理论视角 [J]. 教师教育学报，2019，6（05）：90–95.

［91］杨婷，吴遵民.终身教育背景下学前教育发展的路径与机制——读《中华人民共和国学前教育法（草案）》[J]. 现代远距离教育，2020（05）：18–25.

［92］杨卫安.我国学前教育公益普惠指数建构与测评 [J]. 教育研究，2017，38（10）：82–87.

［93］杨晓萍，沈爱祥.县域学前教育共生发展现状分析 [J]. 学前教育研究，2020（09）：13–22.

［94］印义炯.当前我国学前教育政策的价值取向分析与建议 [J]. 文山学院学报，2013，26（04）：102–104.

［95］虞永平.建设益童、惠民、利国的学前教育公共服务体系 [J]. 人民教育，2014（11）：33–35.

［96］原晋霞.构建有质量的学前教育基本公共服务体系 [J]. 教育学术月刊，2013（01）：84–88.

［97］湛中乐，倪洪涛，马雷军，等.《学前教育法（草案）》笔谈 [J]. 湖南师范大学教育科学学报，2020，19（06）：1–14.

［98］张翔，陈婧.再论地方政府的政策变通执行：意义结构、组织逻辑与行动策略 [J]. 天津社会科学，2021（04）：75–82.

［99］张新平.教育政策概念的规范化探讨 [J].湖北大学学报（哲学社会科学版），1999（01）：92-96.

［100］张雪.学前教育财政体制改革政策效果评估——基于地方政府学前教育成本分担的视角 [J].教育发展研究，2016，36（24）：29-36.

［101］赵晨，陈思，曹艳，等.教育精准扶贫："一村一园"计划对农村儿童学业成绩的长效影响研究 [J].华东师范大学学报（教育科学版），2020，38（02）：114-125.

［102］郑名."学前教育三年行动计划"成效分析与政策建议 [J].学前教育研究，2014（08）：34-43.

［103］周欣.建立全国性学前教育质量监测体系的意义与思路 [J].学前教育研究，2012（01）：23-27.

［104］朱旭东，付钰，靳伟，等.循证理念下教师教育研究对教师教育政策制定的影响研究 [J].中国教育学刊，2022（12）：40-44，87.

［105］Baum, Hernandez, Orchard.Early childhood education for all: a mixed-methods study of the global policy agenda in Tanzania[J]. Early Years, 2019, 39(3).

［106］Fjällström Salla, Karila Kirsti, Paananen Maiju.A matter of universalism? Rationalities of access in Finnish early childhood education and care[J]. Nordic Journal of Studies in Educational Policy, 2020, 6(3).

［107］M. D B. The Effects of Universal Preschool on Child and Adult Outcomes: A Review of Recent Evidence from Europe with Implications for the United States[J]. Early Childhood Research Quarterly, 2021, 55.

［108］Richter L, Samuels M-L.The South African universal preschool year: a case study of policy development and implementation.[J]. Child: care, health and development, 2018, 44(1).

三、学位论文

［1］白贝迩.师范生免费教育政策评估研究［博士学位论文］.西安：陕西师范大学，2016，19.

［2］陈郁雯.基于内容分析法的学前教育政策文本研究［硕士学位论文］.金华：浙江师范大学，2018，11.

［3］杜文静.县域基础教育政策评估体系的建构研究［硕士学位论文］.济南：山东师范大学，2014，6.

［4］郝亚静.我国学前教育立法研究［硕士学位论文］.上海：华东师范大学，2019，49.

［5］洪江凝.社会组织参与我国学前教育公共服务体系建设的个案研究［硕士学位论文］.上海：华东师范大学，2022，17.

［6］侯宇佳.普惠性学前教育政策满意度评估研究［硕士学位论文］.天津：天津工业大学，2020，9.

［7］姜晓玥.普惠性民办幼儿园政策研究［硕士学位论文］.南京：南京师范大学，201，64.

［8］李吉桢.第四代教育评价理论的中国化研究［硕士学位论文］.天津：天津师范大学，2019，16.

［9］李宁.乡村教师生活待遇政策执行研究［博士学位论文］.长春：东北师范大学，2019，130.

［10］刘明然.推进我国公共政策评估的思考［硕士学位论文］.长沙：湖南大学，2007，9.

［11］刘玮.区域内义务教育优质均衡发展政策执行考察［博士学位论文］.南京：南京师范大学，2016，36.

［12］门鑫玥.普惠性民办幼儿园认定标准政策的内容分析［硕士学位论文］.沈阳：沈阳师范大学，2019，48.

［13］孙惠芳.地方教育政策制定与学校参与［硕士学位论文］.苏州：苏州大学，2006，14.

［14］孙倩倩.我国地方学前教育立法研究［硕士学位论文］.沈阳：沈阳师范大学，2020，24.

［15］汪玲.普惠性民办幼儿园教育福利协同供给研究［硕士学位论文］.南充：西华师范大学，2018，1.

［16］王业文.中国地方公共政策制定失灵的制度分析［博士学位论文］.北京：中共中央党校，2020，131.

［17］王艺芳.我国普惠性学前教育公共服务发展水平的监测研究［博士学位论文］.上海：华东师范大学，2021，99，120，123，168.

［18］谢超香.基于内隐学习的学前儿童绘画活动研究［博士学位论文］.重庆：西南大学，2016，127.

［19］许浙川.学前教育资源承载力研究［博士学位论文］.长春：东北师范大学，2021，165.

［20］杨宇琪.政策执行主体视角下政策执行偏差的危害及对策研究［硕士学位论文］.长沙：湖南大学，2016，42.

［21］余晗.广西壮汉双语教育政策执行现状及优化路径研究［硕士学位论文］.南宁：广西民族大学，2018，10.

［22］张加昌.济南市学前教育财政投入研究［硕士学位论文］.济南：山东大学，2020，26.

［23］张加欣.农村普惠性幼儿园师资队伍建设研究［硕士学位论文］.喀什：喀什大学，2021，13.

［24］张雷.教育政策绩效评估的理论探讨［博士学位论文］.上海：华东师范大学，2014，2.

［25］张书宁.近十年我国乡村教师补充政策执行研究［硕士学位论文］.金华：浙江师范大学，2022，48.

［26］周榆.我国普惠性幼儿园评估指标体系构建与实施研究［硕士学位论文］.上海：华东师范大学，2021，31.

四、报纸文章

［1］安雪慧.师资供给侧结构性改革 满足新时代教育新需要 [N].中国经济时报，2017-11-14.

［2］蔡迎旗，邓和平.完善财政投入机制 强化学前教育普惠发展 [N].中国教育报，2023-02-26（001）.

［3］柴葳，刘博智.学前教育毛入园率提前6年实现目标 [N].中国教育报，2015-11-25（001）.

［4］陈丽平.教育部已经完成学前教育法专家建议稿 [N].法制日报，2016-02-02（001）.

［5］杜春霞.如何布置幼儿园生活环境 [N].中国教育报，2013-09-08（001）.

［6］高丙成.强化安全监管确保幼儿园安全 [N].中国教育报，2019-01-13（001）.

［7］贺春兰，张奕若.学前教育十年发展路：艰苦也峥嵘 [N].人民政协报，2022-08-31（009）.

［8］侯中太，秦建平.教育政策需关注多元化的利益诉求 [N].教育导报，2017-06-20（003）.

［9］纪秀君.坚持公益普惠，多渠道扩大学前教育资源 [N].中国教育报，2019-

03-20（003）.

［10］进一步加强幼教师资培养　办好人民满意的学前教育 [N]. 人民政协报，2019-04-16（003）.

［11］靳晓燕 . 十七条督导评估标准出台 [N]. 光明日报，2020-03-03（010）.

［12］靳晓燕 . 学前教育这十年：公益普惠底色更加鲜明 [N]. 光明日报，2022-04-27（008）.

［13］李大林 . 算好学前教育发展"三本账"[N]. 中国教育报，2020-1-22（001）.

［14］刘颖 . 明确和落实政府责任是《学前教育法》的根本规约 [N]. 中国教育报，2020-09-13（001）.

［15］缪志聪 . 学前教育快速发展缓解"入园难"[N]. 中国教育报，2012-09-25（001）.

［16］史生荣 . 内蒙古财政支出 14% 用于教育 [N]. 中国财经报，2012-11-24.

［17］万静 . 政务公开工作成效显著法治政府建设向纵深推进 [N]. 法治日报，2022-06-17.

［18］杨丽娟 . 促"幼有所育"向"幼有善育"转变 [N]. 西江日报，2023-12-04.

［19］姚晓丹 . 学前教育：发展迫在眉睫　立法已经上路 [N]. 光明日报，2010-12-02（005）.

［20］虞永平 . 以高质量发展统领学前教育普及普惠 [N]. 中国教育报，2022-09-27（001）.

［21］玉丽 . 学前教育：提高质量　优化结构　内涵发展 [N]. 人民政协报，2022-03-02（009）.

附　录

附录1　普惠性学前教育政策县域实施效果家长访谈提纲

尊敬的家长：

您好！

首先，非常感谢您百忙之中抽出宝贵的时间参加调研访谈。在国家大力实施学前教育普及普惠安全优质发展的大背景下，我国各地区学前教育发展迅速，"入园难、入园贵"等问题得到了有效缓解，家长对学前教育的满意度也不断提升。本次访谈的主要目的是了解国家普惠性学前教育政策的实施对您孩子的发展及家庭带来了哪些变化，并希望您对完善当前学前教育改革发展和政府的政策咨询提供宝贵的意见和建议。访谈采取匿名方式，您个人和孩子的任何信息都不会被泄漏。请您根据实际情况，回答以下问题，非常感谢！

访谈的具体问题：

1.您的孩子在哪个学段？您是否听过或者知道普惠性学前教育？您的孩子得到过哪些政策资助与扶持？

2.您当初基于什么原因选择孩子现在就读的幼儿园？

3.您孩子幼儿园的学费是多少？您觉得收费高吗？

4.您觉得孩子的幼儿园怎么样？硬件等办园条件、老师的保教水平、家园沟通等情况如何？

5.您觉得幼儿园的教育质量怎么样？还可以在哪些方面进行改善呢？

6.您对幼儿园的伙食、安全这些满意吗？觉得还可以在哪些方面进行改善呢？

7.您对当前地区普惠性学前教育发展（普及普惠、保教质量、政府保障），有哪些需求和建议呢？请您谈谈。

附录2 普惠性学前教育政策县域实施效果教育行政人员 访谈提纲

尊敬的局长/科长:

您好!

办好学前教育,实现幼有所育,是党和政府保障和改善民生的重大工程,而发展普惠性学前教育,是办好学前教育的核心和重点。2010年是我国学前教育事业发展的重要转折点,在"入园难、入园贵"问题日益显著的情况下,国家学前教育政策制定开始逐渐聚焦于公益普惠性的发展方向。党的十八大以来,国家先后连续实施四期学前教育行动计划,颁布了《关于学前教育深化改革规范发展的若干意见》《县域学前教育普及普惠督导评估办法》《"十四五"学前教育发展提升行动计划》等多个与普惠性学前教育相关的政策文件,推动了我国学前教育快速发展。但目前我国学前教育依然存在普惠性资源不足、教师队伍不稳定、监管体制机制不健全、保教质量有待提高等多方面问题。本研究尝试以县域为研究对象,对县域普惠性学前教育发展情况进行调研,以了解县域普惠性学前教育发展的成效、存在的问题,为推进县域普惠性学前教育高质量发展提供建设性思路与政策建议。

以下是访谈具体问题:

1.县里县域学前教育普及普惠督导评估启动情况如何?

2.目前县里学前教育发展取得哪些成绩? 2010年以来有哪些变化?(普及普惠、保教质量、政府保障等方面)

3.横向和纵向管理协调机制方面:"省市统筹、以县为主、县乡(街道)共建"的管理体制建设情况如何? 教育行政部门与有关部门分工负责的管理体制和工作机制责任落实情况如何? 县政府和教育局与地方政府沟通协调情况怎样？

4. 政府学前规划、顶层设计方面：这几年县里学前教育发展布局规划有哪些？

5. 小区配套园方面：小区园的建设与使用情况如何？（性质、生源、师资等）

6. 普惠民办园方面：对普惠性民办园管理、扶持政策情况如何？普惠园运行现状怎么样？（生源、师资、经费）

7. 教师队伍建设方面：各类教师的职称、编制、待遇、个人专业发展等情况如何？人口出生率下降、生源减少，可能会带来教师数量和教育资源剩余、教师调动等情况，你们是如何应对的？非在编教师的激励机制有哪些？

8. 保教质量方面：幼儿园的保教质量建设发展如何？有哪些具体的特色做法？在课程游戏化、幼小衔接、托班建设、融合教育等问题方面有何特色做法？

9. 当前县里在实施普惠性学前教育相关政策中存在哪些方面的困难？打算从哪些方面予以解决？有哪些普及普惠、政府保障、保教质量方面做得比较好的典型案例？

附录3 普惠性学前教育政策实施效果园长、教师访谈提纲

尊敬的园长、教师：

您好！

首先非常感谢您百忙之中抽出宝贵的时间参加调研访谈。在国家大力实施学前教育普及普惠安全优质发展的大背景下，我国各地区学前教育发展迅速，"入园难、入园贵"等问题得到了有效的缓解，社会群体对学前教育的满意度也不断提升。本次访谈的主要目的是了解国家普惠性学前教育政策的实施对您和您的幼儿园带来了哪些变化，并希望您对完善当前学前教育的发展和政府的政策咨询提供宝贵的意见和建议。访谈采取匿名方式，关于您个人和幼儿园的任何信息都不会被泄漏。请您根据实际情况回答以下问题，非常感谢！

以下是访谈的具体问题：

1. 对国家普惠性学前教育政策和县域学前教育普及普惠督导评估的了解情况如何？

2. 您认为国家实施普惠性学前教育政策对学前教育发展有什么重要价值和意义？（教育公平、家庭、幼儿、幼儿园等方面）

3. 请谈谈您幼儿园的发展历史和运行情况。（性质、建园历程、办园特色、师资队伍、生源等）还有哪些困难？

4. 请您谈谈2010年"普惠性学前教育政策"实施以来地区学前教育和您所在幼儿园发生的变化。（包括学前教育普及普惠、经费投入使用、办园条件改善、幼儿园教师队伍建设、政府保障等方面的成绩、举措）最大的支持和保障因素是什么？

5. 您认为当前在普惠性学前教育发展中的主要问题、困难、需求是什么？制约因素有哪些？（经费投入使用、普惠性资源的分配利用、教师队

伍建设发展、政府保障激励、各级政府部门间的协调）

6. 您认为地区学前教育下一步发展的重点、规划、思路应该是什么？

7. 您对完善与改进普惠性学前教育政策县域实施成效有何政策建议？

附录4 普惠性学前教育政策县域实施效果政府行政人员访谈提纲

尊敬的局长／科长：

您好！

首先非常感谢您百忙之中抽出宝贵的时间参加调研访谈。在国家大力实施学前教育普及普惠安全优质发展的大背景下，我国各地区学前教育发展迅速，"入园难、入园贵"等问题得到了有效缓解，家长、教师等公众对学前教育的满意度也不断提升。本次访谈的主要目的是了解国家普惠性学前教育政策的实施对您所在乡镇（街道）政府和幼儿园带来了哪些变化，并希望您对完善当前学前教育的发展和政府的政策咨询提供宝贵的意见和建议。访谈采取匿名方式，您的任何信息都不会被泄漏。请您根据实际情况回答以下问题，非常感谢！

以下是访谈的具体问题：

1. 2010年以来镇里（街道）学前教育发展取得哪些成绩？政府具体采取了哪些举措？（普及普惠、保教质量、政府保障等方面）

2. 乡镇（街道）对学前教育发展布局专项规划有哪些？

3. 乡镇（街道）政府与县政府、教育局等上级政府部门的沟通协调机制如何？内部各部门之间的沟通协调情况又是怎么样？

4. 当前乡镇（街道）在支持学前教育发展、落实普惠性学前教育相关政策中存在哪些方面的困难？打算从哪些方面予以解决？（经费、教师等）

5. 您对完善与改进普惠性学前教育政策实施成效有何政策建议？

附录5　普惠性学前教育政策县域实施效果家长满意度调查问卷

尊敬的家长：

　　您好！

　　因开展"普惠性学前教育政策县域实施效果研究"的研究需要，真诚邀请您拨冗填写问卷，对普惠性学前教育政策实施后本县区学前教育的发展现状进行评价。本次调查问卷旨在全面了解县域普惠性学前教育的发展水平，问卷一律采取匿名形式，研究者会对所有问卷的数据和结果严格保密，所有数据和结果仅用于研究。请您在符合情况的选项上打勾。再次感谢您在百忙之中对本研究提供的支持和帮助！

"普惠性学前教育政策县域实施效果研究"调研组

第一部分　基本情况

1. 您是孩子的：（　　　）

　　①父亲　　　　　　②母亲　　　　③（外）祖父

　　④（外）祖母　　　⑤其他亲人

2. 您的性别：（　　　）

　　①男　　　　　　　②女

3. 您的年龄：（　　　）

　　① 20 岁—30 岁　　② 31 岁—40 岁

　　③ 41 岁—50 岁　　④ 50 岁以上

4. 您的孩子目前就读的年龄班是：（　　　）

　　①小班　　　　　　②中班　　　　③大班　　　　④混龄班

5. 您所在的区域：（　　　）

　　①县城　　　　　　②乡镇　　　　③农村

6. 您的文化程度：（　　　）

①初中及以下　　　②中专（高中）

③大专　　　　　　④本科及以上

7. 您的家庭年收入：（　　　）

① 2 万元以下　　②2 万元—5 万元　　③5 万元—10 万元

④ 10 万—20 万元　⑤20 万元以上

8. 您孩子就读幼儿园的办园性质：（　　　）

①公办幼儿园　　②小区民办幼儿园　　③非小区民办幼儿园

9. 您的孩子每个月的保教费是：（　　　）

① 500 元以下　　　　　② 500 元—1000 元

③ 1000 元—2000 元　　④ 2000 元以上

10. 您觉得您孩子所在幼儿园的收费情况：（　　　）

①偏低　　　　　②正常　　　　　③有点高

④偏高　　　　　⑤太高

11. 你孩子所在幼儿园的班级规模是：（　　　）

① 25 人及以下　　② 26—30 人

③ 31–35 人　　　④ 35 人以上

12. 您每次送孩子去幼儿园路上花费的时间大约是：（　　　）

① 15 分钟以内　　　　② 15 分钟—20 分钟

③ 20 分钟—25 分钟　　④ 25 分钟以上

13. 您对幼儿园提前学习小学知识持什么态度？（　　　）

①非常赞成　　　②比较赞成　　　③中立态度

④不太赞成　　　⑤非常不赞成

14. 您的孩子当初办理入园时是否困难：（　　　）

①非常困难　　　②比较困难　　　③困难

④基本不困难　　⑤不困难

15. 您认为政府对幼儿教育的关注程度如何？（　　　）

①十分关注　　　②比较关注　　　③不太关注

④完全不关注　　⑤不清楚

16. 您为孩子选择幼儿园的依据标准依次是：（　　　　）（排序）

A. 幼儿园性质　　　B. 师资力量　　　　C. 办园条件

D. 收费标准　　　　E. 地理位置

第二部分　普惠性学前教育政策县域实施效果家长满意度调查

题项	1	2	3	4	5
17. 您对家附近可供选择幼儿园（含公办和民办）总数量					
18. 您对家附近公办幼儿园的数量					
19. 您对接送孩子时间与您上下班时间相匹配情况					
……					

1 很不满意；2 不满意；3 一般满意；4 满意；5 很满意

35. 您对本县区学前教育发展还有哪些方面的建议？比如对政府、幼儿园等在财政投入、教师队伍建设等方面的好建议。

附录6 普惠性学前教育政策县域实施效果园长、教师满意度调查问卷

尊敬的幼儿园园长、教师：

您好！

因开展"普惠性学前教育政策县域实施效果研究"的研究需要，真诚邀请您拨冗填写问卷，本问卷旨在了解普惠性学前教育政策实施后您对本地区学前教育发展现状的评价。问卷一律采取匿名形式，答案无对错之分，研究者会对所有问卷的数据和结果严格保密，所有数据和结果仅用于研究参考之用，请您根据您的主观感受和实际经验选择相应的选项。诚挚感谢您对本研究提供的支持与帮助！祝您生活愉快！

"普惠性学前教育政策县域实施效果研究"调研组

第一部分 基本情况

1. 您的性别：（　　　）

　　①男　　　　　　　②女

2. 您的身份：（　　　）

　　①专任教师　　　　②年级组长　　　　③中层（保教或教研主任等）

　　④园长　　　　　　⑤其他

3. 您的年龄：（　　　）

　　①25岁及以下　　　②26岁—30岁　　③31岁—40岁

　　④41岁—50岁　　　⑤50岁以上

4. 您的教龄：（　　　）

　　①5年及以下　　　②6年—10年　　　③11年—15年

　　④16年—20年　　　⑤20年以上

5. 您的第一学历：（　　　）

　　①初中及以下　　　　②中专（高中）

　　③大专　　　　　　　④本科及以上

6. 您的最高学历：（　　　）

　　①初中及以下　　　　②中专（高中）

　　③大专　　　　　　　④本科及以上

7. 您的专业背景：（　　　）

　　①学前教育专业

　　②（师范类）非学前教育专业

　　③（非师范类）非学前教育专业

8. 您的编制：（　　　）

　　①有编制

　　②无编制〔备案制（政府购买服务）〕

　　③无编制（幼儿园自主聘用）

9. 您每月的基本工资+岗位津补贴+绩效工资等收入水平（实发）是：（　　　）

　　① 2000 元以下　　② 2000—3000 元　　③ 3001—4000 元

　　④ 4001—5000 元　　⑤ 5001—6000 元　　⑥ 6000 元以上

10. 您的职称：（　　　）

　　①二级　　　　　　②一级　　　　　　③高级

　　④正高级　　　　　⑤未定级，没有参评资格

　　⑥未定级，个人不想评

11. 您幼儿园所在的行政区域：（　　　）

　　① 县城　　　　　② 乡镇　　　　　③ 农村

12. 您幼儿园的园所性质：（　　　）

　　①公办幼儿园　　　②普惠性民办园　　　③非普惠性民办园

13. 您所在幼儿园的园所级别：（　　　）

　　①省优园　　　　　②市优园

　　③合格园　　　　　④其他

14. 您所在班级幼儿数：（　　　）

　　① 25 人及以下　　② 26—30 人

　　③ 31—35 人　　④ 35 人以上

15. 您所在幼儿园每生每月的保教费（不含伙食费）：（　　　）

　　① 500 元及以下　　② 501—800 元　　③ 801—1000 元

　　④ 1001—1500 元　　⑤ 1501—2000 元　　⑥ 2000 元以上

16. 您所在幼儿园办园资金主要来源：（　　　）

　　①财政全额拨款　　②财政差额拨款　　③自筹资金

　　④社会资本　　⑤其他

17. 您所在幼儿园当前经营状况：（　　　）

　　①生源和资金都充足

　　②生源减少，资金充足

　　③生源充足，资金不足

　　④生源和资金都减少

18. 您所在幼儿园教师是否有缺口：（　　　）

　　①无缺口，有教师剩余

　　②无缺口，教师数刚好

　　③有缺口，但缺的教师不多

　　④有缺口，缺很多教师

19. 您对普惠性学前教育政策的了解情况：（　　　）

　　①非常了解　　②比较了解　　③了解

　　④了解一点点　　⑤不清楚

第二部分　普惠性学前教育政策县域实施效果园长、教师满意度调查

根据您的主观感受和实际经验，进行判断：

题项	1	2	3	4	5
20. 您对本地区可供选择幼儿园（含公办和民办）总数量					
21. 您对本地区公办幼儿园和普惠性民办园数量					
22. 您对本地区缓解幼儿园入园难问题					
……					

1 很不满意；2 不满意；3 一般满意；4 满意；5 很满意

35. 您对地区学前教育普及普惠安全优质发展过程中政府、幼儿园、家长等相关主体有什么更好的建议吗？

附录7 普惠性学前教育政策县域实施效果评估指标体系专家咨询问卷（一）

尊敬的专家：

您好！因开展"普惠性学前教育政策县域实施效果研究"的研究需要，真诚邀请您作为这一研究领域的专家，拨冗参与访谈。本次德尔菲专家访谈的目的是筛选出重要的指标，构建普惠性学前教育政策实施效果评估指标体系，用于评价县域普惠性学前教育发展现状，为进一步提升县域普惠性学前教育发展水平提出建议。渴望从您这里获取一些宝贵的意见和建议，希望您能就此问题谈谈您的看法，不胜感激。再次感谢您在百忙之中对我们提供的支持和帮助！

【专家信息采集】

1. 您的年龄：（   ）

① ＜ 30 岁　　　② 30—40 岁　　　③ 41—50 岁

④ 51—60 岁　　　⑤ ＞ 60 岁

2. 您的学历：（   ）

①大专　　　②本科　　　③硕士　　　④博士

3. 您的职称：（   ）

①正高　　　②副高　　　③中级　　　④初级

4. 您的工作年限：（   ）

① ＜ 10 年　　　② 11 年—20 年

③ 21 年—30 年　　　④ ＞ 30 年

5. 您对普惠性学前教育相关政策的熟悉程度：（   ）

①很熟悉　　　②较熟悉　　　③一般

④不太熟悉　　　⑤完全不熟悉

6. 您做出判断的主要依据：（　　　）

① 理论分析　　　　② 实际工作经验

③ 同行了解　　　　④ 直觉判断

【背景介绍】

本研究中的普惠性学前教育政策县域实施效果是指普惠性学前教育政策实施后在普及普惠、保教质量、政府保障等方面政策目标的达成情况。基于"公益普惠、公平优质、平等民主"的价值取向，本研究拟从政府的统计数据（2017—2021）和利益相关者的满意度调查、访谈等方面开展普惠性学前教育政策县域实施效果研究，以下是初步构建的普惠性学前教育政策县域实施效果评价的指标体系，包括"普及普惠、保教质量、政府保障"3个一级维度和"学前教育资源总量、普惠园覆盖率"等11个二级维度以及"学前三年毛入园率、师幼比"等54个三级指标，请您对指标进行打分！

【填写说明】

以下问题有若干个答案，请您在与您情况或意见相符的选项中打"√"。

对一级维度的修订：

一级维度	重要程度				
	非常重要	比较重要	一般	不太重要	不重要
普及普惠水平					
保教质量水平					
政府保障水平					
增加或删除的指标：					
其他建议：					

对二级维度的修订：

一级维度	二级维度	重要程度				
		非常 重要	比较 重要	一般	不太 重要	不重要
普及普惠水平	学前教育资源总量					
	普惠园覆盖率					
	小区配套园建设					
	收费情况					
保教质量水平	办园条件					
	……					

增加或删除的指标：

其他建议：

对三级指标的修订：

二级维度	三级指标	重要程度				
		非常 重要	比较 重要	一般	不太 重要	不重要
学前教育资源总量	幼儿园总数					
	在园幼儿总数					
	学前三年毛入园率					
	公办园情况					
普惠园覆盖率	民办园情况					
	……					

增加或删除的指标：

其他建议：

附录8　普惠性学前教育政策县域实施效果评估指标体系专家咨询问卷（二）

尊敬的专家：

您好！非常感谢您参与第一轮德尔菲专家咨询访谈，在第一轮专家咨询中，共邀请了11位学前教育相关领域的专家学者，回收了10份咨询问卷，回收率为91%。在综合分析专家们的建议后，已对指标体系的相关维度指标做了相应的修改。接下来，诚挚邀请您继续参加普惠性学前教育政策县域实施效果评价指标体系的第二轮德尔菲专家咨询！再次感谢您在百忙之中对我们提供的支持和帮助！

【填写说明】

本次咨询，为您提供了第一轮各项指标重要性平均分的均值供您参考，重要性均分是根据第一轮德尔菲专家的打分统计得出，分值越高，说明该指标越重要、认可度越高。本轮的德尔菲专家咨询依然是考察指标的重要性，请您在综合考虑第一轮得分的基础上，给出您认为更为合适的评分，用1—5分对指标的重要性进行度量，分别代表"不重要""不太重要""一般""比较重要""非常重要"。如果您对指标表述和内容设置存有疑问，仍旧可以在"修改建议"和"开放题"部分给出您的意见和建议。

对一级维度的修订：

一级维度	第一轮平均分	重要性评分（1—5）
普及普惠水平		
保教质量水平		
政府保障水平		
增加或删除的指标：		
其他建议：		

对二级维度的修订：

一级维度	二级维度	第一轮平均分	重要性评分（1—5）
普及普惠水平	学前教育资源总量		
	普惠园覆盖率		
	小区配套园建设		
	收费情况		
保教质量水平	办园条件		
	……		

增加或删除的指标：

其他建议：

对三级指标的修订：

二级维度	三级指标	第一轮平均分	重要性评分（1—5）	指标说明
学前教育资源总量	幼儿园总数			
	在园幼儿总数			
	学前三年毛入园率			
普惠园覆盖率	公办园情况			公办园的数量和在园幼儿数
	普惠性民办园情况			普惠性民办园数量和在园幼儿数
	……			

增加或删除的指标：

其他建议：

附录9 普惠性学前教育政策县域实施效果评估指标体系专家咨询问卷（三）

尊敬的专家：

您好！请允许我代表研究组对您参与两轮的德尔菲专家咨询访谈表示由衷感谢！经过第一轮和第二轮德尔菲专家咨询，目前专家们已基本达成一致意见，指标的框架已基本确定。接下来，诚挚邀请您参加普惠性学前教育政策县域实施效果评价指标体系的第三轮德尔菲专家咨询，对最新修订的普惠性学前教育政策实施效果评价指标进行整体把握和反馈！您觉得普惠性学前教育政策县域实施效果指标体系还有哪些方面需要继续进行修订呢？再次感谢您在百忙之中对我们提供的支持和帮助！

普惠性学前教育政策实施效果指标体系（修订版）

一级维度	二级维度	三级指标	指标说明
普及普惠	学前教育资源总量	幼儿园总数	
		在园幼儿总数	
		学前三年毛入园率	
	普惠园覆盖率	公办园情况	公办园的数量和在园幼儿数
		普惠性民办园情况	普惠性民办园数量和在园幼儿数
		幼儿园方便可及情况	幼儿园离家距离以及入园、放学时间与父母上下班时间匹配程度
		入园难问题缓解情况	
	小区配套园情况	小区配套园建设情况	小区配套园的办园性质、数量
		小区配套园治理情况	小区配套园的独立法人办理、管理、扶持和监管等情况
	收费情况	公办园收费标准	
		普惠性民办园收费标准	
		非普惠民办园收费标准	
		入园贵问题缓解情况	

（续表）

一级维度	二级维度	三级指标	指标说明
保教质量	办园条件	班级规模	
		保教人员配备	"两教一保"实现情况，有特殊儿童班级的资源教师配备情况
		教师队伍稳定情况	
		幼儿园各类占地面积	包括幼儿园建筑、活动室、运动场地、绿化用地等面积
		幼儿园图书册数	
		幼儿园玩教具数量	
		省市等优质园数量	
	师资质量	幼儿教师的学历	
		幼儿教师的职称	
		幼儿教师的专业背景	
		幼儿教师参加培训情况	培训的次数和实际效果等情况
		幼儿教师的教育水平	教学经验、专业技能等情况
		师德师风建设情况	教师爱心、耐心、责任心、敬业态度情况，师德师风纳入评先评优情况
	保教水平	卫生保健	幼儿园营养配餐、幼儿卫生习惯养成等情况
		生活照料	幼儿在园睡觉、进食、排便等一日生活照料情况
		管理水平	幼儿园的公众号、群等宣传交流平台，活动宣传等情况
		幼儿园教研	幼儿园教研制度和人员配备等情况
		幼儿发展	幼儿入园后在与人交往、语言表达、艺术表现、身体运动等方面的变化情况
		活动组织开展	游戏活动组织、教育活动与幼儿年龄特点相符等情况
		家园共育	提供育儿指导，反馈幼儿在园生活、活动情况，家长参与幼儿园活动等情况

（续表）

一级维度	二级维度	三级指标	指标说明
政府保障	制度建设	相关学前教育政策制定	有关幼儿教师发展、幼儿园课程、经费投入使用等相关政策出台情况
		相关学前教育政策宣传	
		相关学前教育政策实施	
	财政投入	学前教育经费总投入	
		学前教育财政经费投入	
		生均教育事业经费投入	
		学前教育专项经费投入	
		教师培训经费投入	
		幼儿生均公用经费标准	
		普惠性民办园补助标准	
		企事业单位等公办性质幼儿园财政补助情况	
		贫困等特殊家庭的资助标准	
		公办园在编与非在编教师的工资标准	
		民办园（包括普惠性民办园）教师的工资标准	
	师资投入	幼儿园专任教师总数	
		公办园在编教师数	
		公办园在编与非在编教师福利情况	节日福利、年终绩效、五险一金等情况
		民办园（包括普惠性民办园）教师的福利情况	
		公办园教师的各级职称比例	各级职称的名额比例
	弱势群体帮扶	贫困等特殊家庭帮扶情况	
		处境不利教师帮扶情况	